BIBLIOTHEQUE

JANSENISTE.

Tome I.

1

BIBLIOTHEQUE
JANSENISTE,
OU
CATALOGUE
ALPHABETIQUE,

DES LIVRES JANSENISTES, Quesnellistes, Baïanistes, ou suspects de ces Erreurs : avec un Traité dans lequel les Cent & une Propositions de Quesnel sont qualifiées en détail.

Avec des Notes Critiques sur les véritables Auteurs de ces Livres, sur les Erreurs qui y sont contenuës, & sur les condamnations qui en ont été faites par le Saint Siége, ou par l'Eglise Gallicane, ou par les Evêques Diocésains.

QUATRIÉME ÉDITION, REVUË, corrigée & augmentée de plus de la moitié.

TOME PREMIER.

A BRUXELLES,
Chez SIMON t'SERTETEVENS, Imprimeur de son Excellence Mgr l'Archevêque de Malines.

MDCCXLIV.

PREFACE.

LE seul Titre de cet Ouvrage porte avec lui sa recommandation, & s'annonce, pour ainsi dire, de soi-même. La France est inondée, aujourd'hui plus que jamais, d'une foule de Livres tous plus dangereux les uns que les autres.

Cette plainte si touchante que fait Saint Bernard dans sa Lettre 189. au Pape Innocent II. à l'occasion des Livres d'Abaillard, d'Arnaud de Bresse, & de leurs Adhérans, semble avoir été préparée exprès pour nôtre Siécle & pour nos climats : *Volant Libri, Urbibus & Castellis ingeruntur.* Les Livres des Novateurs se répandent de toutes parts. On les jette à la tête de tout le monde, & le R. Pere Dom le Masson, General des Chartreux, atteste dans une de ses Lettres qu'il sçavoit, mais certainement qu'on les faisoit même voler par-dessus

a iiij

PREFACE.

les Cloîtres des Religieuses : *Pro melle, vel potiùs, * in melle venenum propinatur*, dit Saint Bernard : On promet, on annonce *des Abregez de la Morale de l'Evangile . . . des Miroirs de pieté . . . des jours Evangeliques . . . des Chapelets secrets du Saint Sacrement . . . des Soliloques de Saint Augustin . . . de Méditations, ou des Prieres Chrétiennes ; des instructions pour les Sacremens de Pénitence, & d'Euchariſtie ; des Imitations de J. C. des Années Chrétiennes, des Vies de J. C. &c.* Et l'on ne donne que des extraits de Saint Cyran, ou de Queſnel, dont le grand objet eſt d'inſpirer la révolte contre l'Egliſe, & dont l'effet ordinaire eſt de corrompre également & les Mœurs & la Foi : *Transfigurant ſe in Angelos lucis, cùm ſint Satanæ.* Les Auteurs de ces Livres ſe traveſtiſſant & ſe maſquant, comme le firent les Hereſiarques des ſiéeles paſſez, n'oſent plus ſe donner des noms Grecs, comme Melancton, OEcolampade, Bucer & Pelage * lui-même ; mais ils ſe cachent ſous

*S. Ber. Epiſt. 189.

S. Bern. Ibid.

* Le vrai

des noms qui n'allarment point
la pieté des Fidelles, ou même
qui font tous propres à leur impofer.

N'eft-il donc pas bien effentiel de mettre un préfervatif entre les mains des Fidelles & de
leur fournir dequoi fe précautionner contre l'erreur, en leur
indiquant les malheureufes four-
ces qui ont déja empoifonné tant
de Fidelles.

Que peut-on faire de mieux
que de faciliter à toutes fortes
de perfonnes le moyen de difcerner la Zizanie d'avec le bon
grain, & l'Evangile du démon,
de celui de Jefus-Chrift, felon
l'expreffion de Saint Jerôme :
* *De Evangelio Chrifti Evange-*
lium eft Diaboli. C'eft ce qu'on a
fait avec foin dans cet Ouvrage,
& voici l'objet qu'on s'y eft propofé.

1. On a démafqué, autant
qu'il a été poffible, les Auteurs
des Livres qu'on indique. On
fçait que les feuls Peres Quenel
& Gerberon fe font cachez fous
dix ou douze noms différens ;

a iiij

nom de
Pelage
étoit
Mor-
gan.

Cap. 1.
ad Gal.

& souvent pour engager les Lecteurs à se défier d'un Ouvrage,
il suffit de lui en faire connoître
l'Auteur.

2. Après chaque ouvrage, on
en a marqué la condamnation;
soit qu'elle ait été faite par des
Constitutions Apostoliques, ou
par l'Eglise Gallicane, ou par
l'Evêque Diocesain, ou par des
Décrets de l'Inquisition. Que si
l'on trouve ici quelques Livres
Jansenistes, sans y en trouver
la condamnation; c'est le plus
souvent, ou parce qu'ils renferment quelque erreur déja condamnée, ou parce qu'ils n'ont
pas encore été deferez; ou enfin
parce que l'Eglise suivant la parole de Jesus-Christ, attend un
tems plus favorable pour arracher & pour brûler l'Ivraye qui
se trouve peut-être mêlée avec
quelque bon grain.

3. Pour justifier ces différentes censures, & pour mieux caracterifer les ouvrages censurez,
on en a choisi & inseré ici d'ordinaire quelque échantillon pour
servir de montre & pour faire

juger de toute la piece. On s'eſt attaché pour cela à certaines erreurs bien marquées, que tout le monde peut ſentir, plûtôt qu'à des erreurs enveloppées & ſubtiles, qui ne peuvent être ſaiſies que par des perſonnes plus habiles que le commun des Fidelles. Ce ſoin que l'on a eu de marquer, pour l'ordinaire, les pages où ſe trouvent les erreurs, n'a guéres pû s'étendre, comme on le comprend aſſez, ſur tous les Livres dont il s'eſt fait pluſieurs Editions.

4. Les perſonnes un peu inſtruites n'ignorent pas que le Syſtême des deux Délectations invincibles qui fait le fonds des nouvelles erreurs, conduit naturellement au Quietiſme, & au Quietiſme le plus groſſier, & que c'eſt pour cette raiſon que les ouvrages qui favoriſent le Quietiſme, ſont aujourd'hui ſi fort au goût des Janſeniſtes, qui les ont, comme l'on ſçait, aſſez ouvertement adoptez. C'eſt auſſi pour cette même raiſon qu'après avoir parlé des Livres Jan-

feniftes , nous faifons connoître ici les principaux Livres Quie- tiftes , & nous indiquons quel- ques - unes des erreurs dont ils font femez , pour faire juger de tout l'Ouvrage.

5. Le grand objet de nôtre Ouvrage a été de faire bien con- noître fur tout deux fortes de Livres. Il y en a qui font des Livres dogmatiques ou polemi- ques : tels que font des Traitez, des Thefes , des Differtations , des Queftions propofées , &c. Mais il y en a un fort grand nombre qui ne font que de fim- ples Livres de pieté. On n'a pas négligé de bien caracterifer les premiers ; quoi que peut - être auroit - il mieux valu les laiffer dans l'oubli. Les Sçavans ne les connoiffent déja que trop , & le Vulgaire fe pafferoit bien de les connoître. Mais nôtre objet prin- cipal a été de démafquer les pré- tendus Livres de pieté , qui font entre les mains & à la portée de tout le monde. Nôtre tra- vail eft plus pour les fimples Fidelles que pour les Théolo-

gicns, & nous dirons à ceux-
ci avec Saint Auguſtin : *Patian-*
tur Aquilæ, dum paſcuntur Co-
lumbæ. C'eſt pour cette raiſon
que nous avons fait des Notes
plus étenduës ſur ces faux Livres de pieté qui ſont, par exemple, *le Nouveau Teſtament de*
Mons, & celui de Mr Huré, les
Heures de Port - Royal, le Miroir
de pieté, la Morale du Fater, les
Eſſais de Morale, & les Inſtruc-
tions de Mr Nicole, &c.

Quelque ſoin qu'on ſe ſoit
donné pour rechercher & pour
faire connoître ici les Livres du
Parti, il eſt fort difficile qu'il
ne nous en ait pas échappé quelques - uns : & d'ailleurs on doit
bien s'attendre à en voir paroître tous les jours de nouveaux.
On ſçait aſſez que ces Novateurs ont trouvé le ſecret de
multiplier leurs ouvrages à l'infini, & de les multiplier ſans
beaucoup de travail, en changeant ſimplement les titres, en
publiant Abregez ſur Abregez ;
en mettant au commencement
ce qui étoit à la fin, & en fai-

PREFACE.

fant ainfi acheter vingt fois le
même Livre à leurs Sectateurs.
Les Reflexions Morales, & les
Prieres Chrétiennes du Pere Quefnel refonduës & remaniées en
tant de manieres, & préfentées
au Public fous tant de titres &
fous tant de noms differens, font
une preuve affez fenfible de ce
que je dis.

Ne pourroit-on donc pas faire
aujourd'hui à l'égard des Livres
Janfeniftes & Quefnelliftes, ce
que Saint Bernard fit autrefois
à l'égard de ceux d'Abaillard,
d'Arnaud de Breffe & de leurs
Adhérans ? Ne pourroit-on pas
précautionner les Chrétiens de
nos jours contre ce torrent d'ouvrages pernicieux & contre cette
féduction generale, en leur donnant auffi un moyen general
pour les connoître. Car, on peut
dire avec vérité que tous les
Livres Janfeniftes fe reffemblent
par plus d'un endroit, & qu'ils
font tous comme marquez au
même coin.

Voici donc, fi je ne me trompe, quelques traits de reffemblan-

PREFACE.

ce , qu'il sera facile de saisir & qui
pourront les faire reconnoître.

Premierement vous trouverez
toûjours, à coup sûr, ou quelques-unes, ou même plusieurs des
trente-deux Maximes de Saint
Cyran, semées plus ou moins
dans tous les Ouvrages des Jansenistes , & on peut dire que ces célebres Maximes sont aujourd'hui
plus que jamais, comme le fonds
de tous leurs écrits , & comme
l'abregé de toute leur morale , &
qu'ils ne sont que parler d'après
lui. On trouvera ici les principales de ces Maximes dans l'endroit où nous parlons des *Lettres
de Saint-Cyran, touchant les dispositions à la Prêtrise.*

En second lieu , quoique l'esprit d'artifice , de mensonge &
de parjure, qui selon la remarque de Saint Augustin, * fait le
caractere general de tous les Hérétiques , fasse le caractere dominant & singulier des nôtres,
vous verrez néanmoins qu'ils ne
manquent jamais de se parer
dans leurs Ouvrages du magnifique titre de Défenseurs de la

* *Lib.
de Har.
Cap.70.*

vérité, & de faire entrer dans leur jargon précieux cette phrase usée : *L'amour de la saine & pure vérité.* C'est ainsi que les hommes ne manquent guéres de se parer faussement des vertus opposées aux véritables vices qu'ils se sentent & qu'on a droit de leur reprocher.

Un troisiéme trait de ressemblance, c'est d'une part le souverain mépris qu'ils affectent de marquer pour tous les Ouvrages de leurs adversaires, & de l'autre les éloges outrez qu'ils prodiguent à tout ce qui vient de leur parti : jusqu'à oser nous dire *que l'esprit humain ne sçauroit aller plus loin*, comme s'est publiquement expliqué l'imprudent Approbateur du pernicieux Livre, qui porte pour titre : *L'action de Dieu sur la Créature.* Rien n'égale l'air & le ton de suffisance de ces Messieurs, dit un Auteur illustre. Tout ce qu'on écrit contre eux est misérable & fait pitié. Ils ne font point d'Apologie, qui ne couvre de confusion leurs adver-

faires. On ne leur objecte rien
que leurs moindres écrivains ne
mettent en poudre.

Un quatriéme caractere qui les
distingue , c'est l'affectation de
déplorer l'affoiblissement prodigieux des derniers tems ; de nous
peindre l'Eglise comme toute
couverte de ténebres , d'attaquer
sur tout l'infaillibilité de l'Eglise
dispersée, de ne vouloir reconnoître cette infaillibilité que dans
le Concile General ; d'avilir l'autorité Episcopale, de la partager
avec les simples Prêtres, & même
avec les Laïques.

Enfin le dernier trait de ressemblance qui rapproche tous
les Ouvrages des Novateurs,
c'est que dans l'impuissance où
ils sont de payer de bonnes raisons , ils payent de hauteur &
d'injures , lors même qu'ils écrivent contre les personnes qui
tiennent le premier rang ou dans
l'Eglise, ou dans le siécle ; ainsi
Luther traita avec le plus insolent mépris Henri VIII. Roi
d'Angleterre qui avoit écrit contre lui.

PREFACE.

Faisons encore une remarque avant que de finir cette Préface. C'est que nos Quesnellistes ne se contentent pas d'inonder la France de leurs Livres, & d'y débiter leurs erreurs, tantôt d'une maniere enveloppée, comme les Semi-Arriens, tantôt d'une maniere ouverte & dévoilée, comme Calvin ; mais à l'exemple de Luther, ils font armes de tout & mettent à profit les Estampes même, & jusques aux Almanachs & aux Gazettes, pour corrompre la Foi des Fidelles.

Le Public a vû avec indignation cette Inscription Latine sous une Image de la Sainte Vierge tenant entre ses bras Jesus-Christ mort.

On voit assez l'allusion impie que ces paroles font à la Constit. Unigenitus. *Ploranti super* * *Unigenitum.* On a répandu par tout une Image de Saint Pierre pleurant son peché avec ces mots Latins au-dessous :

Petro ad Galli cantum resipiscenti.

On ne s'est pas contenté d'insinuer le schisme en faisant graver

ver ces mots Latins fous une Image du Sauveur :

Soli Summo Pontifici.

Soli Ecclefiæ Capiti.

On eft allé jufques à faire graver la cinquiéme des propofitions hérétiques de Janfenius, au bas d'un Chrift attaché fur la Croix :

Ce Dieu que l'orgüeil & l'envie
Ont attaché fur cette Croix ,
N'eft mort que pour donner la vie
A ceux dont fon Pere a fait choix.

On fçait que le Pape Clement XI. montra à un célebre Miffionnaire * ce quatrain dans une Eftampe envoyée de France à Rome.

Le Martin Jefuite.

On ne voit plus trembler la paifi-
ble innocence ,
Et la vertu languir dans la cap-
tivité.
Le menfonge eft confus , & l'au-
gufte Régence ,
Fait triompher par tout la faine
vérité.

On a fait quelque chofe de plus fingulier ; on a mis en jeu de l'Oye & tourné en plaifanterie l'Hiftoire & le Dogme de

Tome I.　　　　　b

la Conſtitution , dans un Livre *in-octavo* , qui porte pour titre , *Eſſai du nouveau conte de ma mere l'Oye , ou les Enlumineures du jeu de la Conſtitution* , 1722. L'objet de cet Ouvrage eſt de faire accroire au Public que la Conſtitution ne ſera regardée un jour que comme *un conte de ma mere l'Oye* , *& qu'avant la fin de ce Siécle le Janſeniſme deviendra le titre de quelque Roman* , comme oſe l'annoncer l'Auteur de cet Ouvrage , mêlé de Proſe & de Vers , & où l'on apperçoit d'un bout à l'autre la malignité la plus audacieuſe & le jeu le plus criminel.

Mais ce qui eſt encore plus digne d'attention , & plus dangereux ; c'eſt qu'ils ont trouvé le malheureux ſecret de corrompre nos Livres les plus orthodoxes. L'Imitation de JESUS-CHRIST , traduite par le Pere de Gonnelieu , Jeſuite , & les Meditations du Pere Buſée , qui ſont répanduës dans preſque tous les Seminaires du Royaume , n'ont pas échappé à leurs artifices. Ils y ont

PREFACE.

fait couler le venin de leurs erreurs, à la faveur des nouvelles
Editions qui s'en font faites. Il
n'eft pas furprenant que des gens
qui ne craignent point de corrompre l'Ecriture même, ofent
corrompre nos Livres de Pieté.

Mais on auroit de la peine à
croire qu'on fe foit avifé d'un
genre d'artifice, inconnu jufqu'à
nos jours ; fi un Prélat, tel que
Mgr l'Evêque, Duc de Laon,
ne nous l'apprenoit dans un de
fes Mandemens. C'eft que ces
Meffieurs, qui ont pris pour leur
fymbole & pour leur cri de guerre, la vérité & la charité, ont
trouvé le moyen de fe faifir de
fes papiers, de les alterer à leur
maniere ; & de les faire imprimer
fous fon nom : pour le rendre
refponfable de tout ce qu'il leur
a plû d'y ajoûter.

On n'a pas même épargné nos
Livres Liturgiques les plus fa-
crés. Mgr l'Evêque de Troyes
nous apprend dans une des Pro-
fes de fon nouveau Miffel, qu'il
n'y a point d'autre vertu que la
charité : *Caritat virtus omnis.*

b ij

Voilà donc la Foi bannie déformais de son Eglise, dans laquelle, nous dit-il, le Missel Romain n'a été que toleré jusqu'à présent.

On trouvera dans cette quatriéme Edition de la Bibliotheque Janseniste, un fort grand nombre de faits intéressans, & d'Anecdotes singulieres, qui ne sont point dans la seconde, & encore moins dans la premiere, qui n'étoit qu'un simple essai. Ce mélange de Dogmes & de traits historiques, a paru nécessaire pour assaisonner la sécheresse d'une simple Bibliotheque de Livres dangereux, des erreurs qui y sont contenuës & des condamnations qui en ont été faites.

L'excellente Histoire de la Constitution *Unigenitus*, qui vient d'être publié par Mgr l'Evêque de Sisteron, a fourni plusieurs de ces Anecdotes intéressantes. Personne ne pouvoit mieux instruire le Public là-dessus, qu'un Prélat, qui étoit à Rome, qui y étoit chargé des affaires de France & qui étoit dans l'intime consi-

dence du Pape Clement XI. dans
le même-tems que les Quenelliftes faifoient leurs derniers efforts pour tromper le Saint Siége, & pour triompher de la Religion.

On a auffi mis à profit ces
quatre ou cinq Ouvrages recents,
dont l'illuftre Auteur eft connu
de tout le monde, quelque foin
qu'il prenne de fe cacher. Ce font
les Entretiens de la Comteffe,
de la Prieure, du Commandeur,
du Docteur & du Prélat, dont la
lecture n'eft pas moins utile quelle eft agréable.

On n'a pas crû devoir fuivre
l'exemple de cet Auteur étranger, qui aimoit beaucoup mieux,
difoit-il, faire un mauvais ouvrage, en n'empruntant rien de
perfonne, que d'en faire un bon
avec le fecours d'autrui : on aime mieux imiter les Anglois,
qui pour enrichir leur Langue,
ne font pas difficulté, fur tout
aujourd'hui, d'emprunter de leurs
voifins tous les termes qui leur
conviennent.

C'eft fur ce même principe,

PREFACE.

qu'on a placé à la fin de cette Bibliotheque un petit ouvrage, devenu aujourd'hui fort rare, mais infiniment propre pour mettre tout le monde au fait des erreurs du tems. C'eſt un petit traité, dans lequel les cent & une propoſitions extraites du Livre de Refléxions Morales du Pere Queſnel ſont qualifiées en détail.

On commence d'abord par y faire un expoſé net & précis de tout le Syſtême du Pere Queſnel & de Janſenius ; enſuite on établit & on explique les regles des differentes qualifications,& on détermine la valeur des termes qu'on y employe. Enfin, on fait voir évidemment, que parmi les cent & une Propoſitions extraites du Livre du Pere Queſnel, il n'y en a aucune qui ne mérite quelqu'une des qualifications énoncées reſpectivement dans la Bulle *Unigenitus*, & que de toutes les qualifications énoncées reſpectivement, il n'y en a pareillement aucune qui ne tombe ſur quelqu'une des cent & une Pro-

pofitions. C'eſt ainſi que le Concile de Conſtance condamna les
erreurs de Wiclef & de Jean
Hus.

Au reſte, il feroit aſſez inutile de mettre entre les mains
des Fidelles cette Bibliotheque
Janſenienne, ſi en leur indiquant
les mauvais Livres, on ne les
avertiſſoit en même-tems d'un
fait eſſentiel : C'eſt qu'on n'en-
court pas moins l'excommunication devant Dieu, & dans le
for intérieur, en liſant, ou en
gardant les Livres faits pour la
défenſe de Janſenius ou de Queſnel, qu'en liſant Janſenius ou
Queſnel lui-même.

La Bulle l'a ainſi déciſivement
& définitivement prononcé : &
cette Bulle eſt une Conſtitution
Apoſtolique, devenuë par l'union
du Corps des Evêques avec le
Souverain Pontife, le jugement
irréfragable de l'Egliſe univerſelle, & devenuë auſſi une Loi
de l'Etat, par le concours de
l'Empire avec le Sacerdoce :
alios omnes & ſingulos, dit la
Bulle, *in ejus defenſionem, tam*

PREFACE.

scripto, quàm typis editos seu forsan, (quod Deus avertat) edendos Libros, seu libellos, eorumque lectionem, descriptionem, retentionem, & usum omnibus & singulis Christi Fidelibus, sub pœna excommunicationis per contra facientes ipso facto incurrenda, prohibemus pariter & interdicimus.

La Loi est expresse; elle porte la peine d'excommunication, encouruë par le seul fait contre les infracteurs : à moins que la lecture de ces sortes de Livres ne leur soit permise par les Superieurs légitimes, qui peuvent, pour de bonnes raisons, les dispenser de la Loi : mais il faut bien remarquer que les Fidelles ne peuvent user de cette permission, que sous ces deux conditions essentielles. La premiere, est qu'il n'y ait point de danger de seduction pour eux ; la seconde, qu'il n'y ait point de scandale légitime pour le prochain, car ce sont-là deux choses défenduës par la Loi Divine & naturelle, qui est une Loi indispensable.

LISTE

LISTE CHRONOLOGIQUE
DES LIVRES BAÏANISTES,
JANSENISTES, ET QUESNELLISTES.

AVERTISSEMENT SUR CETTE

TABLE CHRONOLOGIQUE.

C'Eſt par le conſeil de pluſieurs
perſonnes fort éclairées, & ſur-
tout par les avis d'un des plus
grands Prélats de France, qu'on
met à la tête de cet Ouvrage une
Liſte Chronologique des principaux
Livres du Parti.

Le grand objet qu'on s'eſt propoſé
dans ce travail, n'eſt point de ſatisfaire le goût d'un certain public,
qui aime, aujourdihui plus que jamais, à être inſtruit de tout ce qui
ſe paſſe dans la Republique des Lettres, & qui veut ſçavoir exactement
les époques & les dates des differentes éditions des Livres, mis au jour,

Tome I.   c

AVERTISSEMENT.

& generalement tout ce qui concerne l'Histoire Litteraire.

L'objet de cette Chronologie n'est
point une curiosité, on ose assurer
qu'elle interesse singulierement la
Religion : & voici comment. On y
découvrira sans peine au premier
coup d'œil, les variations, les artifices, les subtilités & les détours
des Partisans de Jansenius & de
Quesnel.

Les personnes attentives & instruites, y remarqueront d'abord que
les premiers Ouvrages de ces Novateurs tendoient directement & presque uniquement à défendre le Droit ;
c'est-à dire, à soutenir de toutes leurs
forces que la Doctrine, contenuë dans
les cinq fameuses Propositions, étoit
un Dogme Fondamental ; & que c'é-
toit vouloir condamner Saint Augustin, S. Paul & l'Evangile même,
que de vouloir les condamner. Voilà
la premiere scéne du Jansenisme,
si j'ose m'exprimer ainsi.

Mais la Scene changea bientôt
de face, quand les Cinq Propositions
eurent été condamnées. On parut
abandonner le Droit, pour se re-

AVERTISSEMENT.

trancher sur le Fait , comme on le verra dans les Titres qui suivent les premiers. On publia Livres sur Livres , pour prouver que ces Cinq Propositions Hérétiques ne se trouvoient point dans l'Augustin de Jansenius , & que l'Eglise , en les condamnant , n'avoit attaqué qu'une chimere , & n'avoit frappé qu'un Fantôme.

Un second artifice , imaginé avec encore plus de subtilité , produisit bientôt une troisiéme Scéne. On inonda la France , les Pays Bas , & l'Italie même d'une infinité de Livres, qui tendoient tous à prouver que les Souverains Pontifes & l'Eglise Gallicane n'avoient pas condamné les Cinq Propositions dans le sens du Livre & de son Auteur ; mais dans un sens étranger , qu'on lui imputoit injustement.

Un troisiéme artifice , bien moins subtil que les deux précédens , produisit d'abord après une quatriéme Scéne , au sujet du Formulaire : & ce fut celle du silence respectueux. On publia là-dessus Ouvrages sur Ouvrages: On prétendit y démontrer

c ij

que c'étoit-là tout ce que l'Eglise pouvoit exiger de ses Enfans : mais qu'elle n'avoit pas droit de leur commander une soûmission intérieure, une soumission d'esprit & de cœur à ses Décisions sur un Fait, quoique Dogmatique.

Mais on vit bien-tôt paroître une cinquiéme Scéne, ménagée avec plus d'artifice & préparée avec un plus grand appareil que toutes les autres. Les meilleures plumes du Parti travaillerent à l'envi sur un nouveau plan. Elles furent occupées à prouver que l'Eglise peut se tromper dans des Questions de Fait, même Dogmatique, & qu'elle s'étoit réellement trompée sur le fait de Jansenius, comme dans plusieurs autres.

Cette nouvelle Hérésie ayant été frappée d'anathême par le corps des premiers Pasteurs unis à leur Chef, on prétendit se sauver par un cinquiéme artifice. Ce fut l'Appel à un Concile Oecumenique ; c'est-à-dire à un Tribunal qui n'existe pas ; & on se flatta d'autoriser cet Appel schismatique par le cri general de la Nation.

AVERTISSEMENT.

Mais cette cinquiéme Héréſie ayant bien-tôt été foudroyée comme les quatre précédentes, on ſe démaſqua ouvertement : On avoit paru juſque-là vouloir garder quelque maniere de ménagement avec l'Egliſe ; parce qu'à l'exemple des Semi-Pelagiens & des Manichéens eux-mêmes, on vouloit pouvoir l'attaquer avec plus davantage, en reſtant à l'exterieur dans ſon ſein, quoiqu'on en fut intérieurement ſéparé dans le For de la Conſcience. Mais enfin on ne garda plus de meſures. L'eſprit de révolte enfanta une infinité de Livres, dans leſquels on a porté les choſes aux dernieres extrêmitez. On n'y parle preſque plus que de la décadence de l'Egliſe, de ſa vieilleſſe, de ſa ruine totale & de ſon annéantiſſ̀ement. On y accuſe d'une defection générale le Corps des Premiers Paſteurs unis à leur Chef, & tous les fidéles qui écoutent leur voix. On fait naître dans la Hollande une nouvelle Egliſe, qu'on oppoſe à celle de Rome, qui a prévariqué, dit-on, les Evêques de Montpellier & de Senez,

AVERTISSEMENT.

avec deux autres abandonnez de presque tout leur Clergé & de leur Troupeau, s'unissent de Communion avec cette petite Eglise Schismatique, & avec l'Archevêque d'Utrecht, son Chef prétendu, excommunié par le Vicaire de Jesus-Christ.

On sera étonné en voyant dans la derniere Scene, les étranges moyens que les Quesnellistes ont imaginé pour soutenir leur nouvelle Eglise d'Utrecht. Ils se sont fait un nouveau Thaumaturge ; ils ont rempli la France & les Pays étrangers du bruit de ses miracles, qu'ils ont égalé à ceux de JESUS-CHRIST; ils ont eu recours au Fanatisme le plus outré, à un nouveau genre de figurisme, à des convulsions presque toûjours mêlées d'indécences & de Propheties plus que fanatiques. Il n'est presque plus question dans leurs derniers Livres que de l'attente d'Enoch & d'Elie, de leur venuë prochaine, de leur arrivée: Elie arrive, il est arrivé, il vient tout rétablir. La Synagogue va rentrer dans ses an-

AVERTISSEMENT.

ciens droits ; elle va fucceder à la gentilité retombée dans fon ancienne Idilâtrie par la prévarication générale des premiers Pafteurs & de leur Chef.

Nous aurons bien-tôt un Pape Juif, difoit, il n'y a pas long-tems * un des plus brillans génies du Parti, mais figurifte outré, dans les Ecrits qu'il dictoit publiquement à Utrecht, en y expliquant à la nouvelle maniere ces paroles de Dieu lui-même au jeune Samuel, * fufcitabo mihi Sacerdotem Fidelem.

Voilà les Refléxions qui fe préfenteront d'elles-mêmes en lifant cette Table Chronologique des Livres du Parti.

On s'eft donné bien des foins pour la rendre exacte : ce qui n'a pû fe faire fans bien des difficultez. On fçait affez qu'une partie des Ouvrages des Novateurs eft fans date, fans nom de Ville & d'Auteur ; qu'on a fait un grand nombre d'Editions des mêmes Ouvrages, qu'on les a renouvellez, fondus & refondus, & que di-

* Mr Le Gros Chanoine de Reims refugié à Utrecht.
* I. liv. des Rois, ch. 2.

C iiij

AVERTISSEMENT.

vers Auteurs y ont souvent tra-
vaillé de concert.

On trouvera dans la Table Al-
phabetique . qui est à la fin du
2. vol. les titres entiers des Li-
vres annoncez dans cette Liste
Chronologique.

LISTE
CHRONOLOGIQUE
DES
LIVRES DU PARTI.

D*E Ecclesiastica & Politica potes-* 1611.
tate, par Edmond Richer.

De Republica Christiana, à Lon- 1617.
dres, premier volume, en 1617. se- 1620.
cond vol. en 1720.

De libertate Dei & Creaturæ, par 1630.
le P. Gibieuf.

Chapelet secret du Saint Sacrement, 1632.
par l'Abbé de S. Cyran.

Apologie du Chapelet secret du S. 1633.
Sacrement, par l'Abbé de S. Cyran.

De la Sainte Virginité, par le P. 1638.
Seguenot.

Cornelii Jansenii Episcopi Yprensis 1641.
Augustinus, &c.

Peregrinus Hiericuntinus, par Flo- 1641.
rent Conrius, Archevêque de Toam,
en Irlande.

Homologia Augustini Hipponensis, 1641.

& *Augustini Yprensis* , par le Docteur Sinnien.

1641. Attestation du Notaire de l'Université de Louvain.

1641. *Somnium Hipponense* , par Mr Pierre Stoocmans.

Item , l'Assemblée d'Afrique , par le même.

1643. De la fréquente Communion , par Mr Arnaud le Docteur.

Apologie de Jansenius & de la Doctrine de Saint Augustin , par Mr Arnaud le Docteur.

1643. *Liberti Fromondi Anatomia hominis.*

1643. Lettres Chrétiennes & Spirituelles de Mr Jean du Verger de Havranne , Abbé de S. Cyran.

1643. *Item* , Lettres du même Abbé de S. Cyran , touchant les dispositions à la Prêtrise.

1644. Réponse à la Remontrance du Pere Yves , Capucin , par Mr Antoine le Maître.

1644. *Chrysippus* , *seu de libero arbitrio ad philosophos Peripateticos* , par Mr de Fromont.

1644. Apologie de l'Abbé de Saint Cyran, par Mr de Barcos.

Lettre d'un Abbé à un Abbé ,

par Mr l'Abbé du Bourzeys.

Injuste accusation, où plainte à 1644.
Mr Habert.

Difficultez sur la Bulle, qui porte 1644.
défense de lire Janfenius.

Grandeur de l'Eglise Romaine, éta- 1644.
blie sur l'autorité de S. Pierre & de S.
Paul, par l'Abbé de Barcos.

Item, de l'autorité de S. Pierre & 1644.
de S. Paul, par le même Abbé de
Barcos.

Thefes Theologicæ Matthæi Fey- 1645.
deau.

Théologie familiere de l'Abbé de 1645.
S. Cyran.

Item, Sept autres petits Traitez de
Dévotion, par le même.

Recueil de divers Ouvrages tou- 1645.
chant la Grace, par Mr l'Abbé de
Barcos.

Héréfie de la domination Epifco- 1645.
pale, par Mr le Noir.

Traduction du Poëme de S. Prof- 1646.
per, contre les Ingrats, par Mr de
Sacy.

Question à examiner, fi Mgr l'Ar- 1646.
chevêque a droit de refuser les Sacremens à l'article de la mort, & la
sepulture Ecclésiastique à ceux qui re-
fufent de figner le Fait.

1647.   *Theriaca Vincentii Senis*, par Mr de Fromond ou de Froidmou.

1648.   Lettres écrites par Loüis de Montalte, ou les Provinciales, par Mr Pascal, à Cologne.

   Item, les mêmes Lettres traduites en Latin sous ce titre : *Ludovici Montalti Litteræ Provinciales à Wilelmo Vendrockio Salisburgensi Theologo, Coloniæ* 1709.

1649.   *Propositiones de Gratia in Sorbonnæ Facultatem propediem examinandæ, Proposita, Calendi Junii.*

1649.   Approbation de la Doctrine de Jansenius, donnée par des Théologiens, de quelques Ordres Reliligieux, & par l'Archevêque de Philippe.

1649.   De la grace victorieuse de J. C. où Molina & ses Disciples convaincus de l'erreur des Pelagiens & des Semi-Pelagiens, par Mr l'Abbé de la Lane, masqué sous le nom d'Abbé de Boulieu, Docteur en Theologie.

1649.   *Examen libelli, cui titulus est Propositiones Excerpta & Augustino rei D. Cornelii Episcopi Yprensis, quæ in specimen, exhibentur suce sanctitati, Lovanii.*

Quæ fit Sancti Augustini & Doc- 1650.
trinæ ejus autoritas in Ecclesia.

Antidote contre les Erreurs du 1650.
Tems, par un Docteur de la Faculté
de Theologie de Doüay, à Doüay.

Augustini Hipponensis & Augustini 1650.
Yprensis, de Deo omnes salvare vo-
lentis analogia, par le Docteur
Sinnich.

Apologie du Concile de Trente, 1650.
& de saint Augustin, par Mr. l'Abbé
de Bourzeys.

Dissonantia consonantiarum, par 1650.
Mr. Sinnich.

Antidote contre les Erreurs du 1650.
tems, par un Docteur de la Faculté
de Théologie de Doüay.

Emunctorium lucernæ Augustinæ, 1651.
quo fuligines à quibusdam aspersa e-
munguntur ; il est aussi l'Auteur de ces
autres Livres : *Vulpes Ripaldæ cæpta à*
Theologis Lovaniensibus Saül Ex-Rex.

Goliatismus profligatus : les titres
font de la façon de Mr Arnaud.

Meditations des principales obli- 1651.
gations des Chrétiens, par Matthieu
Feydeau, à Paris.

Philosophia Moralis Christiana, 1652.
auctore Joanne Camerario, Presbytero,
Andegavi.

1653.   Lettre Paſtorale de Mr l'Archevêque de Sens (*de Gondrin*) à l'occaſion de la Bulle d'Innocent X.

1653.   Mandement de Mr de Comminges.
Congregationum de Auxiliis Divi-
næ Gratiæ habitarum coram Clemente
VIII. & Paulo V. Acta ſincera.

1653.   Ecrit à trois colomnes.

1654.   *Humilis & ſupplex querimonia.*
Jacobi Zegers adverſus Libellum R. S.
S. T. Regiæ, Capella Bruxell. Concionat.
& Theſes PP. Soc. Jeſu, apud Jacobum
Zegers 1. 2. 3. *ſeu alterius editionis.*

1654.   Heures de Port-Royal , ou l'Office
de l'Egliſe & de la Vierge , en Latin
& en François , avec les Hymnes , traduites en François , & dédiées au Roi ,
par Mr Du Mont , *& dans pluſieurs*
exemplaires , *de ces mêmes Heures* ,
par Mr Laval.

1654.   *Planctus Auguſtinianæ veritatis in*
Belgio patientis.

1654.   *Defenſio Belgarum contra evocatio-*
nes cauſarum & peregrina judicia.

1654.   Enluminures du fameux Almanach
des Jeſuites , intitulé : *la déroute & la*
*confuſion des Janſeniſtes,*par M. de Sacy.

1654.   Raiſons par leſquelles Mgr l'Archevêque de Malines , & Mgr l'Evêque de Gand , n'ont pas publié la
Bulle contre Janſenius.

Lettre à un Duc & Pair de France, 1655. par Mr. Arnaud.

Nouveau Testament de N. S. 1655. J. C. (appellé communément *le Nouveau Testament de Mons*,) selon l'Edition vulgate, avec les differences du Grec, par Mr de Sacy, & par Mr. Antoine le Maître son Frere.

Quæ sit S. Augustini & Doctrinæ 1656. *ejus auctoritas in Ecclesia* ... par Mr l'Abbé de Barcos, masqué sous le nom de Jacques Pereyret.

Reponse d'un Docteur en Theolo- 1656. gie, à M. Chamillard.

Fratris Joannis Nicolaï... Molinisti- 1656. *cæ Theses Thomisticis notis expunctæ*, par Mr Nicole.

Belga percontator, ou les scrupu- 1656. les de François Profuturus Theologien... par Mr. Nicole.

Defense de la Doctrine de S. Tho- 1656. mas, par Mrs Arnaud, Nicole, & Lalane.

Dissonantia consonantiarum, par le 1659. Docteur Sinnich.

Missel Romain, traduit en François, par Mr. Voisin.

Défense des Professeurs en Theologie de l'Université de Bourdeaux, par M. Nicole.

1660.   Eclairciffement du Fait & du Sens de Janfenius, par Denys Raymond, nom emprunté par l'Abbé Girard.

1660.   Eclairciffement fur quelques difficultés touchant la fignature du Fait, par le même Abbé Girard.

1661.   Lettre fur la conftance & le courage qu'on doit avoir pour la vérité, &c. par Mr. Guillaume le Roy, Abbé de Haute-Fontaine.

1661.   Journal de S. Amour, compofé par Mrs Arnaud & de Sacy, fur les Memoires de MM. de la Lane & de Saint Amour.

1662.   *Saül Ex-Rex*, par Mr. Sinnich.

1664.   La Foi Humaine, à Paris.

1664.   Factum pour les Religieufes de Port-Royal, &c.

       Item, Examen .... Jugement .... Lettres .... Memoires ....

       Reflexions fur le même fujet, par MM. Arnaud & quelques autres Chefs du Parti.

       Item, Défenfe de la Foi des Religieufes de Port-Royal.

1664.   Diftinction du Sens des Cinq Propofitions, par Mr l'Abbé de Lalane.

1664.   *Mantica ineptiarum.*

1664.   Dialogue entre deux Paroiffiens, fur les Ordonnances contre les Traduction ductions du Nouveau Testament de Mons, par l'Abbé Girard.

Les Chamillardes, sur la signature 1665.
du Formulaire, par Mr Nicole :
mais attribuées communément à Mr
Barbier d'Aucourt.

Apologie des Religieuses de Port- 1665.
Royal, par Mr Nicole, la quatriéme
Partie est de Mr Arnaud.

Mandement de Mgr l'Evêque d'A- 1665.
leth, au sujet du Formulaire.

Défense de la Constitution du Pa- 1665.
pe Innocent X. par l'Abbé de Lalane.

Distinction du Sens des Cinq Pro- 1665.
positions, par Mr de Lalane, environ l'an 1665.

Recüeil de diverses pieces, à 1666.
Munster.

Dix Memoires sur la Cause des 1666.
Evêques, qui ont distingué le Fait
du Droit, par Mrs Arnaud & la Lane.

Godefridi Hermanni Theses pro 1666.
quarta Sorbonica.

Questions proposées sur le sujet de 1667.
la Signature du Formulaire, par Mr
de la Lane.

Défense de la Traduction du 1667.
Nouveau Testament de Mons, con-
tre les Sermons du Pere Maimbourg,
Jesuite, par Mr Arnaud.

Tome I.   d

Abus & Nullités de l'Ordonnance de Mgr. l'Archevêque de Paris, contre le Nouveau Testament de Mons, par Mr. Arnaud.

1669. Mensonges lus & enseignez, par Alphonse le Moine; par M. de la Lane.

1670. Morale pratique des Jesuites, extraite fidélement de leurs Livres, par Mr. Perrault.

1670. Miroir de la Pieté Chrêtienne, par Flore de Sainte Foi. C'est le Pere Gerberon.

1670. Défense de la Proposition de Mr. Arnaud, touchant le Droit, par un Bachelier de la Faculté de Paris. C'est Mr. Nicole.

1670. Cinq Memoires sur la Cause des quatre Evêques.

1670. *Francisci Van Vianen*, *Theses Theologicæ*.

1672. Catechisme de la Penitence, par Mr. Raucourt, traduit du Latin en François, par le Pere Gerberon.

1672. Catechisme du Jubilé & des Indulgences, par le Pere Gerberon; environ l'an 1672.

1673. Question Curieuse, si Mr. Arnaud est Hérétique, par Mr. Arnaud lui-même.

1673. Avis salutaires de la bienheureuse

Vierge Marie à ſes Devots Indiſcrets, par Adam Windelfelts.

Critique des préjugez de Mr. Ju- 1673. rieu, contre l'Egliſe, par le Pere Gerberon, maſqué ſous le nom, de l'Abbé Richard.

Methodus remittendi & retinendi 1674. *peccata*, par le Docteur Huygens.

Fable du tems : un Coq noir qui 1675. bat deux Renards, par Dom Ger- beron.

Traités & Oeuvres de Pieté, par 1675. Mr. Hamon.

De la Prédeſtination des Saints & 1676. du don de Perſeverance, traduit du Latin de S. Auguſtin, en François, par Mr. du Bois.

Memorial Hiſtorique, de ce qui 1676. s'eſt paſſé depuis l'an 1647. juſqu'en 1653. touchant les cinq Propoſitions, par le P. Gerberon, extrait du Jour- nal de Saint Amour.

Défenſe de la Diſcipline qui 1676. s'obſerve dans le Diocèſe ſe Sens, pour la Penitence Publique, par Mr. Varet.

Morale Chrêtienne, rapportées aux 1677. Inſtructions que Jeſus-Chriſt nous a données dans l'Oraiſon Dominicale, ou Morale ſur le *Pater*.

d ij

1677.   Année Chrêtienne, ou les Meſſes des Dimanches, Feries, par Mr le Tourneux.

1677.   Héréſie Imaginaire, par Mr Nicole, ſous le nom de Damvilliers.

1678.   Divers ſujets de Meditations, ſur la maniére de bien prendre l'eſprit de la vocation, &c.

1678.   Combat des deux Clefs.

1678.   Lettres Chrêtiennes & Spirituelles de l'Abbé de Saint Cyran.

1678.   Miroir ſans tache, par l'Abbé Valentin. C'eſt le Pere Gerberon.

1679.   *Ægidii Gabrielis, ſpecimen Moralis Chriſtianæ & Moralis Diabolicæ.*

1680.   Conſiderations ſur l'entrepriſe de Mr. Cornet.

1681.   Eſſais de Morale, par Mr Nicole 13. vol. in 12.

1682.   Homelies de S. Jean Chryſoſtome ſur S. Paul, traduites en François, par Mr. Fontaine.

1683.   Manifeſte pour Dom Gabriel Gerberon, adreſſé à Mr le Marquis de Seignelay.

1684.   Directeur Spirituel pour ceux qui n'en ont point, par Mr Treuvé.

1685.   Antithéſes oppoſées aux Théſes ſoûtenuës dans l'Univerſité de Louvain.

Heures Chrêtiennes , ou Paradis 1685.
de l'Ame , par Mr Horſtius.

Abregé de la Morale de l'Evangile , 1686.
ou Penſées Chrêtiennes ſur le Texte
des quatre Evangeliſtes , par le Pere
Queſnel.

Bibliotheque des Auteurs Eccle 1686.
ſiaſtiques , par Mr Dupin.

Fantôme du Janſeniſme , par Mr 1686.
Arnaud.

Héréſies imaginaires par Mr Ni- 1686.
cole.

Gilberti Tractatus de Gratia. 1686.
Hiſtoria Confeſſionis Auricularii.
par Mr. l'Abbé Boileau.

L'Innocence opprimée par la calomnie , ou l'Hiſtoire de la Congregation des Filles de l'Enfance.

Tradition de l'Egliſe Romaine , 1687.
ſur la Prédeſtination des Saints , &
ſur la Grace efficace.

Inſtructions ſur les diſpoſitions 1687.
qu'on doit apporter aux Sacremens
de Penitence & d'Euchariſtie , par
Mr. Treuvé.

Principes & Regles de la Vie 1688.
Chrétienne.

Aurea fodina ſuffoſſa. 1688.

Reflexions Chrétiennes ſur les 1688.
miſeres & les foibleſſes de l'homme ,

pour tous les jours de l'année.

1688. Apologie hiftorique des deux Cenfures de l'Univerfité de Doüay , par le Pere Quefnel , caché fous le nom de Giry.

1688. Idée du Sacerdoce & du Sacrifice de JESUS-CHRIST , par le P. Quefnel.

1688. Breviaire Romain en Latin , en François , par Mr. le Tourneur , 4. vol. in 8°.

1689. *Declaratio feu profeffio fidei cleri Hollanatiæ* , par Dom Gerberon.

1689. *Phantafma Baïanifmi* , la Chimere du Baïanifme , par le Pere Gerberon.

1689. Trois Conferences des Dames fçavantes , par le Pere Gerberon.

1689. Lettre de Mr. de Ligny , à Mr. de Tournay.

1690. Queftion curieufe , fi Mr. Arnaud eft Heretique , par M. Arnaud lui-même.

1690. L'Eglife de France affligée , par François Poitevin ; c'eft-à-dire , Dom Gerberon.

1690. Courte & neceffaire inftruction pour tous les Catholiques des Pays-Bas , touchant la lecture de l'Ecriture Sainte , par le Pere Gerberon , travefti fous le nom de Vande-Velden.

1691. Analyfe des Epîtres de S. Paul ,

par le P. Mauduit , Prêtre de l'Oratoire.

Analyfe des Proverbes & de l'Ecclefiafte , par le Pere Quefnel. 1691.

Difficultez adreffées à Mr. de Hornes , Evêque de Gand , par les Catholiques de fon Diocéfe ; c'eft-à-dire , par D. Gerberon. 1691.

Défenfe de l'Eglife Romaine , contre les calomnies des Proteftans , par le Pere Gerberon. 1691.

Méditations Chrêtiennes fur la Providence & la Mifericorde de Dieu , & fur la Mifere & la foibleffe de l'homme , &c. par Mr. de Preffigny. C'eft encore le Pere Gerberon caché fous ce nom. 1692.

Efprit de Gerfon , fans nom d'Auteur. 1692.

Difquifitiones Pauli Irenæi , par Mr. Nicole. 1692.

De la devotion à la Sainte Vierge , & du Culte qui lui eft dû , par Mr. Baillet. 1693.

Difficultés propofées à Mr. Steavert. 1693.

Quæftio Juris Pontificii circa Decretum ab inquifitione Romana adverfus 31 *Propofitiones Latum.* 1693.

Nouveau Teftament en François , avec des Reflexions Morales , en 1693.

4. vol. in 8°. par le Pere Quefnel.

1694.   Exercices de pieté pour le Renouvellement annuel des trois Confécrations, &c. par le P. Quefnel.

1694.   Meditations fur l'Hiftoire & la Concorde des Evangiles, par Mr. Feydeau, à Lyon, 3. vol. in 12.

1695.   Prieres Chrétiennes en forme de Meditations fur tous les Myfteres de N. S. de la Sainte Vierge, & fur les Dimanches & les Fêtes de l'année; par le P. Quefnel.

1695.   Principes de Morale.

Idée generale du Libelle, publié en Latin fous ce titre : *Caufa Quefnelliana*, par le Pere Quefnel.

1696.   *Ecclefiæ Romanæ Catholicæque veritatis de gratia adversùs Joan. Leydeckeri, in fua Hiftoria Janfeniana Hallucinationes defenfio vindice Eycheinboon Theologo*; c'eft le Pere Gerberon.

1696.   Expofition de la Foi Catholique, touchant la Grace & la Prédeftination, par l'Abbé de Barcos.

1696.   *Difcordiæ Janfenianæ enarratio.*

Item, ad eruditiffimum D. Opftraet fraterna admonitio, par le Pere Gerberon.

1696.   *Michaëlis Baii opera omnia,* par le P. Gerberon.   Explication

Explication fimple Litterale & Hif- 1697.
torique des Ceremonies de la Meffe,
par Dom Claude de Vert.

Doctrine Augustinienne de l'Eglise 1697.
Romaine, debarraffée du neud du
Cardinal Sfrondat.

Item, Lettre de l'Abbé le Boffu, fur le 1697.
Livre du Cardinal Sfrondat, intitulé :
Nodus Pradeftinationis diffolutus.

Apologie pour les Lettres Provin- 1697.
ciales, par le P. Petit-Didier.

Caufa Arnaldina, feu Arnaldus à 1697.
Calumniis vindicatus.

Defenfe des deux Brefs d'Innocent 1697.
XII. par le P. Quefnel, caché fous le
nom d'Abbé du Manoir.

Difquifitio de mente D. Steayert. 1697.

Lettre d'un Theologien à Mr de 1698.
Meaux : par le P. Gerberon.

Centurie de Méditations, par l'Abbé 1698.
Richard ; c'eft le P. Gerberon.

Le Chrétien défabufé fur le fujet de 1698.
la Grace, par le P. Gerberon.

Prieres Chrétiennes en forme de 1698.
Meditation fur tous les Myfteres de
Notre-Seigneur, de la Sainte Vierge,
&c. par le P. Quefnel.

Rituel d'Aleth. 1698.

Hiftoire abregée du Janfenifme, 1698.
par le P. Gerberon, premiere édition.

Tome I. e

1699. Reflexions fur les Conftitutions & Brefs de nos SS. Peres les Papes Innocent X. Alex. VII. & Innoc. XII. touchant la Condamnation des cinq Propofitions.

1699. Apologie pour le Problême Eccle-fiaftique, avec la folution veritable, par le P. Gerberon.

1700. *Hiftoriæ Congregationum de Auxi-liis, Divinæ Gratiæ Libri quatuor, an-tore Aug. le Blanc.* C'eft le P. Serry, Dominicain.

1700. Juftification du filence refpectueux.

1700. *Jus Ecclefiafticum,* par M. Van-Efpen.

1700. Etrennes & avis charitables pour Mrs les Inquifiteurs pour l'année 1700.

1700. La Foi & l'Innocence du Clergé de Hollande defenduë contre un Libelle diffamatoire intitulé : *Memoi-re touchant les Progrès du Janfenif-me en Hollande,* par Mr du Bois, Prêtre. C'eft le P. Quefnel.

1701. Catechifme de la Grace, par Mr Godefroi Hermant, ou plus vraifem-blablement, par Mr Feydeau.

1701. Cas de Confcience, propofé par un Confeffeur de Province, touchant la Conftitution d'Alexandre V I I. & refolu par 40. Docteurs de la Faculté de Paris.

Amici Hyberni ad amicum Hy- 1701.
bernum correctio fraterna.

Etat prefent de la Faculté de Louvain. 1701.

Epitome Doctrinæ Christianæ quoad 1701.
prædestinationem & Gratiam, par le
P. Gerberon.

Inftructions Chrétiennes & Prie- 1701.
res à Dieu, pour tous les jours de
l'Année, par le P. Quefnel.

La Paix de Clement IX. par le 1701.
P. Quefnel.

Examen des Préjugés de Mr Ju- 1702.
rieu, par l'Abbé Richard ; c'eft un
des noms empruntés par D. Gerberon.

Pfeautier de David, avec des no- 1702.
tes courtes, tirées de S. Aug. par Mr
Fontaine, réimprimé en 1713.

Traités de Pieté ou difcours fur 1702.
divers fujets de la Morale Chrétienne, par feu Mr de Sainte Marthe.

La Sainte Bible, traduite en Fran- 1702.
çois, le Latin de la Vulgate à côté,
avec de courtes notes, tirées des SS.
Peres : Ouvrage de tout le Port-
Royal enfemble, 3. vol. in folio.

Nouveau Teftament de N. S. J. C. 1702.
en François, felon la Vulgate, par
Mr Charles Huré.

Points Spirituels de Morale, par Mr
Van Rooft Pleban, Curé à Malines.

1702. Inftructions Chrétiennes & Prieres, par le P. Quefnel.

1702. Memoires pour l'Hiftoire des Scien-
ces & des Beaux Arts.

1703. *Annotationes breviffimæ in notionem
humanæ libertatis*, par Mr Arnaud,
1703. ou environ.

1703. Préjugé legitime, par le P. Quefnel,

1703. Confiance Chrétienne, appuyée fur
quatre principes inébranlables, par
le P. Gerberon.

1703 Jufte difcernement entre la créance Catholique & les opinions des
Proteftans, touchant la Prédeftination
& la Grace, par le Pere Gerberon.

1703. Lettre d'un Evêque à un Evêque,
par le P. Quefnel.

Lettre à Mr Abelly, Evêque de
Rhodez, touchant fon Livre de l'ex-
cellence de la Sainte Vierge, par le
P. Gerberon.

1703. Avis politiques.

1704. Soliloques, Méditations & Manuel de S. Auguftin, Traduction
nouvelle fur l'Edition Latine des
Peres Benedictins, avec des notes,
par Mr Dubois.

1704. *Inftitutiones Theologicæ ad ufum
Seminariorum, autore Gaspare Juenin,
Oratorii Gallicani Presbytero, &c.*

Dilemmata Theologica Molinistis & 1704.
Janseniftis mitigatis proposita.

Medaille du P. de la Chaize , Con- 1704.
feffeur du Roi Très-Chrétien.

Poëme fur les Ecrits des Jefuites , 1704.
contre la nouvelle Edition de S. Auguftin.

Défenfe de Meffire Pierre Codde ,
Archevêque de Sebafte , contre le
Decret de Rome , porté contre lui en
1704. On le croit compofé par Mr
Codde lui-même , du moins en partie.

Anatomie de la Sentence de Mgr 1705.
l'Archevêque de Malines , contre le
P. Quefnel , par ce Pere lni-même.

Inftruction generale en forme de 1705.
Catechifme , par Mr Joachim Colbert , Evêque de Montpellier ; autrement Catechifme de Montpellier.

Divers écrits , touchant la Signa- 1705.
ture du Formulaire.

Epîtres & Evangiles pour toute l'an- 1705.
née , à Paris , chez André Pralard.

Hiftoire du Cas de Confcience , 1705.
figné par 40. Docteurs de Sorbonne ,
par M. Foüilloux.

Acte d'Apel au futur Concile , par 1705.
Mrs de Mirepoix , de Senez , de
Montpellier & de Boulogne.

Item , de la néceffité de l'Appel.

e iij

Item, Memoire, où l'on examine si l'Appel eſt Canonique.

1706.   Défenſe des Théologiens & en particulier des Diſciples de St Aug. contre l'Ordonnance de Mgr l'Evêque de Chartres, portant condamnation du Cas de Conſcience. On attribuë cet Ouvrage à Mr Foüilloux.

1706.   *Joannis Obſtraet, Theſes Theologicæ.*

1707.   Verité Catholique victorieuſe, par le P. Gerberon.

1708.   *Obedientia credula vana Religio.*
   Apologie pour le Problême Eccleſiaſtique, avec la veritable Solution, par le Pere Gerberon.

1709.   *Denunciatio Solemnis Bullæ Clementinæ quæ incipit: Vineam Domini ſabaot, facta univerſæ Eccleſiæ Catholicæ*, par Mr de With.

1709.   *Panegyris Janſeniana.* par Mr de With.

1709.   *Noriſius aut Janſenianus, aut non Auguſtinianus demonſtratus*, par le P. Gerberon.

1709.   *Occaſus Janſeniſmi*, par le P. Gerberon.

1709.   *Ethica Amoris* ou *Theologica Sanctorum*, par le P. Henri de S. Ignace, Carme.

1710.   Inſtruction ſur divers ſujets de Morale, pour l'Education des Filles Chrétiennes, par Mr Salaz.

Entretien fur le Decret de Rome, 1710,
par le P. Quefnel.

Capiftrum ab Embricenfi interprete do-
no miffum N. declamatori in verfionem
Belgicam noviffimam Novi Teftamenti.

Hiftoire de la Vie de JESUS-CHRIST, 1710.
par Mr le Tourneux.

Priere pour faire en commun le 1711,
matin & le foir, dans une Famille
Chrétienne, par Mr de Laval ; c'eft
Mr de Sacy caché fous ce nom.

Abregé de la fainte Bible, en for- 1711
me de Queftions & de Réponfes familieres ..... par le P. Dom Robert
Guerard, Benedict.

Convivium Funebre, par Mr de With. 1711.

Reflexions fur un Ecrit intitulé: 1711.
Memoire de Monfeigneur le Dauphin
pour N. S. P. le Pape.

Préjugé légitime, par le P. Quefnel. 1713.

Action de Dieu fur les Créatures. 1713.

La Ligue ou Henri le Grand, 1713.
Poëme Epime, par Mr de Voltaire.

Lettre Paftorale des Evêques de 1714,
Châlons fur Marne, de Bayonne &
de Boulogne, au fujet de la derniere
Conftitution.

Confiderations fur l'Inftruction 1714.
Paftorale de la derniere Affemblée du
Clergé.

1714.   Lettre Paſtorale de Mr le Cardinal de Noailles.

1714.   Bonne Regle de l'Exercice volontaire, &c. par le Venerable Van Rooſt, Curé à Malines.

1714.   Ecrits & Ouvrages de Mr Fauvel.

1714.   Mandemens des Evêques de Metz & de Mirepoix.

1714.   Memoire ſur l'Amour naturel , & ſur les Œuvres faites ſans Grace.

1715.   Inſtruction pour calmer les Scrupules qu'on s'efforce de jetter dans les Ames , au ſujet de la Conſtitution.

1715.   Hexaples , ou Livre à ſix Colonnes ſur la Conſtitution *Unigenitus* , par Mr Fouilloux.

1716.   Inſtructions Theologiques ſur le Symbole des Apôtres , par Mr Nicole.

1716.   *Inſtrumentum appellationis.*

1716.   Lettre du P. Queſnel à Mgr l'Evêque de Poitiers.

1716.   Lettre du même au P. de la Chaize, Confeſſeur du Roi.

Effuſion de cœur ſur chaque Verſet des Pſeaumes , par Dom Morel.

1716.   Neceſſité de l'Appel des Egliſes de France , au futur Concile General , de la Conſtitution *Unigenitus.*

1717.   Memoire preſenté à Mr le Regent du Royaume , pour la défenſe de l'Univerſité.

33

Memoire sur les Propositions ren- 1717.
fermées dans la Constitution *Unigenitus.*

Reflexions sur deux Libelles, con- 1717.
tre la Lettre des Curés de Roüen.

Apologie des Curés de Paris , con- 1717.
tre l'Ordonnance de Mgr l'Archevêque de Rheims.

Lettre à Mr Bidet .... Prêtre du Se- 1717.
minaire de S. Sulpice.

Lettre d'un Théologien touchant 1717.
les Anti-Hexaples.

Memoire où l'on prouve l'injustice 1718.
& la nullité des Excommunications
dont on menace ceux qui appelleront
au futur Concile.

Lettre d'un Ecclesiastique Appellant. 1718.

Instruction familiere au sujet de la 1718.
Constitution *Unigenitus.*

Nouveau Testament en Langue vul- 1718.
gaire , par Mr de With.

Reflexions desinteressées sur la Cons- 1719.
titution du Pape Clement XI. qui
condamne le N. T. du P. Quesnel.

Exercitationes Historicæ criticæ pole- 1719.
micæ de Christo , ejusque Virgine Ma-
tre , auctore P. Hyacintho Serry.

Mandement de Mr de Boulogne , 1719.
par lequel il interjette Appel au futur Concile de la Constitution *Uni-*

genitus avec trois autres Evêques.

1719. Entretien avec J. C. dans le très-S. Sacrement de l'Autel, &c. par le P. Dom Morel, Benedic. de la Congreg. de S. Maur, 2ᵉ. édition en 1728.

1721. Défense de la grace efficace, par elle-même, par Mr de Mirepoix (De la Broce.)

1721. Commentaire litteral abregé sur tous les Livres de l'Ancien & nouveau Testament par le Pere Guillemin, Benedictin de saint Maur.

1721. Lettre de sept Evêques à N. S. P. le Pape, au sujet de la Constitution *Unigenitus.*

1721. Projet d'Instruction Pastorale, où l'on expose les motifs que Mr le Cardinal de Noaille a d'appeller.

1721. Lettre de Mr d'Auxerre à Mr de Soissons.

1722. Lettre Pastorale de Mr d'Auxerre.
1722. Projet de Remontrance.
Memoire pour y servir.

1723. Dissertation sur la validité des Ordinations des Anglois, par le Pere le Courrayer.
Explication de N. S. P. le Pape Innocent XIII. sur la Bulle *Unigenitus.*

1726. Instruction Pastorale de M. de Senez.
1727. Essai du Nouveau Jeu de ma Mere

l'Oye, ou Enluminures du Jeu de la Conftitution.

Nouvelles Ecclefiaftiques, Ouvrage 1727. Periodique, commencé en 1727.

Lettre de Dom Louvard à un Prélat. 1727.

Seconde Lettre du même.

Défenfe du Livre fur les Ordinations 1727. des Anglois, par le P. le Courrayer.

Lettres de Communion, écrites en 1727. François & en Latin à Mgr l'Archevêque d'Utrecht.

Inftruction Paftorale d'un prétendu 1727. Grand-Vicaire de Mgr de Senez.

La Clef du Sanctuaire de la *B. U.* 1727.

Lettre de Mr de Montpellier au Roi. 1728.

Lettres de 12. Evêques au Roi, fur 1728. la condamnation de Mr de Senez & fur le Concile d'Embrun.

Hiftoire de la condamnation de Mr 1728. de Senez, par les Prélats affemblés à Embrun.

Lettre de Mr de la Porte à la Sœur 1728. * * * Religieufe à Caftelane.

Lettre de Mr l'Abbé de l'Ifle fur 1730. les miracles de Mr Paris.

Seconde Lettre du même Abbé, fur 1730. les miracles de Mr Paris.

Lettre de quelques Curés de Paris, 1730. prefentée à Mgr l'Archevêque.

Reponfe des Evêques de Senez, de 1732.

Montpellier & d'Auxerre , à la nom-
mée Marguerite , guerie miraculeuse-
ment par le B. Diacre Paris.

1732. Relation de la mort de D. Maurice
Rouſſel.

1732. Abregé Chronologique des principaux évenemens qui ont précedé la
Conſtitution *Unigenitus.*

1733. Inſtruction Paſtorale de M. de
Montpellier , ſur les miracles.

1733. Seconde Inſtruction du même ſur
ce ſujet.

1733. Relation de la Miſſion faite à Aix.

1733. Mandement de Mr d'Auxerre , portant permiſſion de manger des œufs
pendant le Carême de la preſente
année 1733.

1733. Lettre de Mr d'Auxerre , au ſujet
de la Vie de Marie Alacoque.

1733. Memoire ſur les droits du Second
Ordre.

1733. Inſtruction Paſtorale de Mr d'Auxerre , au ſujet de quelques Libelles
contre ſon Mandement.

1733. Inſtruction familiere ſur la néceſſité
de lire l'Ecriture Sainte , dreſſée en faveur des Enfans de la Paroiſſe de Boiſſi , Village près de Paris.

1733. Etrennes Janſeniſtes.

1733. Le veritable Almanach nouveau ,

pour l'année 1733. ou le nouveau
Calendrier des Jesuites.

Avis aux personnes chargées de l'Ins- 1734.
truction de la Jeunesse dans le Diocése
de Sens , touchant l'Usage du nouveau Catechisme.

Calendrier Mysterieux exactement 1734.
supputé.

Lettre du Président Tessier , au sujet 1734.
de la guerison miraculeuse de son Fils,
par l'intercession du St Diacre Paris.

Compliment des Sarcellois à Mgr 1734.
l'Archevêque de Paris.

Troisiéme Sarcelloise. 1734.

Consultation sur la Jurisdiction & 1734.
sur l'Approbation nécessaire pour confesser.

Journal historique des Convulsions, 1734.
par Madame Mol.

Discours mis à la tête de 33. vol. de 1734.
l'Histoire Ecclesiastique de Mr l'Abbé
Fleury, par le Pere Fabre de l'Oratoire.

Lettres sur divers sujets de Morale 1735.
& de Pieté , par Mr l'Abbé du Guet.

Mandement de Mgr l'Evêque de S. 1735.
Papoul , pour faire part à son Peuple
de ses sentimens sur les affaires presen-
tes de l'Eglise, & des raisons qui le dé-
terminent à se demettre de son Evêché.

Discours sur les Nouvelles Ecclesias- 1735.

tiques. On le donne à Mr le Grosft.

1735.   Lettre de Mr de Montpellier à Clement XII. au fujet de la condamnation de fon Catechifme.

1735.   Entretien 3ᵉ. fur les miracles de Mr Paris.

1736.   Hiftoire des miracles & du culte de Mr Paris.

1736.   Effai d'un Parallele du tems de J. C. & des notes, pour fervir d'inftruction & de confolaton dans les grandes épreuves au milieu defquelles nous vivons.

1736.   Six Livres de S. Auguftin, traduits en François.

1737.   Memoire pour le Sieur de Brianne, Curé Appellant, où il entreprend de prouver que tout Curé a par fon titre le droit de pouvoir être commis par fes Confreres pour adminiftrer le Sacrement de Penitence dans leurs Paroiffes, fans qu'il foit befoin d'avoir pour cela l'agrément de l'Evêque Diocéfain.

Nota. Que la prétention de ce Curé eft fans fondement. Saint Charles Borromée, le Concile de Milan & la Faculté de Théologie de Paris, ont décidé qu'un Curé ne peut pas appeller d'autres Curés du Diocéfe pour confeffer dans fa Paroiffe, fi ces Curés ne font pas approuvés generalement pour

‹ tout le Diocéfe : parce que les Curés ‹ précifément par leur Inftitution en qualité de Curés, n'ont de Jurifdiction que fur leurs propres Paroiffiens.

Avis & Reflexions fur les devoirs de 1738. l'Etat Religieux, par un Religieux de la Congregation de S. Maur, *à Paris, chez le Mercier*, 3. vol. in-12.

Nota. On trouve dans cet Ouvrage cette Propofition condamnée par l'E-glife : *Tout ce que vous faites par autre motif que celui de l'amour Divin, eft entierement perdu pour le Ciel. C'eft même un peché.*

LES CENT

LES CENT ET UNE

PROPOSITIONS

EXTRAITES DU LIVRE

DES

REFLEXIONS MORALES

SUR LE

NOUVEAU TESTAMENT,

QUALIFIÉES EN DÉTAIL.

Tome I.

LES CENT ET UNE
PROPOSITIONS
EXTRAITES DU LIVRE
DES
REFLEXIONS MORALES
SUR LE
NOUVEAU TESTAMENT,
QUALIFIÉES EN DÉTAIL.

IL faut remarquer d'abord que les cent & une Propositions condamnées par la Bulle *Unigenitus*, y sont condamnées nommément comme extraites du Livre des Reflexions Morales sur le Nouveau Testament de Nôtre Seigneur Jefus-Chrift.

Cette remarque fera d'un grand ufage dans la fuite de cet écrit ; elle peut fervir dès l'entrée, 1. A montrer que la principale vûë du Saint Siége dans la cenfure d'un grand nombre de propofitions frapées d'un feul coup, a été de flétrir le Livre d'où elles font tirées, & de faire connoître au monde chrétien que ce même Livre qu'on donnoit aux Fidéles comme contenant la pure doctrine de Jefus-Chrift, eft un Livre rempli d'erreurs, compofé avec artifice, pour infinuer par tout le Janfenifme, dont il contient les dogmes, les maximes, & tout le fiftême.

2. Elle peut encore fervir à detromper un très-grand nombre de perfonnes bien intentionnées d'ailleurs, qui reconnoiffent l'équité de la cenfure quant au fonds, mais qui ne fçauroient en aprouver la maniere; il leur paroit qu'au lieu d'enveloper dans une cenfure generale ce grand nombre de propofitions qu'on n'a pû noter qu'en general & refpectivement, on devoit fe borner à quatre ou cinq des plus condamnables, & les qualifier feparément en particulier, chacune felon fon merite.

Mais fi ces perfonnes veulent entrer pour un moment dans les vûes du Souverain Pontife, elles reconnoîtront fans peine que la maniére dont il s'y eft pris pour flétrir efficacement un Livre fi autorifé par le parti, & compofé avec tant d'artifice, étoit la feule dans ces circonftances qui convient au deffein qu'on s'étoit propofé. En effet, fi le Pape s'é- toit contenté de qualifier en détail trois ou quatre propofitions extraites de ce Livre, on auroit pû croire, ou le par- ti l'auroit dit infailliblement, que c'é- toient là des propofitions incidentes, échappées à l'Auteur dans un grand Ouvrage, par mégarde & fans aucun deffein, que la jaloufie avoit deferé & fait condamner, pour rendre le Livre fufpeCt & l'Auteur odieux aux bons Catholiques. Mais quand on voit un tas d'erreurs, d'impietez, de blafphêmes, de nouveautez prophanes, lefquelles rangées & mifes par ordre, compo- fent le corps de doCtrine & le fyftême entier des héretiques de nôtre tems. Alors on comprend tout autrement combien ce pernicieux Livre doit être en horreur à tous les Fidéles, & ana- thematifé des premiers Pafteurs.

L'effentiel étoit donc de reünir, com- me on l'a fait, en un feul point de vûë, & d'expofer, ainfi reünies aux yeux des Fidéles, cette multitude étonnante de propofitions fauffes, captieufes, erro- nées, fcandaleufes, héretiques, condam- nées dans le Livre des Reflexions Mo- rales que l'artificieux Auteur avoit dif-

poſées & deguiſées adroitement , pour
rendre le venin plus imperceptible.

3. Elle ferme la bouche aux partiſans
du P. Queſnel , qui mal-à-propos affectent de ſe plaindre , de ce que le Pape
refuſe de leur expliquer en quel ſens il
condamne lui-même , & veut que les
autres condamnent les cent & une Propoſitions. On n'a qu'à leur dire que le
S. Pere a prevenu leur demande , qu'il
leur a donné par avance l'explication
qu'ils lui demandent encore aujour-
d'hui avec tant d'affectation. Car dès
qu'il a marqué expreſſement qu'il condamnoit les cent & une Propoſitions ,
comme extraites du Livre des Reflexions Morales : par là même il a declaré qu'il les condamnoit dans le ſens
propre & naturel qu'elles ont dans ce
Livre , dans l'eſprit de l'Ouvrage , &
dans le ſyſtéme de l'Auteur, c'eſt-à-dire,
comme perſonne ne peut l'ignorer, dans
le ſens, l'eſprit, & le ſyſtéme du Parti.

4. Mais ſur tout elle fait bien ſentir
que pour connoître à fond tout le venin
des propoſitions cenſurées, & diſcerner
au vrai le ſens qui y eſt condamné , il
faut entendre parfaitement tout le ſyſtême du Pere Queſnel , ſans quoi on eſt
en danger de s'y méprendre à chaque

pas : En voici la raiſon ; c'eſt que dans
cette eſpece de cenſure , ou pour fletrir
un Livre, on condamne un nombre de
propoſitions qui en ſont extraites ; le
ſens condamné dans les propoſitions ,
eſt celui qu'elles ont dans le Livre d'où
elles ſont tirées ; ſens qui reſulte des
termes de la propoſition , de ce qui pre-
cede , ou qui ſuit ; de l'eſprit du Livre,
du deſſein de l'Auteur, & de ſon ſyſtême; ſens par conſequent dont l'intelligence depend tellement de celle du ſyſ-
têtme , que quiconque ignore le ſyſtéme
ne ſauroit juger ſurement du ſens condamné dans les propoſitions. Or il eſt
conſtant que le grand nombre parmi
les laïques ſe trouvent dans ce cas.

De là vient la prevention generale
que nous remarquons dans preſque tous
les eſprits , qui ne ſont pas aſſez au fait
de ces matieres , en faveur du Livre des
Reflexions , & contre la Bulle. Ils ne
trouvent preſque rien dans les propoſitions condamnées qui leur paroiſſe fort
reprehenſible ; ils ſont tentez de croire
qu'elles ont été trop fortement cenſurées. Ainſi en jugeront toûjours ceux
qui ne ſont pas aſſez inſtruits des ſentimens de cet artificieux Auteur. En vain
pretendrions-nous en entrant d'abord

dans le détail des propofitions , & attribuant à chacune en particulier la qualification qu'elle merite, faire fentir l'é-
quité & la moderation de la cenfure
que le faint Siege vient d'en faire dans
la Bulle *Unigenitus* : on ne fait pas aifé-
ment revenir des efprits prevenus. Pour
reformer leur jugement , il faut aupa-
ravant changer leurs difpofitions.

Et pour cela il paroît abfolument neceffaire de faire ici un expofé net pre-
cis du fyftême du Pere Quefnel. Nous
n'avons pas d'autre moyen de mettre en
état le Lecteur de juger fainement de la
qualification que merite chaque propofition en particulier , prife dans fon
fens naturel. Nous ferons cet expofé le
plus briévement qu'il fera poffible.

Doctrine du Pere Quefnel , dans fon Livre des Reflexions Morales fur le Nouveau Teftament.

Si le Livre des Reflexions Morales
avoit enfeigné ouvertement,que l'homme dans l'état d'innocence & d'élevation où il fut créé,pouvoit de fon fonds,
par les feules forces de fon libre arbitre,
indépendamment de tout fecours furnaturel , meriter la gloire éternelle ; que
le

le premier homme en perdant la juſtice
originelle, perdit en même tems la liberté d'indifference , & fut neceſſité à pecher dans toutes ſes actions ; que tout
infidele avant ſa converſion , tout pecheur même avant la juſtification , ſe
trouve encore dans la même néceſſité ,
en tout ce qu'il fait : que toute grace
de Jeſus-Chriſt eſt efficace par elle-même : que les Commandemens de Dieu
ſont impoſſibles à tous ceux qui les violent dans les circonſtances où ils les violent : qu'on merite & qu'on demerite
dans les choſes qu'on ne peut pas éviter, & qu'on fait neceſſairement, pourvû qu'on les faſſe volontairement : que
Jeſus-Chriſt n'eſt mort que pour le ſalut
éternels des ſeuls Elûs : qu'avant l'Incarnation, les Gentils & les Juifs même,
n'ont point eu de grace , excepté quelques ames choiſies , comme les Patriarches & les Prophêtes : que l'Egliſe de
Jeſus-Chriſt n'eſt compoſée que des
Juſtes & des Elûs : que la crainte des
peines de l'Enfer, eſt une affection dam-
nable, qui rend l'homme plus criminel :
qu'il n'y a dans le monde que deux
amours, d'où naiſſent toutes nos volontés & nos actions ; la charité parfaite ,
& la cupidité criminelle : que tout ce

Tome I.   g

qui ne procede pas du principe de la
charité parfaite, eſt un nouveau peché:
qu'il n'y a point d'autre vertu que la
charité parfaite & dominante; que l'E-
gliſe eſt tombée depuis long-tems en
caducité & en ruine; que la pratique
de l'Egliſe dans l'adminiſtration des Sacremens, de reconcilier le pecheur
avant qu'il ait ſatisfait à la Juſtice Divine, eſt abuſive; que la Juriſdiction
Eccleſiaſtique convient proprement au
peuple & aux laïques, & par commiſſion ſeulement aux Paſteurs; qu'il y a
de l'injuſtice à ne pas permettre indifferemment à toutes ſortes de perſonnes, la
lecture de l'Ecriture, en langue vulgaire, dans des verſions mêmes ſuſpectes;
que les Novateurs qui ſoutiennent la
doctrine condamnée de Janſenius, ne
doivent pas craindre les excommunications de Rome; que c'eſt un fleau de
Dieu, de permettre que le Pape & le Roi
perſecutent les Sectateurs de Janſenius;
que les Novateurs exilés ſont dans un
état de conformité avec Jeſus-Chriſt;
que les Puiſſances qui ont ordonné la
ſignature du Formulaire avec ſerment,
font ſervir la verité aux deſſeins des impies. Si toutes ces erreurs étoient ainſi
cruëment énoncées dans les Reflexions

Morales fur le nouveau Teftament, perfonne ne trouveroit étrange la cenfure
que le faint Siege a fait de la doctrine
de ce Livre. Pourroit-on qualifier trop
fortement un Ouvrage où font contenuës tant d'erreurs déja condamnées ou
deteftées, dans Wiclef, Jean Hus, Baïus,
Janfenius, Saint Cyran & Richer ?

Or il eft vifible que le Pere Quefnel,
qui très-certainement eft dans tous ces
fentimens, comme il paroît par fes autres ouvrages, les a tous fait paffer dans
fon Livre des Reflexions Morales; qu'il
y a établi toutes les erreurs, dont nous
venons de parler, & qu'il l'a fait d'une
maniere fort adroite à la verité, mais
auffi très-hardie; en ne gardant de
ménagement qu'autant qu'il étoit neceffaire, pour ne pas allarmer la pieté
des Fidéles, & le zele des Pafteurs. On
en fera convaincu par la fimple expofition de fa doctrine, telle qu'il la propofe dans les cent & une propofitions
condamnées.

Sur l'état d'innocence.

Les Theologiens conviennent qu'A-
dam au moment de fa création, fut élevé à une fin furnaturelle, à l'efperance &

g ij

au droit de joüir de Dieu, par la vifion intuitive de l'eſſence divine ; mais en même tems ils croyent que cette élevation fut à l'égard du premier homme, un effet de la pure liberalité du Créateur, qui auroit pû ſans injuſtice le créer pour une fin purement naturelle, dans un état inférieur qu'ils ont apellé de pure nature.

Baïus traite cet état de chimere ; il croit que l'élevation du premier homme à la participation de la nature divine, c'eſt que la condition naturelle de l'homme innocent ; que cet avantage lui eſt tellement dû, que Dieu en le créant ne pouvoit le lui refuſer. Il regarde comme une erreur groſſiere, de croire que l'homme dans l'état d'innocence auroit eu beſoin pour mériter la gloire éternelle de ſecours ſurnaturels, & en particulier des habitudes infuſes de foi, d'eſperance & de charité. Selon lui, rien de ſubſtantiel en cet état, point de grace proprement dite; il n'y reconnoit qu'une grace de nom, tout-à-fait differente de la nôtre, & qui n'a rien de commun que le nom avec elle.

Ces erreurs de Baïus condamnées par trois Souverains Pontifes, ſont renouvellées par le P. Queſnel, dans ſon

Livre des Reflexions; il y établit *(a)* que
„ la grace d'Adam étoit une suite de la
„ creation, une chose dûë à la nature
„ saine & entiere. Demandons au Pere
Quesnel, si par la grace d'Adam il n'entend pas son élevation à la participation de la nature divine ; la fin qui lui
fut proposée, & les moyens d'y par-
venir : Hé ! quelle autre chose pourroit-
il entendre ? demandons-lui encore, si
tout ce qui est à l'égard de l'homme,
une suite de sa creation, n'apartient pas
à sa condition naturelle, il n'en sçauroit
non plus disconvenir. Sa proposition est
donc précisément la même, que la proposition condamnée de Baïus, ils s'accordent tous deux à soutenir que l'état
de bonheur & d'élevation, dans lequel
Adam fut créé, est l'état naturel de
l'homme innocent, dû à la nature saine
& entiere, comme le seul qui lui est
convenable, & tellement dû que Dieu
sans injustice n'auroit pû le lui refuser.

La grace que le P. Quesnel attribuë
à Adam, & celle de l'état present, n'ont
rien de commun que le nom; elles sont
differentes d'origine, l'une est grace du
Créateur, l'autre grace du Redempteur.
Differentes de rang ; l'une est „ pro-

(a) Proposition 35.

g iij

„ portionnée (*a*) à l'homme, l'autre (*b*)
„ digne du Fils de Dieu; differentes de
„ sujet : Adam recevoit la sienne (*c*) en
„ sa propre personne; nous recevons la
„ nôtre dans (*d*) la personne de J. C.
„ ressuscité à qui nous sommes unis.
Differentes dans leurs effets ; „ celle
„ d'Adam ne produisoit que des (*e*) me-
„ rites humains ; au lieu que la nôtre
„ produit des (*f*) merites tous divins &
„ surnaturels. En un mot la grace d'A-
dam n'étoit pas une grace proprement
dite, puisqu'elle „ étoit dûë (*g*) à la na-
„ ture sainte & entiere : elle n'étoit pas
„ d'un ordre surnaturel , puisqu'elle
„ étoit (*h*) proportionnée à l'homme, &
„ ne produisoit que des (*i*) merites hu-
„ mains. On ne sçauroit nier que ce ne
soit là toute la doctrine de Baïus , fidélement exprimée par le P. Quesnel : ces
deux Novateurs s'accordent encore en
ce point; que dans le premier état qu'ils
regardent comme l'état naturel & propre de l'homme , on auroit merité par
les seules forces du libre-arbitre , sans

(*a*) Proposition 33. [*b*] Proposition 37.
(*c*) Proposition 36. (*d*) Proposition 36.
(*e*) Proposition 34. (*f*) Proposition 37.
(*g*) Proposition 35. (*h*) Proposition 37.
(*i*) Proposition 34.

aucun secours surnaturel, la félicité éternelle.

Sur les effets de la chûte d'Adam.

Les vrais sentimens du P. Quesnel, sont que le premier homme qui avant son peché se trouvoit dans un équilibre parfait, & dans une pleine indifference entre le bien & le mal ; maître absolu de toutes ses volontés, perdit par sa desobéïssance, pour lui & pour ses descendans, cette precieuse liberté que sa posterité n'a jamais recouvrée : que depuis ce fatal moment, l'homme sous l'empire de la cupidité, se trouve necessité à pecher, sans pouvoir faire aucun bien; & sous l'empire de la grace, il se trouve necessité au bien, sans pouvoir pecher. Dans ce sistême, tout infidéle avant sa conversion, tout pecheur avant sa justification, peche necessairement en tout ce qu'il fait, en ses prieres, en ses aumônes, en toutes ses meilleures actions. Pourquoi ? parce qu'avant la justification, c'est la cupidité dominante qui regne dans le cœur du pecheur, & que sous l'empire de la cupidité, l'homme n'agit & ne peut agir que par le principe de l'amour de soi-même: principe

criminel , qui infecte toutes les actions
du pecheur. Voilà les sentimens du
P. Quesnel ; voyons s'il les a bien ex-
primés dans ses Reflexions Morales.

Premierement il pose , comme un
principe indubitable , que , quand (*a*)
,, l'amour de Dieu ne regne pas dans
,, le cœur d'un pecheur, il est necessaire
,, que la cupidité charnelle y regne &
,, corrompe toutes ses actions. Ce principe dit tout; il n'a besoin d'aucune explication ; cependant le Pere Quesnel ,
pour le faire mieux sentir , prend soin
de l'expliquer, de l'inculquer, de le de-
veloper en plusieurs endroits. Tantôt il
s'écrie , ,, Que (*b*) reste-t'il à une ame
,, qui a perdu la grace de Dieu , sinon
,, le peché, ses suites & une impuissance
,, generale à tout bien ? Ailleurs il enseigne , que (*c*) sans la grace du libe-
,, rateur,le pecheur n'est libre que pour
,, le mal ? Que (*d*) toute volonté qui
,, n'est pas prevenuë de la grace, n'a de
,, lumieres que pour s'égarer , d'ardeur
,, que pour se précipiter , de force que
,, pour se blesser , qu'elle est capable de
,, tout mal, & impuissante à tout bien ,

(*a*) Proposition 45. (*b*) Proposition 1.
(*c*) Proposition 38. (*d*) Proposition 39.

Il en vient jufqu'à dire, que (*a*) „ la
„ priere de l'impie eft un nouveau pe-
„ ché ; que (*b*) toute connoiffance de
„ Dieu même, naturelle dans les Payens,
„ fans la grace, ne produiroit qu'opo-
„ fition à Dieu même.

Il feroit difficile de s'exprimer plus
fortement ; car enfin fi fans la charité
dominante; car c'eft précifément ce que
l'on entend ici par la grace de Jefus-
Chrift, par la grace du Libérateur, par
la grace fimplement dite.) Si fans la
charité, il ne refte à l'ame que le peché
& fes fuites ; une impuiffance générale
à tout bien, point de force que pour fe
bleffer; point de liberté que pour le mal;
l'homme avant fa juftification, peche
donc fans fin & fans ceffe, comme dit
Calvin, en tout ce qu'il fait; fi la priere
même du pecheur eft un peché ; quelle
autre action pourra - t - il faire qui ne
foit pas criminelle ? Si dans les Payens
la connoiffance même naturelle qu'ils
ont de Dieu, ne produit qu'opofition à
Dieu même ; leur refte-t-il quelqu'autre principe, dont les effets ne foient pas
oppofition à Dieu ? Tout infidelle, tout
pecheur, tout homme qui n'eft pas actuellement dans la grace de Dieu, peche

(*a*) Propofition 59. (*b*) Propofition 41.

donc néceſſairement en toutes ſes actions ; quand il penſe à Dieu , qu'il le
prie , qu'il l'adore , qu'il le remercie ;
qu'il l'aime de tout autre amour que
de cette charité dominante qui juſtifie ?
Voilà de terribles principes dans un
livre de pieté , compoſé pour inſtruire
& édifier les fidéles. Tout horribles
qu'ils ſont ces principes, l'Auteur ne
les dévoiiera pas : il a parlé en termes
clairs ? Ce ſont les ſentimens qu'il a
dans le cœur ; il n'en peut avoir d'autres dans ſon Syſtême.

Sur l'irreſiſtibilité de la grace.

Le dogme du parti eſt qu'on ne réſiſte jamais à la grace intérieure. Janſenius l'a ainſi enſeigné , & aujourd'hui
ſes Sectateurs le penſent encore tout
comme lui. Pour penſer autrement , il
leur faudroit renoncer au principe fondamental des deux délectations, qui
eſt la baſe de tout leur Syſtême.

Selon eux l'attrait du plaiſir eſt le ſeul
reſſort qui remuë le cœur de l'homme :
& de deux plaiſirs contraires, l'un céleſte qui vient de la charité, l'autre terreſtre qui vient de la cupidité; celui qui
ſe trouve actuellement dominant & ſu-

périeur à l'autre en degrez dans la volonté de l'homme, l'entraîne toûjours
invinciblement vers son objet ; de forte
que dans ces principes, la grace ou délectation célefte, tant qu'elle eft dominante, a toûjours fon effet, fans que rien
puiffe l'empêcher : au contraire tandis
qu'elle fe trouve actuellement inferieu-
re en degrez, à la cupidité ou délectation
terreftre ; elle demeure toûjours infailliblement & néceffairement fans effet ;
non pas par la faute de la volonté, mais
uniquement par la force fuperieure du
plaifir terreftre, qui entraîne invinciblement la volonté vers le mal, & lui rend
impoffible le confentement à la grace.
De-là toutes ces maximes du parti.

Qu'on ne réfifte jamais à la grace
intérieure.

Qu'il n'y a point de grace purement
fuffifante, c'eft-à-dire, point de grace
qui donne le pouvoir complet de faire
le bien, fans donner en même-tems la
bonne action.

Que fans la grace efficace par elle-
même, nous n'avons pas un vrai pouvoir de faire le bien.

Qu'il n'eft pas en la liberté de l'homme d'empêcher que la grace qui donne
le pouvoir de faire le bien, n'ait fon effet.

On sçait assez que le Pere Quesnel est dans tous ces sentimens ; mais il ne s'agit pas ici de sçavoir ce qu'il pense en son particulier ; il faut voir s'il a enseigné toutes ces maximes, dans son Livre des Refléxions.

J'y trouve d'abord que la (*a*) grace „ de J.C. est une grace souveraine, sans „ laquelle on ne peut confesser J. C. & „ avec laquelle on ne le renie jamais. „ Que (*b*) c'est une réparation toute- „ puissante de la main de Dieu, que „ rien ne peut empêcher ni retarder. Rien de plus formel que ces textes ; & quand il n'y auroit dans tout l'ouvrage que ces deux premieres propositions, toutes les maximes Janseniennes, d'où résulte l'hérésie de la grace irresistible, s'y trouveroient parfaitement établies. „ Une grace souveraine, sans laquelle „ on ne peut confesser J. C. & avec la- „ quelle on ne le renie jamais, est une grace efficace par elle-même, à laquelle on ne résiste jamais. „ Une grace qui „ est l'opération toute-puissante de la „ main de Dieu, que rien ne peut em- „ pêcher ni retarder, est une grace tel- lement efficace, que nulle volonté ne peut y resister. On peut défier le pe-

(*a*) Proposition 9. (*b*) Proposition 10.

cheur le plus obftiné de tenir contre une grace de ce caractere. Comment s'y prendroit-il pour empêcher une opération toute-puiffante que rien ne peut empêcher ni retarder.

Or felon le P. Quefnel toute grace de Jefus-Chrift eft de ce caractere ; car ce n'eft pas d'une efpece particuliere de grace, mais de la grace de Jefus-Chrift en général. Cela paroît évidemment par l'énoncé de la propofition, où la grace de Jefus-Chrift, qui eft un terme univerfel, étant mis fans reftriction, fans modification, doit être pris dans toute fon étenduë pour toute grace de Jefus-Chrift, d'où il fuit néceffairement.

Qu'il n'y a point de grace de Jefus-Chrift purement fuffifante, qui donne le pouvoir complet, fans donner en même-tems la bonne action.

Que fans la grace efficace par elle-même, nous n'avons pas un vrai pouvoir de faire le bien.

Qu'il n'eft pas au pouvoir de l'homme d'empêcher que la grace n'ait fon effet, & par conféquent, qu'il n'arrive jamais, qu'il ne peut même jamais arriver qu'on réfifte à la grace de Jefus-Chrift.

On pourroit s'imaginer que ce terme

universel est ici échappé par mégarde à l'Auteur. Un moment de refléxion nous convaincra du contraire. Le Pere Quesnel n'ignore pas les premieres regles du raisonnement ; il a eu cent occasions de restraindre ce terme ; il ne lui est pas arrivé une seule fois de le modifier ; il a toûjours affecté de le prendre dans toute son étenduë. Ecoutons-le parler ; il énonce en général & sans restriction, que (*a*) *la grace* de J. C. n'est autre chose que la volonté toute-puissante de Dieu qui commande : que (*b*) quand Dieu accompagne son commandement de la force intérieure de *sa grace*, elle opere dans le cœur l'obéïssance qu'elle commande. (*c*) Qu'il n'y a point de charmes qui ne cedent à ceux de *la grace*, parce que rien ne resiste au Tout-puissant. (*d*) Que *la grace* est cette voix du Pere qui fait venir à Jesus - Christ tous ceux qui l'ont entenduë. (*e*) Que la vraye idée de *la grace* est que Dieu veut que nous lui obéïssions, & il est obéï ; qu'il commande, & tout est fait ; qu'il parle en maître, & tout est soûmis. (*f*) Que *la grace* de Jesus-Christ est une

(*a*) Proposition 11. (*b*) Proposition 15.
(*c*) Proposition 16. (*d*) Proposition 17.
(*e*) Proposition 20. (*f*) Proposition 21.

grace divine, forte, puissante, souveraine, invincible, comme étant l'opération de la volonté toute-puissante.

Qui ne voit que tous ces traits forment le caractere specifique & distinctif
de la grace efficace par elle-même ?
Pourquoi donc le Pere Quesnel affecte-
t-il si visiblement, si constamment d'attribuer à la grace de Jesus-Christ en général, ce qui ne sçauroit convenir qu'à
la grace victorieuse ? En cela il a eu ses
vûës. Il veut que ses Lecteurs compren-
nent sans qu'il leur dise, que toute grace de Jesus-Christ est efficace par elle-
même. Point de ces graces purement
suffisantes, de ses graces du Créateur
ausquelles on pourroit resister, qui donnent le pouvoir complet, sans donner
l'action. Cela étoit bon dans l'état d'innocence; dans l'état présent, point
d'autres graces que la grace de Jesus-
Christ, grace toute-puissante, & toûjours victorieuse, sans laquelle on ne
peut rien, & avec laquelle on ne manque jamais de faire le bien.

Il fait plus, pour faire mieux comprendre à ses Lecteurs que toute grace
efficace est irresistible, il ne se contente
pas de dire simplement qu'elle est souveraine, invincible, que rien ne peut en

empêcher ou retarder l'effet : il en rapporte la raifon *à priori*, en difant que
,, (*a*) c'eft une opération toute-puif-
,, fante de la main de Dieu, que rien ne
,, peut empêcher ni retarder. (*b*) Que
ce n'eft autre chofe que la ,, volonté
,, toute-puiffante de Dieu qui com-
,, mande, & qui fait ce qu'il comman-
,, de. Et pour mieux inculquer ce fentiment, il compare l'opération de la
grace dans le cœur de l'homme, à diverfes opérations de Dieu toutes invincibles, & indépendantes du fujet fur lequel il opere, & aufquelles le fujet ne
peut en aucune maniere refufer fa coopération. Il dit par exemple, que (*c*)
,, l'opération de Dieu dans nos cœurs
,, par fa grace, nous eft figurée par celle
,, qui tire les créatures du néant, ou qui
,, redonne la vie aux morts. (*d*) Quelle
,, eft une imitation de l'opération de
,, Dieu incarnant & reffufcitant fon
,, Fils. Et par toutes ces comparaifons,
tandis qu'il fait femblant de ne point
toucher à l'irrefiftibilité de la grace, il
la perfuade beaucoup plus efficacement
que s'il avoit dit en termes précis &
formels, que la grace efficace eft invin-

(*a*) Propofition 10.   (*b*) Propofition 11.
(*c*) Propofition 23.   (*d*) Propofition 21.

cible,

cible , irrefiftible , necessitante : tout
Lecteur qui entrera dans l'esprit de
ces comparaisons sera persuadé que
Dieu fait en lui tout le bien , sans que
la volonté y contribuë que passive-
ment , à peu près comme le corps
mort à sa resurrection , le monde à sa
creation , l'humanité sainte à son
union à la personne du Verbe.

Il ne paroît pas qu'après ce que nous
venons de dire, on puisse douter un moment que le P. Quesnel n'ait établi tout
exprès & de dessein formé dans son Livre des Reflexions, le dogme de la grace
irrefiftible & par conséquent tout le Jansénisme ; car il est évident que ce dogme capital renferme avec lui le reste du
système , la perte de la liberté , l'impossibilité des commandemens , le merite & le demerite dans les actions qu'on
ne peut éviter , la mort de Jesus-Christ
pour les seuls predestinez , &c.

Sur l'impossibilité des commandemens.

C'est encore un dogme des Novateurs , que les commandemens de
Dieu sont actuellement impossibles à
ceux qui les violent , dans les circons-
tances où ils les violent.

Tome I.   h

Tous, tant les Catholiques que les Janseniftes conviennent que le pecheur qui vient actuellement de transgreffer la loi, n'a pas eu la grace efficace, pour l'obferver ; puifqu'en effet, il ne l'a pas obfervée. Mais les Janseniftes difent de plus, & ils doivent le dire dans leurs principes, que ce pecheur n'a pas pû dans les circonftances obferver la loi ; puifqu'il n'a pas eu la grace efficace, qui feule, felon eux, donne le pouvoir d'accomplir le commandement. Si la delectation celefte fe fut trouvée fuperieure dans fon cœur, au moment qu'il faloit obferver la loi, il n'auroit pas pû s'empêcher de garder le precepte. Par malheur c'eft la terreftre qui s'y eft trouvée dominante dans ce moment ; & en ce cas la volonté n'a pas pû s'empêcher de violer la loi, manquant de la grace efficace neceffaire pour pouvoir la garder : voyons fi cette erreur fe trouve infinuée comme les autres dans le livre des Reflexions ; il ne paroît pas qu'il en foit fait mention en aucun endroit de l'ouvrage.

Mais que penfez-vous que veut dire le Pere Quefnel, quand s'adreffant à Dieu, il lui dit ; ,,En vain (*a*) vous com-

(*a*) Propofition 3.

, mandez, Seigneur, fi vous ne donnez
s, vous-même ce que vous commandez:
Une bonne ame dans fa fimplicité prendroit volontiers ce fentiment, pour un
fentiment de devotion. Dans la bouche
du Pere Quefnel : c'eft un blafphême,
c'eft s'adreffer à Dieu pour lui dire :
vous commandez Seigneur des chofes
impoffibles , quand vous ne faites pas
en nous ce que vous commandez ,
quand vous ne joignez pas au commandement la grace efficace , qui donne
en même tems le pouvoir & l'action.

Je fai qu'ailleurs ces paroles; en vain
vous commandez, Seigneur, pourroient
ne fignifier qu'un commandement fans
effet. Mais je foûtiens qu'ici elles figni-
fient un commandement impoffible ,
c'eft le fujet qui les determine à cette
fignification. Si quelqu'un difoit : en
vain vous commandez, Seigneur , aux
oifeaux de voler, fi vous ne leur donnez
des aîles : il eft vifible que cette expreffion ; en vain vous commandez , prife
dans fon fens propre & naturel, figni-
fiéroit dans les circonftances : vous
commandez, Seigneur, une chofe impoffible : Parcequ'il eft conftant qu'un
oifeau fans aîles , ne fauroit voler. Le
fujet ne fouffre pas un autre interpre-

h ij

tation. Or il n'eſt pas moins conſtant,
dans les principes du Pere Queſnel,
qu'un pecheur ſans la grace efficace,
n'a pas le pouvoir de garder le commandement. Il faut donc reconnoître
que dans les principes du P. Queſnel,
les mêmes paroles : en vain vous commandez, Seigneur, ſi vous ne donnez
vous même ce que vous commandez,
priſes dans leur ſens propre, naturel, litteral, ſignifient : vous commandez, Seigneur, des choſes impoſſibles, quand
vous ne faites pas en nous par la grace
efficace, ce que vous commandez. Ce
qui eſt un vrai blaſphême, qui impute
à Dieu de commander en tyran des choſes impoſſibles, dans les circonſtances
où il en exige l'acompliſſement, ſous
peine de damnation éternelle.

C'eſt encore dans le même ſens que
le Pere Queſnel a dit ailleurs: ,, Oüi,
,, (a) Seigneur, tout eſt poſſible à celui à
,, qui vous rendez tout poſſible en le
,, faiſant en lui: pour faire comprendre
que Dieu ne nous rend poſſible le commandement, qu'entant qu'il l'accomplit
en nous ; & que par conſequent tous
les infracteurs de la loi divine, à qui
Dieu n'a pas rendu ſes commandemens

(a) Propoſition 4.

possibles, en les faisant en eux, n'ont transgressé la loi, que parce qu'ils n'ont pû l'observer, destituez de la grace efficace, sans laquelle on ne peut rien : ce qui est le pur Jansenisme.

Sur la volonté de Dieu & la mort de Jesus-Christ pour les hommes.

Il s'est élevé en deux differens tems, deux differentes erreurs diametralement oposées, sur la volonté que Dieu a de sauver les hommes par Jesus-Christ.

Les Pelagiens n'ont reconnu en Dieu qu'une volonté generale, de sauver également tous les hommes ; point d'élection, point de predestination, point de volonté speciale & gratuite pour les seuls Elûs.

Les Jansenistes au contraire, reduisent au seul decret de la predestination gratuite qui regarde uniquement les Elûs, tout ce qui est dit dans l'Ecriture, de la volonté que Dieu a de sauver tous les hommes par Jesus-Christ. S'ils parlent quelquefois de la volonté antecedente, qui semble regarder generalement le salut de tous les hommes ; ils font entendre que c'est une pure volonté de signe, c'est-à-dire, une volonté im-

propre & metaphorique ; une simple
velleïté, qui n'opere rien, & qui ne rend
pas le salut plus possible, que si elle n'é-
toit point du tout. Ils pretendent que
tous les hommes se trouvant envelopez
dans la masse de perdition, par le peché
du premier homme, Dieu en vûë des
merites de son Fils, resolut d'en retirer
un petit nombre de la masse commune;
quelques-uns seulement pour être justifiez, d'autres pour être outre cela glorifiez, laissant tout le reste abandonné à
son malheureux sort, sans esperance &
sans moyen de salut. Ils ajoûtent con-
sequemment à ce principe, que Jesus-
Christ reglant sa volonté sur celle de
son Pere, n'a offert sa mort que pour
le salut temporel de ceux qui devoient
être justifiez, & pour le salut éternel
de ceux qui doivent être glorifiez ;
mais qu'à l'égard de tout le reste, il
n'est pas plus mort pour eux que pour
les demons. C'est l'expression de Jansenius, qui toute forte qu'elle paroît,
n'exprime pourtant que ce qu'on doit
penser dans son systême.

L'Eglise Catholique également éloignée de ces deux erreurs oposées, reconnoît en Dieu une volonté speciale de
choix, d'élection, de predestination, qui

ne regarde que les seuls Elûs ; mais outre cela , elle nous oblige de confesser
dans Dieu une autre volonté plus étenduë, plus universelle, qui regarde le salut
de tous les hommes en general , & de
chacun en particulier. Volonté non pas
purement de figure metaphorique , ou
simple veilleïté, qui n'opere rien ; mais
volonté réelle , sincere , qui prepare à
tous les hommes en general , & à chacun d'eux en particulier des moyens
suffisans de salut. Puis qu'il est de la foi
que Dieu veut sauver tous les hommes,
& que J. C. est mort pour tous , quoique tous ne reçoivent pas le fruit de sa
mort; de son côté il a suffisament offert
pour tout le monde, le prix de son sang,
& il ne tient pas à lui que tous en general,& chacun en particulier, ne perçoi-
vent le fruit de la redemption: quoique
ce sang qu'il a offert sincerement pour
tous , il l'ait offert plus specialement
pour les élûs que pour les autres.

Aprés cette explication , il sera aisé
de juger si le Pere Quesnel dans son
livre des Reflexions , a parlé en Catholique ou en Janseniste.

Touchant la volonté de Dieu , il enseigne que (a) ,, tous ceux que Dieu
(a) Proposition 30.

„ veut fauver par J. C. le font infailli-
„ blement. Que (*a*) quand Dieu veut
„ fauver l'ame, en tout tems, en tout
„ lieu ,l'indubitable effet fuit le vouloir
„ d'un Dieu : pourquoi il fait affez entendre que Dieu n'a voulu fauver que
ceux qui font en effet fauvez , c'eft-à-
dire, les feuls Elûs. Car s'il eft vrai que
tous ceux que Dieu veut fauver par
J. C. le font infailliblement : s'il eft vrai
qu' quand Dieu veut fauver l'ame, en
tout tems, en tout lieu, l'indubitable
éfet fuit le vouloir d'un Dieu ; il faut
avoüer par une conféquence neceffaire,
qu'on ne peut s'empêcher de tirer , que
ceux qui ne font pas infailliblement
fauvez par J. C. Dieu n'a pas voulu les
fauver. Il faut avoüer que quand l'effet,
c'eft-à-dire, le falut ne fuit pas, Dieu ne
l'a pas voulu cet éfet. Voilà donc la
volonté de Dieu, touchant le falut des
hommes , clairement reduite au falut
éternel des feuls predeftinez; ce qui eft
le pur Janfenifme. Et comme le falut
éternel n'eft pas plus donné aux hommes reprouvez qu'aux Anges rebelles ,
le P. Quefnel doit avoüer avec Janfen,
que la volonté que Dieu à de fauver les
hommes , ne regarde pas plus les hommes reprouvez que les demons mêmes.

(*a*) Propofition 1 2.   Par

Par raport à J. C. & à sa Mort, l'Auteur des Reflexions s'y prend de loin. Il jette d'abord cette proposition : que „ (*a*) les souhaits de J. C. ont toujours „ leurs effets; afin qu'on entrevoye comme de loin & par avance , que si J. C. avoit souhaité sincérement le salut de tous les hommes , qu'il eût prié pour tous , & offert le prix de son sang pour le salut de tous ; ses souhaits qui ont toujours leurs effets, auroient été accomplis à l'égard de tous , comme ils le sont à l'égard des Prédestinés, qu'il a veritablement souhaité de sauver. Il fait ensuite un second pas, en disant, qu'il (*b*) faut „ avoir comme S. Paul, renoncé à toutes „ les choses de la terre , & à soi-même , „ pour pouvoir dire comme cet Apô- „ tre avec confiance; J. C. m'a aimé & „ s'est livré pour moi. En lisant ces paroles , un Lecteur attentif se demande naturellement à soi-même : puis-je dire comme S. Paul, que J. C. m'a aimé, & s'est livré pour moi ? on m'avertit qu'il n'apartient pas à tout le monde de parler ainsi : mais qu'il faut avoir renoncé, comme cet Apôtre, à toutes les choses de la terre, & à soi-même, pour pouvoir tenir ce langage avec confiance. Cepen-

(*a*) Proposition 31. (*b*) Proposition 33.

dant fi J. C. étoit mort generalement
pour tous les hommes , il me fuffiroit
d'être homme pour pouvoir dire,il m'a
aimé,il s'eft livré pour moi. J'entrevois
ce que c'eft , S. Paul étoit un Saint, un
Vafe d'élection, un Prédeftiné : ce n'eft
que pour les Élûs que J. C. eft mort :
& il n'y a que ceux qui comme S. Paul,
ont des marques vifibles de prédeftination, qui puiffent comme lui dire avec
confiance : J. C. s'eft livré pour moi.
C'eft juftement où le P. Quefnel amene
fes Lecteurs peu à peu , & comme par
degrés , par fes Reflexions captieufes ,
ménagées avec adreffe. Enfin les efprits
ainfi préparés, l'Auteur a voulu s'expliquer, du moins une fois clairement fur
ce point capital,afin que chacun fçût au
jufte ce qu'il en faut croire. C'eft dans
la Prop. 32. où il a dit en termes précis
& formel : ,, J. C. s'eft livré à la mort
,, afin de delivrer les aînés, c'eft-à-dire,
,, les Elûs de la main de l'Ange exter-
,, minateur. Selon lui comme la marque de falut ne fut apofée qu'en faveur
des aînés du peuple choifi : le prix du
falut n'a été offert que pour les Elûs.
C'eft parler clairement : mais eft-ce
parler en Catholique , & dans l'efprit
du faint Concile de Trente , qui dé-

clare que J. C. eſt mort pour tous les hommes, quoique tous ne reçoivent pas le bienfait de ſa mort.

Il ne ſerviroit de rien pour juſtifier l'Auteur, de dire que ſa Prop. n'exclut pas de la Rédemption le reſte des hommes. Dans les circonſtances preſentes, où le Parti attaque hautement l'univerſalité de la Rédemption : tout Auteur du Parti qui affecte de dire que J. C. eſt mort pour les Elûs, dit aſſez clairement qu'il n'eſt mort que pour les ſeuls Elûs.

Sur l'état des Juifs avant l'Incarnation, & des Gentils encore à préſent.

On ne ſçauroit entendre dire ſans horreur, qu'avant l'Incarnation la grace n'a été donnée parmi tous les hommes, qu'aux ſeuls Prophêtes & aux ſeuls Patriarches, choiſis de Dieu pour être les figures de ſon Fils, & pour en annoncer la venuë à tout l'Univers : qu'à ce petit nombre près, tout le reſte du genre humain, Juifs & Gentils ont été generalement délaiſſés ſans grace, ſans ſecours, ſans moyen de ſalut.

C'eſt pourtant le ſentiment des Novateurs. Quiconque voudra s'en convaincre , peut confulter ce que difent fur ce point S. Cyran , Nicole & autres Docteurs du Parti : & fans chercher ailleurs , & on n'a qu'à écouter le Pere Quefnel.

Peut-on dire plus pofitivement que les Juifs avant J. C. ne recevoient aucune grace : que de dire , que Dieu les laiffoit dans l'impuiffance d'accomplir la Loi , & de renoncer au peché ? que de déclarer que fous la malediction de la Loi , les Juifs pechoient neceffairement en toutes leurs actions , foit en faifant le mal, foit en l'évitant par la crainte ? que d'affurer que c'étoient tous des efclaves , & non point des amis ou des enfans de Dieu ? en un mot que de faire confifter le point effentiel qui diftingue les deux alliances, en ce que dans la nouvelle alliance nous recevons la grace de J. C. qu'on ne recevoit pas dans l'ancienne.

Ouvrez maintenant les Reflexions Morales fur le Nouveau Teftament, vous y trouverez ces quatre points très-expreffément bien marqués ; le premier , dans la comparaifon qu'on y fait de l'alliance Judaïque avec la Chrétienne; Propofition fixiéme & feptiéme;

(a) „ Quelle différence , ô mon Dieu ,
„ entre l'alliance Judaïque & la Chré-
„ tienne ? l'une & l'autre a pour con-
„ dition le renoncement au peché , &
„ l'accompliſſement de votre Loi; mais
„ là , vous l'exigez du pecheur , en le
„ laiſſant dans ſon impuiſſance ; ici
„ vous lui donnez ce que vous lui com-
„ mandez, en le purifiant par votre gra-
„ ce. (b) Quel avantage y a-t'il pour
„ l'homme, dans une alliance où Dieu
„ le laiſſe à ſa propre foibleſſe , en lui
„ impoſant ſa Loi ; mais quel bonheur
„ n'y a-t'il point d'entrer dans une al-
„ liance où Dieu donne ce qu'il deman-
„ de de nous ? Voilà bien en premier
lieu le Juif laiſſé à ſa propre foibleſſe
& livré à ſon impuiſſance, tandis qu'on
donne la grace au Chrétien ; le ſecond
point eſt contenu dans la Propoſition
ſoixante-quatriéme. „ Sous la maledic-
„ tion de la Loi , on ne fait jamais le
„ bien , parce qu'on peche, ou en fai-
„ ſant le mal , ou en ne l'évitant que
„ par crainte. Il eſt viſible que là où
l'on ne fait jamais le bien , il n'y a
point de grace. Le troiſiéme eſt exprimé
dans la Prop. ſoixante cinquiéme : Moy-
„ ſe & les Prophêtes , les Prêtres & les

(a) Propoſition 6. (b) Propoſition 7.

i iij

„ Docteurs de la Loi font morts fans
„ donner des enfans à Dieu, n'ayant fait
„ que des efclaves par la crainte : Encore un coup , les Juifs n'avoient donc
point de grace ; car la grace auroit fait
parmi eux des enfans de Dieu , & non
des efclaves. Enfin dans la fixiéme Prop.
il eft dit, que „ Nous n'apartenons à la
„ nouvelle alliance qu'autant que nous
„ avons part à cette nouvelle grace qui
„ opere en nous ce que Dieu nous com-
„ mande. Donc les Juifs qui certainement n'apartenoient pas à la nouvelle
alliance , n'avoient aucune part à la
nouvelle grace , qui opere en nous ce
que Dieu nous commande ; qui eft la
feule grace que le Parti reconnoiffe depuis la chûte du premier homme.

Tout ce qui a été dit contre les Juifs,
conclut encore plus fortement contre
les Gentils, n'y ayant aucune raifon de
leur donner en matiere de grace , plus
de privilége qu'au peuple choifi. Le
Pere Quefnel établit encore contr'eux
trois principes , qui montrent que la
Gentilité n'a jamais reçu aucune grace
ou moyen de falut. Voici les trois principes. (a) „ Hors de l'Eglife point de
„ grace. (b) Point de grace que par la

(a) Propofition 41. (b) Propofition 20.

„ foi. (*a*) La Foi eſt la premiere grace
„ & la ſource de toutes les autres. Or
les Gentils n'ont jamais été dans l'Egliſe. Les Gentils n'ont jamais eu la Foi ;
ils n'ont donc jamais eu de grace. On
défie l'eſprit le plus groſſier & le moins
attentif, de ne pas conclure cela de
chacun de ces principes.

Sur la Charité.

Le ſiſtême des Novateurs renferme
trois erreurs principales touchant la
charité. 1. Ils prétendent qu'il n'y a
abſolument aucune bonne action, que
celles qui viennent de la parfaite charité. 2. Que là où la parfaite charité ne
domine pas, toutes les actions ſont des
pechés. 3. Que la vraye foi, la vraye
eſperance, & toutes les autres vertus
Chrétiennes, ne peuvent ſubſiſter ſans
la charité ; ou plûtôt que toutes ces
vertus ne ſont rien de diſtinct de la
parfaite charité : car dans le ſiſtême de
ces Meſſieurs, il n'eſt pas queſtion
d'habitude infuſes : la ſeule delectation dominante y fait tout en bien &
en mal, en vertu & en vice.

Aucun de ces points n'eſt oublié dans

(*a*) Propoſition 27.

i iiij

le Livre des Reflexions: A l'égard du premier, on y établit, que (*a*) „ c'est la „ seule charité qui parle à Dieu , & la „ seule que Dieu écoute : Que (*b*) la „ seule charité honore Dieu,& que c'est „ la seule que Dieu couronne & qu'il „ recompense. Le P. Quesnel ignore-t'il que tout ce qui est bon , honore Dieu : que Dieu écoute , qu'il recompense, qu'il couronne tout ce qui est bon ? Non, il ne l'ignore pas. Pourquoi affecte-t'il donc d'attribuer à la charité seule , ce qui convient à toute bonne action? c'est que dans son sistême nulle bonne action que celle qui vient de la parfaite charité: c'est elle seule que Dieu écoute & qui honore Dieu, parce que rien n'est bon que ce qui vient d'elle.

Pour ce qui concerne le second point , il dit clairement dans la Prop. soixante-cinquiéme , que „ quand l'a-„ mour de Dieu ne regne pas dans un „ cœur , il est necessaire que la cupidité „ charnelle y regne, & corrompt toutes „ ses actions. Il dit ailleurs que (*c*) si „ l'obéissance à la Loi ne coule pas de „ la source de la charité , ce n'est qu'hi-„ pocrisie & fausse justice. Il déclare

[*a*] Proposition 59. (*b*) Proposition 56.
(*c*) Proposition 47.

encore dans un autre endroit, que la
(*a*) „ priere des impies, c'eſt-à-dire, de
„ ceux qui n'ont pas la charité domi-
„ nante, eſt un nouveau peché : & ce
„ que Dieu leur accorde un nouveau
„ jugement ſur eux. Parler ainſi, c'eſt
dire clairement que là où la parfaite
charité ne domine pas , toutes les actions ſont des pechez. Janſenius, Bayus
& Saint Cyran , ne l'ont jamais dit en
termes plus formels.

Enfin , j'y trouve le dernier point
auſſi-bien établi que les deux précédens:
car lorſqu'il dit, que la „ foi (*b*) juſtifie
„ quand elle opere, mais qu'elle n'ope-
„ re que par la charité : que tous (*c*) les
„ moyens de ſalut ſont renfermez dans
„ la foi : mais que ce n'eſt pas une foi
„ ſans amour : que (*d*) tout manque à
„ un pecheur , quand l'eſpérance lui
„ manque : mais qu'il n'y a point d'eſ-
„ pérance en Dieu, où il n'y a point
„ d'amour de Dieu : que (*e*) la ſeule
„ charité fait les actions chrétiennes ,
„ par rapport à Dieu : qu'il (*f*) n'y a ni
„ Dieu ni Religion, où il n'y a point
„ de charité. Que veut-il dire par cette

(*a*) Propoſition 59. (*b*) Propoſition 51.
(*c*) Propoſition 52. (*d*) Propoſition 57.
(*e*) Propoſition 53. (*f*) Propoſition 58.

maniere de s'énoncer fi finguliere & fi affectée : finon que tout confifte dans la délectation célefte, dominante , que c'eft la foi , l'efpérance , la charité , la religion , toutes les vertus chrétiennes ; tous les dons du Saint-Efprit , toute la grace de Jefus-Chrift : differens noms , une feule & même chofe. C'eft le fiftéme de l'Auteur , & il ne paroît pas que toutes ces propofitions du Pere Quefnel puiffent recevoir un autre fens raifonnable.

Cette clef du Syftême nous donnera l'intelligence de plufieurs paradoxes répandus dans le Livre des Refléxions, où il eft dit, tantôt que (a) „ la foi eft la „ premiere de toutes les graces : & un moment après, que (b) „ la premiere de „ toutes les graces , eft la remiffion des „ pechez : l'on affure dans un endroit, „ que (c) tout eft renfermé dans la foi „ & dans la priere ; & l'on établit dans un autre endroit, que (d), c'eft la feule „ charité qui parle à Dieu , & qui l'ho- „ nore. Tout cela fe trouve vrai & facile à concilier, en fupofant avec l'Auteur, que la foi, la remiffion des pechez, la charité , la grace de Jefus-Chrift , tout

(a) Propofition 27. (b) Propofition 28.
(c) Propofition 52. (d) Propofition 54. 56.

cela enfemble n'eft que la délectation
célefte victorieufe, une même chofe
qui a plufieurs noms.

Sur les deux Amours.

Il eft très-vrai que toute action humaine, vient originairement de quelque amour. Il eft encore vrai que tout
amour fe réduit à l'amour de Dieu & à
l'amour des créatures : mais il n'eft
point vrai que tout amour de Dieu,
foit un amour de parfaite charité, un
amour dominant & de préférence : ni
que tout amour de la créature foit un
amour déréglé & criminel. C'eft l'erreur de Bayus, qui enfeignoit, „ que
„ tout amour de la créature raifonna-
„ ble, eft ou cette cupidité vicieufe,
„ que l'Evangile condamne, ou cette
„ loüable charité que le S. Efprit ré-
„ pand dans nos cœurs. Erreur que le
P. Quefnel établit dans 64. des cent &
une propofitions condamnées.
 „ Il n'y a, dit-il, (a) que deux amours
„ d'où naiffent toutes nos volontez, &
„ toutes nos actions : l'amour de Dieu
„ qui fait tout pour Dieu, & que Dieu
„ récompenfe : l'amour de nous - mê-
 (a) Propofition 44.

„ mes & du monde qui ne rapporte
„ pas à Dieu, ce qui lui doit être rap-
„ porté : & qui par cette raison même
„ devient mauvais.

On demande au P. Quesnel si l'amour
de Dieu, qui fait tout pour Dieu, est
autre que l'amour de Dieu dominant,
& de préférence : si l'amour que Dieu
récompense : lui qui, selon le P. Quesnel, ne récompense que la charité, est
autre que l'amour de parfaite charité.

On lui demande si l'amour du monde & de nous-même, qui ne rapporte
pas à Dieu ce qui lui doit être rapporté, est autre chose que l'amour déréglé
& criminel des créatures. Il ne sçauroit
nier ni l'un ni l'autre de ces deux articles : il est donc constant qu'il a enseigné dans cette proposition l'erreur de
Bayus. Que tout amour de la créature
raisonnable, est un amour de parfaite
charité, ou un amour déréglé qui vient
de la cupidité.

Sur la crainte des peines.

La crainte servile qui nous fait éviter
le peché, à cause des châtimens ; & la
servilité de la crainte qui consiste dans
la disposition de commettre encore le
peché, si l'on n'étoit retenu par la crain-

te du châtiment, font deux chofes bien différentes, & qu'il importe extrême-ment de bien diftinguer. Nous con-damnons la fervilité de la crainte, & nous reconnoiffons en même tems avec le Concile de Trente, que la crainte fervile eft un don de Dieu.

Les Janfeniftes n'en conviennent pas. Ils prétendent que la crainte fer-vile ne procedant pas de la charité, procede néceffairement de la cupidité, & que venant d'un mauvais principe, elle eft mauvaife en elle-même, & dans tous fes effets.

L'Auteur des Réfléxions Morales adopte ce fentiment, & encherit beau-coup fur la commune doctrine du parti. Car, il compte la crainte fervile parmi „ (a) les paffions brutales, plus propres „ des bêtes que des enfans de Dieu : & „ avec lefquelles il ne convient pas de „ s'approcher de Dieu. Il lui donne pour fes effets de „ (b) conduite au dé-„ fefpoir : de (c) changer les Chrétiens „ en Juifs; (d) les enfans de Dieu en ef-„ claves, de (e) ne retenir que la main, „ & livrer le cœur au peché: de (f)

(a) Propof. 66.   (b) Propof. 60.
(c) Propof. 63.   (d) Propof. 64.
(e) Propof. 62.   (f) Propof. 62.

,, rendre plus criminel ceux qui obfer-
,, vent la Loi par ce motif. Jamais
Luther n'en a tant dit.

Sur l'Eglife de Jefus-Chrift.

L'Eglife Romaine qui condamne les
Janfeniftes, ne peut être felon eux la
vraye Eglife. Comment feroit-elle la
colomne de la vérité, condamnant ,
comme elle fait, la vérité ? Cependant
il n'en paroît point d'autre qu'ils puiffent donner pour la véritable. Ils s'en
font formé une à leur mode, qu'ils
compofent des feuls Juftes & des Elûs,
à l'exclufion de tous les pecheurs & de
tous les réprouvez.

Elle eft parfaitement bien décrite
dans le Livre des Réfléxions. ,, Qu'eft-
,, ce que l'Eglife ? c'eft (a) l'affemblée
,, des enfans de Dieu, demeurans dans
,, fon fein, adoptez de Jefus-Chrift ,
,, fubfiftant en fa perfonne, rachetez de
,, fon fang, vivans de fon efprit, agiffans
,, par fa grace. (b) C'eft le corps du
,, Chrift tout entier, qui a pour chef
,, le Verbe incarné, & pour membres
,, tous les Saints, dont il eft le Sancti-
,, ficateur. Qu'on remarque bien tous
les fujets qui compofent cette affem-

(a) Propofition 63. (b) Propofition 74.

blée , tous les membres qui forment ce corps : on n'y trouvera que des Saints & des Elûs ; point de pécheurs , point de réprouvez. Il n'y est pas question de chef visible ; son unique chef , c'est le Verbe Incarné ?

Cette Eglise est-elle bien étenduë ? (a) „ Rien de plus spatieux que l'Egli-„ se ! elle comprend tous les Anges du „ Ciel , tous les Elûs & tous les Justes „ de la terre , de tous les siécles.

Mais si les Justes qui étoient dans l'Eglise viennent à pecher , resteront-ils encore dans son sein ? Non , car selon le Pere Quesnel , (b) „ on se retranche „ de l'Eglise , aussi-bien en ne vivant „ pas selon l'Evangile qu'en ne croyant „ pas à l'Evangile ; selon lui , dès que „ (c) l'on ne mene pas une vie digne „ des membres de Jesus-Christ, on cesse „ d'avoir Jesus-Christ pour chef.

Voilà l'Eglise du Pere Quesnel, telle que les Jansenistes la veulent, compo-sée des Anges , des Justes , des Prédes-tinez ? ne reconnoissant point d'autre chef, que le chef invisible le Verbe In-carné ; rejettant de son sein tous ceux qui cessent d'être en état de grace.

(a) Proposition 76.   (b) Proposition 78.
(c) Proposition 90.

On pourroit demander à l'Auteur comment une telle Eglise peut être visible ; comment l'on peut assurer que ceux qui y exercent les plus importantes fonctions ne sont pas retranchez eux-mêmes de l'Eglise. Mais ce n'est pas dequoi il s'agit à présent ; il suffit d'avoir montré que l'Auteur des Réflexions Morales , conformément à l'idée des Jansenistes , n'admet dans l'Eglise ni pécheur ni réprouvez.

Sur la Jurisdiction des Pasteurs.

La doctrine de Richer , qui prétendoit que les Pasteurs ne pouvoient exercer la Jurisdiction Ecclésiastique , que comme députez du peuple , en qui réside la souveraine autorité par rapport à l'excommunication & autres censures Ecclésiastiques , se trouve renouvellée dans la quatre-vingt dixiéme des propositions condamnées.

,, C'est l'Eglise, dit le Pere Quesnel ,
,, qui a l'autorité de l'excommunica-
,, tion , pour l'exercer par les premiers
,, Pasteurs , du consentement au moins
,, présumé de tout le corps.

C'est-à-dire , que c'est proprement dans le peuple & dans les Laïques, que réside reſide le pouvoir de lier & de delier, d'excommunier & d'abſoudre de l'ex-communication. Que les premiers Paſteurs n'agiſſent en cela que comme ſimples députez, par commiſſion, au nom & de l'autorité du peuple, qui compoſe le corps de l'Egliſe. C'eſt pourquoi ils excedent leur pouvoir & abuſent de leurs commiſſions, s'ils agiſſent autrement que du *conſentement au moins preſumé* de tout le corps.

Ainſi le Pape & les Evêques auront beau excommunier le Pere Queſnel & ſes Sectateurs, les Anges du Ciel, les Juſtes & les Elûs de la terre ſont cenſez n'y pas conſentir, & dès là toutes les cenſures portées contre les gens du parti, ſont non ſeulement évidemment injuſtes, mais notoirement nulles. En cela les Papes & les Evêques paſſent leur commiſſion, & ſont deſavouez du peuple, au nom duquel ils agiſſent.

Sur l'adminiſtration de la Penitence.

La pratique commune de l'Egliſe à l'égard des pecheurs ordinaires, qui viennent au Sacrement avec la douleur & les autres diſpoſitions requiſes, de

leur donner l'abſolution avant qu'ils
ayent accomplis la penitence qui leur
eſt enjointe, paroît aux Janſeniſtes un
relâchement intorerable dans la diſcipline. Ils voudroient rappeller pour
toute ſorte de pechez, la rigueur de la
diſcipline obſervée autrefois, par raport
à certains pechez ſcandaleux, dans la
penitence ſolemnelle, ou pour éprouver le pecheur & lui donner le tems de
ſentir tout le poids de ſes crimes :
après la declaration des pechez, on
exigeoit de lui une pleine ſatisfaction
avant que de le reconcilier à l'Egliſe,
par l'abſolution canonique.

L'auteur des Reflexions n'eſpere
plus, à mon avis, depuis la tentative de
M. Arnaud, de voir cet uſage univer-
ſellement rétabli, pour la conſolation
particuliere, & celle de quelques Con-
feſſeurs zelez, pour faire revivre l'ancienne diſcipline ; il declare que (*a*)
„ c'eſt une conduite pleine de ſageſſe,
„ de lumiere & de charité, de donner
„ aux ames le tems de porter & de ſen-
„ tir le poids du peché, & de commen-
„ cer au moins à ſatisfaire à la juſtice
„ de Dieu avant que de le reconcilier.
Il declare aux penitens, qu'on (*b*) ne
(*a*) Propoſition 87. (*b*) Propoſition 88.

„ fait ce que c'eſt que le peché & la
„ vraye penitence, quand on veut être
„ rétabli d'abord dans la vraie poſſeſ-
„ ſion des biens, dont le peché nous a
„ depoüillé, & qu'on ne veut point
„ porter la confuſion de cette ſepara-
„ tion.

Il voudroit même que pendant ce
tems d'épreuve & de penitence, on
s'abſtint d'aſſiſter à la Meſſe : c'eſt ce
qu'il inſinuë en mettant pour (*a*) *le
quatorziéme degré de la converſion du
pecheur, le droit d'aſſiſter à la Meſſe.*
On pourroit penſer que dans cette
remarque, l'Auteur a eu encore quelqu'autre vûë.

Sur les maximes du Parti.

Les Janſeniſtes ſe ſont fait, comme
les autres Novateurs, differentes maximes conformes à leurs deſſeins, à leur
beſoins, aux differentes ſituations où ils
ſe ſont trouvez. Quand ils ont voulu
accréditer le Nouveau Teſtament de
Mons ; ils ont rempli leurs livres &
leurs diſcours de l'utilité, de la neceſſité
de lire l'Ecriture Sainte, (*b*) *pour toute
ſorte de perſonne, de tout ſexe, âge &*

(*a*) Propoſition 89.
(*b*) Propoſ. 79. 80. 81. 82. 83.

k ij

condition. Le Souverain Pontife prof-
crit-il cette infidéle Verfion : menace-
t-il d'anathême tous ceux qui continuë-
ront à la lire? ils crient que „ c'eft (*a*)
„ fermer aux Chrétiens la bouche de
„ Jefus-Chrift , (*b*) & ôter aux enfans
„ de lumiere , l'ufage de la lumiere , que
„ de leur interdire la lecture des Livres
„ Saints? Qu'au refte , ces (*c*) menaces
d'anathême ne doivent étonner perfonne ; puifque „ la crainte d'une ex-
„ communication injufte , ne doit pas
„ nous empêcher de faire nôtre devoir;
„ & que Jefus-Chrift le Chef (*d*) des
„ Pafteurs,reçoit dans fon fein,ceux que
„ les premiers Pafteurs retranchent,par
„ un zéle indifcret , de la communion
„ des Fidéles. La puiffance feculiere a-
t-elle prêté fon autorité pour executer
contre les Novateurs , les jugemens du
Pape & des Evêques ; ils ont d'abord
publié que „ ce (*e*) malheureux tems
„ étoit venu , où toutes les Puiffances
„ concourent à opprimer la verité, & à
„ perfecuter les Elûs.Enfin,quand toute
l'Eglife s'eft élevé contr'eux , pour les
empêcher de dogmatifer ; qu'elle a exi-

[*a*) Propofition 84. (*b*) Propofition 85.
(*c*) Propofition 91. (*d*) Propofition 93.
(*e*) Propofition 100.

gé d'eux , la fignature du Formulaire ,
pour s'aſſurer de leur foi. Ils ont repan-
du par tout , (*a*) que „ rien ne mar-
„ quoit mieux la caducité & la vieilleſ-
„ ſe de l'Egliſe que de voir que les ve-
„ ritez n'y ſont plus enſeignées , qu'on
„ ne les prêche plus comme il faut :
„ (*b*) qu'on y tirannife la foi des Fidé-
„ les : (*c*) qu'on y introduit & multi-
„ plie des ſermens qui donnent occa-
„ ſion à une infinité de parjures.

Le ſimple expoſé des ſentimens du
Pere Queſnel , tel que nous l'avons
ici deduit , doit diffiper tous les faux
prejugez conçûs en faveur du livre
des Reflexions Morales ; c'eſt tout
l'avantage que nous avons prétendu
d'en retirer.

Il eſt tems à preſent d'entrer dans
l'examen de chaque propoſition en détail , & de montrer qu'il n'y a aucune
des propoſitions condamnées,ſoit qu'on
la conſidere en elle-même & ſans aucun
raport au livre des Refléxions ; ſoit
qu'on l'enviſage , par raport à ce même
livre,qui ne merite quelqu'une des qua-
lificatious énoncées dans la Bulle qui les
condamne. Nous commencerons par

(*a*) Propoſ. 95. (*b*) Propoſ. 94.
(*c*) Propoſition 101.

établir les regles de qualification , & : determiner la valeur des termes qu'on y employe.

1. On appelle fauſſes , les propoſitions contraires à la verité.

2. Captieuſes ; celles qui à la faveur d'un ſens legitime qu'elles preſentent d'abord , conduiſent à un mauvais ſens qu'elles cachent.

3. Mal-ſonnantes ; celles où l'on employe pour exprimer une verité des termes qui ſemblent preſenter d'abord un mauvais ſens.

4. Capables de bleſſer les oreilles pieuſes ; celles qui ſont contraires au langage & aux ſentimens que la pieté inſpire.

5. Scandaleuſes ; celles qui peuvent induire à peché.

6. Pernicieuſes : celles qui, tout ſcandale mis à part ; peuvent porter prejudice aux Fidéles , en affoibliſſant , par exemple , les moyens de ſalut & de perfection:en éloignant ce qui peut exciter ou nourrir la pieté.

7. Temeraires : celles qui ſans fondement legitime , vont contre une autorité reſpectable : par exemple contre le torrent des Docteurs.

8. Injurieuſes à l'Egliſe & à ſes uſa

ges : celles qui font contre le refpect
dû à l'Eglife & à fes pratiques.

9. Outrageantes pour la puiffance
ecclefiaftique & feculiere ; celles qui
blâment la conduite de ces puiffances,
en leur attribuant, par exemple, d'a-
bufer de leur autorité.

10. Seditieufes ; celles qui vont à
infpirer la revolte contre les puiffances
legitimes.

11. Impies ; celles qui font contre
la religion & le culte de Dieu.

12. Blafphematoires ; celles qui attribuent à Dieu quelque indecence,
quelque imperfection.

13. Sufpectes d'hérefie ; celles qui
par la maniére dont les dogmes de la
foi y font exprimez, donnent lieu,
eu égard aux circonftances, de penfer
que l'Auteur eft dans des fentimens
contraires.

14. Sentant l'hérefie ; celles qui
tiennent à l'hérefie, mais de loin : on
fent qu'elles y tiennent, fans qu'on
puiffe bien dire d'abord par où, ni
comment. Ce font des conclufions
éloignées, qui retiennent encore le
goût & l'odeur du principe héretique
d'où elles naiffent.

15. Favorables aux heretiques, à

l'herefie & au fchifme ; celles qui donnent des moyens d'établir, d'entre-tenir, de fomenter en quelque façon que ce foit l'héréfie, ou le fchifme.

16. Erronées ; celles qui font contre le commun fentiment des Fidéles ; qui font opofées à des veritez reconnuës univerfellement inconteftables ; mais non pas univerfellement reconnuës comme declarées de foi.

17. Très-approchantes de l'héréfie ; celles qui font contre une conclufion théologique ; qui tiennent à l'héréfie, comme principe immediat, ou conclu-fions immediates.

18. Souvent condamnées ; celles qui ont été profcrites plus d'une fois.

19. Heretiques ; celles qui font contre une verité de foi decidée ou re-connuë unanimement comme telle.

Il y a deux regles particulieres pour les propofitions extraites.

La premiére eft qu'on doit déter-miner le fens de ces propofitions, relativement à l'efprit du livre, & au fyftême de l'Auteur.

La feconde, que les propofitions am-bigues, en matiére de dogme, qui ne contiennent pas une expreffion pleine & entiere de la verité, dans les ouvrages d'un

d'un Auteur fufpect, doivent être pri-
fes à la rigueur, & dans le plus mauvais
fens, dont elles font fufceptibles en pareilles circonftances : au lieu que dans
les Livres des Auteurs Catholiques &
non-fufpects, on doit les interpréter le
plus favorablement qu'il eft poffible.
Ces deux régles que la raifon & la prudence dictent, une fois fufpofée, il
fera plus aifé d'apliquer en détail à
chaque Propofition du P. Quefnel, la
qualification qu'elle mérite.

PREMIERE PROPOSITION.

„ Que refte-t'il à une ame qui a per-
„ du Dieu & la grace, *finon* le peché
„ & fes fuites, une orgueilleufe pau-
„ vreté, & une indigence pareffeufe ;
„ c'eft-à-dire, une impuiffance *genera-*
„ *le* au travail, *à la priere, à tout bien.*

On pourroit paffer cette Propofition
à un Auteur non-fufpect, en expliquant
favorablement l'impuiffance dont il
s'agit, d'une impuiffance generale à
prier, & à faire le bien, comme il eft
requis pour mériter.

Dans la rigueur des termes, elle eft
fauffe : parce que contre la verité, elle
attribuë au pecheur une impuiffance

Tome I. I

generale , à tout bien , de quelque ordre que ce ſoit , même naturel.

Mais dans le ſiſtême du P. Queſnel ,
qui par raport aux principes des actes
humains , ne reconnoît point de milieu
entre la parfaite charité & la vicieuſe
cupidité , elle eſt très-approchante de
l'hereſie ; car de ce principe , ,, le pe-
,, cheur eſt dans une impuiſſance ge-
,, nerale à tout bien ; il ſuit immédia-
tement , que ,, toutes les œuvres faites
,, avant la juſtification du pecheur, ſont
,, de nouveaux pechés : ce qui eſt l'hereſie de Luther , condamnée par le
Concile de Trente , ſect. 6. can. 7.

I I.

,, La grace de J. C. principe efficace
,, de tout bien , eſt neceſſaire pour
,, *toute* bonne action ; ſans elle non-
,, ſeulement on ne fait rien , mais on
,, ne *peut* rien faire.

Dans le ſiſtême de l'Auteur , où l'on
ne reconnoît point d'autre grace qui
donne le pouvoir complet prochain, &
dégagé de faire le bien , que la grace
efficace par elle-même , laquelle donne
toujours l'effet joint au pouvoir : cette
Propoſition eſt très-approchante de l'hereſie de Janſenius ; car s'il eſt vrai, com-

me le dit le P. Quefnel, que fans la
grace efficace, on ne peut rien faire : il
faut avoüer avec Janfenius, que les
Commandemens de Dieu font actuellement impoffibles aux Juftes qui pechent, vû qu'alors ces Juftes n'ont pas
la grace efficace, & que fans elle on
ne peut rien faire de bien.

En elle-même la Propofition eft fauffe & captieufe ; fauffe, entant qu'elle
enfeigne, que fans la grace, on ne peut
faire aucune bonne action, même
d'un ordre naturel.

Captieufe ; en ce que faifant femblant d'établir une verité ; que fans la
grace de J. C. en general, on ne peut
faire aucune bonne action furnaturelle :
elle établit une herefie : que fans la
grace efficace par elle-même, on ne
peut rien faire de bien.

III.

„ En vain vous commandez, Sei-
„ gneur, fi vous ne donnez vous-
„ même ce que vous commandez.

Dans la bouche d'un Auteur Catholique, cette Propofition fignifieroit le
commandement que vous nous faites,
Seigneur, fera fans effet, fi vous ne
nous donnez pas la grace efficace pour
l'accomplir.

Dans la bouche du P. Quefnel , elle fignifie : vous commandez des chofes impoffibles , Seigneur , fi vous n'operez pas en nous par la grace efficace , l'obéïflance au commandement.

Ainfi en elle-même , elle eft captieufe dans le fens de l'Auteur, elle eft très-approchante de l'herefie , & blafphe-matoire : elle a encore quelque chofe d'impie , en ce qu'elle couvre un vrai blafphême d'une aparence de pieté.

I V.

,, Oüi , Seigneur , tout eft impoffi-,, ble à celui à qui vous rendez tout ,, poffible , en le faifant en lui.

Captieufe ; parce qu'en affurant que tous les commandemens font poffibles à celui à qui Dieu les rend poffibles, en les operant en lui par la grace efficace , l'Auteur fait entendre que ces mêmes Commandemens ne font pas poffibles à celui en qui Dieu par la grace effi-cace , n'opere point l'obéïflance au commandement.

Sufpecte d'herefie : & dans le mauvais fens , qui eft celui qu'on doit attribuer à l'Auteur , trés-approchante de l'herefie , qui enfeigne que les Commandemens de Dieu font impof-fibles à ceux qui les violent.

V.

„ Quand Dieu n'amollit pas le cœur,
„ par l'onction intérieure de fa grace ,
„ les exhortations & les graces exte-
„ rieures ne fervent qu'à l'endurcir.

Quelques Catholiques , pour exprimer que fans l'onction interieure , les
graces exterieures ne fuffifent pas pour
ramollir le cœur du pecheur : Que fouvent même le pecheur par fa propre
malice , prend de-là occafion de fe rendre plus criminel , par le mépris volontaire qu'il fait de ces mêmes graces;
ils ont dit qu'elles fervoient à l'endurcir. En ce fens la Prop. eft vraye ; mais
elle eft mal fonante , étant conçuë en
des termes qui manquent quelque chofe de plus qu'une occafion innocente
indirecte , & par accident , & qui ont
befoin d'être favorablement interpretés.

Dans fon fens propre & naturel , &
felon la rigueur des termes, elle eft fauffe , parce que ce ne font point les graces exterieures ; mais l'abus & le mépris volontaire que nous faifons de ces
graces , qui fert à nous endurcir.

Dans l'efprit du livre des Reflexions,
elle fignifie ; que le pecheur fans la grace efficace, eft dans une neceffité infur-

montable, de méprifer les exhortations & les autres graces exterieures ; & que par ce mépris, qu'il ne peut éviter, il merite la fouftraction des graces interieures, d'où fuit un plus grand endurciffement. En ce fens, la Propofition eft erronée, fentant l'herefie, pernicieufe, bleffant les oreilles pieufes, blafphematoires.

Erronée ; parce que c'eft contre le commun fentiment des Fidéles. Sentant l'herefie ; parce qu'elle tient, fans qu'il paroiffe d'abord par où ni comment, à l'herefie, qui condamne de peché toutes les actions du pecheur, & à celle qui dit que nous démeritons dans les actions mêmes que nous ne pouvons éviter.

Pernicieufe ; parce qu'elle affoiblit l'eftime des graces exterieures, l'empreffement pour les exhortations, bons exemples, &c. & par cet endroit, elle nuit beaucoup aux Fidéles.

Bleffant les oreilles pieufes ; qui ont horreur d'entendre dire, que les dons de Dieu, tels que font les graces exterieures, font par elles-mêmes des occafions directes & neceffaires au peché & à l'endurciffement.

Blafphematoire ; parce qu'elle attribuë à Dieu l'endurciffement du pe-

cheur ; chose indigne de la bonté &
de la sainteté de Dieu.

V I.

„ Quelle difference, ô mon Dieu, en-
„ tre l'alliance Judaïque & l'alliance
„ Chrétienne , l'une & l'autre a pour
„ condition , le renoncement au peché.
„ & l'accomplissement de votre Loi.
„ Mais là, vous l'exigez du pecheur, en
„ le laissant dans son impuissance : ici
„ vous lui donnez ce que vous lui
„ commandez , en le purifiant par vo-
„ tre grace.

On établit ici trois choses : la premiere , que Dieu laissoit le Juif dans
son impuissance : la seconde , qu'en le
laissant dans son impuissance il exigeoit
de lui le renoncement au peché , &
l'accomplissement de la Loi : la troisiéme, que la difference des deux alliances,
consiste en ce que Dieu ne donnoit pas
aux Juifs le pouvoir d'accomplir la
Loi , & qu'il la donne au Chrétien.
On en insinuë une quatriéme : que
Dieu ne donne au Chrétien le pouvoir
d'accomplir la Loi , & de renoncer au
peché , qu'entant qu'il lui donne la
grace efficace par elle-même , qui étoit
refusée aux Juifs.

Cette Proposition est erronée, quant à la premiere partie ; quant à la seconde, elle sent l'heresie de l'impossibilité des commandemens , & du démerite dans les choses qu'on ne peut éviter. Elle est blasphematoire , imputant à Dieu une conduite tirannique d'exiger l'impossible.

Par raport à la troisiéme partie , elle est fausse.

La quatriéme est suspecte d'hérésie. Pardessus tout, la principale vûë de l'Auteur en cette Proposition , est d'enseigner que les Juifs avant l'Incarnation , n'ont point eu de graces : ce qui est erroné & sentant l'hérésie.

V I I.

„ Quel avantage y a-t'il pour l'hom-
„ me dans une alliance où Dieu le lais-
„ se à sa propre foiblesse , en lui im-
„ posant sa Loi ! Mais quel bonheur
„ n'y a-t'il point d'entrer dans une al-
„ liance , où Dieu nous donne ce qu'il
„ demande de nous.

Toutes les qualifications de la Proposition precedente tombent encore sur celle-ci. Elle insinuë de plus une nouvelle erreur , qu'il n'y avoit point d'avantage pour les Juifs d'avoir la Loi. En

effet , dans le fiftême du P. Quefnel ,
la Loi n'étoit pour eux qu'une fource
continuelle, & une occafion inévitable
de peché.

VIII.

„ Nous n'appartenons à la nouvelle
„ alliance , qu'autant que nous avons
„ part à cette nouvelle grace qui opere
„ en nous ce qu'elle commande.

Fauffe, en ce qu'elle affure que la grace efficace dont il s'agit , eft une grace
nouvelle , particuliere aux Chrétiens.

Erronée , en ce que contre le commun fentiment des fidelles , elle fait de
cette grace le diftinctif de la nouvelle
alliance.

Mal fonante , en ce qu'elle repré-
fente la grace efficace qui opere avec
nous, fous les traits de la grace nécefli-
tante qui opere en nous ce que Dieu
commande, fans que nous y ayons autre part que la coopération purement
paffive.

Dans l'efprit du Livre, la propofition
affure qu'on n'appartient à l'Eglife de J.
C.& à la nouvelle alliance , que par la
charité dominante. Elle infinuë que la
charité dominante opere en nous , in-
pendammeut de nôtre liberté , ce que

Dieu commande. Elle eſt approchante de l'hereſie, en ce qu'elle inſinuë, & en ce qu'elle affirme.

IX.

„ La grace de J.C. eſt une grace ſou-
„ veraine, ſans laquelle on ne peut
„ confeſſer J. C. & avec laquelle on ne
„ le renonce jamais.

Hérétique par trois endroits. 1. Parce qu'elle aſſure que toute grace de J.C.
eſt efficace par elle-même. 2. Que ſans
la grace efficace, on n'a pas un véritable pouvoir de confeſſer J. C. ou de
faire le bien. 3. Qu'avec la grace on
ne renie jamais J. C. c'eſt-à-dire qu'on
ne fait jamais le mal.

X.

„ La grace eſt une opération toute-
„ puiſſante de Dieu, que rien ne peut
„ empêcher ni la main retarder.

Hérétique, en ce qu'elle aſſure que
toute grace de J. C. eſt irreſiſtible.

XI.

„ La grace peut tout réparer en un
„ moment, parce que ce n'eſt autre
„ choſe que la volonté toute-puiſſante
„ de Dieu qui commande, & qui fait
„ ce qu'il commande.

Fauſſe, en ce qu'elle dit que la grace
eſt la volonté de Dieu.

·Hérétique, en ce qu'elle ajoûte que
.toute grace fait ce que Dieu comman-
.de, car c'eſt dire qu'on ne réſiſte jamais à la grace de Jeſus-Chriſt.

XII.

„ Quand Dieu veut ſauver l'ame, en
„ tout tems, en tout lieu, l'indubita-
„ ble effet ſuit le vouloir d'un Dieu.

Vraye, par raport à la volonté ſpeciale, qui regarde les ſeuls Prédeſtinez.

Fauſſe, par raport à la volonté générale, qui concerne généralement tous
les hommes.

Suſpecte d'héréſie, parce que dans
les circonſtances du tems, parler du
déſir ſincere que Dieu a de ſauver
l'homme, & ne faire mention que de
·la volonté ſpeciale, qui regarde ſeulement les Prédeſtinez, c'eſt donner un
juſte ſujet de croire, qu'on n'en reconnoît point d'autre.

Dans le ſens de l'Auteur elle eſt hérétique ; car c'eſt dire que Dieu ne
veut ſauver que les Elûs, & que tous
ceux qui ne ſont pas ſauvez, Dieu n'a
pas voulu les ſauver.

X I I I.

„ Quand Dieu veut sauver une ame
„ & qu'il la touche de la main inte-
„ rieure de sa grace , nulle volonté hu-
„ maine ne lui resiste.

Heretique, en ce qu'elle assure qu'aucune volonté humaine ne resiste jamais
à la grace interieure ; ou pour le moins
suspecte d'héréfie , en ce que l'Auteur
donne ici tout sujet de croire qu'il a
voulu établir ce dogme hérétique.

X I V.

„ Quelque éloigné que soit du salut
„ un pecheur obstiné , quand Jesus-
„ Christ se fait à lui par la lumiere
„ salutaire de sa grace , il faut qu'il se
„ rende , qu'il accoure , qu'il s'humi-
„ lie , & qu'il adore son Sauveur.

Heretique ; dire que quand Jesus-
Christ se fait voir au pecheur par la lumiere de sa grace, il faut que le pecheur
accoure à lui, c'est-à-dire que le pecheur
ne resiste jamais à la grace intérieure.

X V.

„ Quand Dieu accompagne son com-
„ mandement, & la parole exterieure de
„ l'onction de son esprit , & de la force

,, interieure de fa grace, elle opere dans
,, nous l'obéïffance qu'elle commande.

Heretique ; car elle affure que toute
grace de Jefus-Chrift eft efficace par
elle-même , qu'on ne refifte jamais à
la grace interieure.

X V I.

,, Il n'y a point de charmes qui ne
,, cedent à ceux de la grace , parce que
,, rien ne refifte au Tout-Puiffant.

Heretique , en ce qu'elle affure que
la grace de Jefus-Chrift eft toujours
efficace & victorieufe des charmes du
peché.

Sufpecte d'herefie , en ce qu'elle infinuë qu'il n'eft pas plus poffible de re-
fifter aux charmes de la grace , qu'au
bras du Tout-Puiffant.

X V I I.

,, La grace eft cette voix du Pere qui
,, enfeigne interieurement les hommes,
,, & les fait venir à Jefus-Chrift. Qui-
,, conque ne vient pas à lui après avoir
,, entendu la voix exterieure du Fils ,
,, n'eft point enfeigné par le Pere.

Heretique , en ce qu'elle affure que
toute grace intérieure fait venir à Jefus-
Chrift; & que tous ceux qui ne fuivent

pas la voix de Jeſus-Chriſt n'ont pas reçû la grace intérieure.

XVIII.

„ La ſemence de la parole que la „ main de Dieu arroſe , porte toûjours „ ſon fruit.

Hérétique ; elle aſſure que la grace intérieure a toûjours ſon effet.

XIX.

„ La grace de Dieu n'eſt autre choſe „ que ſa volonté toute-puiſſante. C'eſt „ l'idée que Dieu nous en donne lui- „ même dans les Ecritures.

Fauſſe ; la grace de Dieu & ſa volon-té toute - puiſſante ſont deux choſes bien différentes : il n'eſt pas vrai que l'Ecriture nous repréſente toûjours ces deux choſes ſous une même idée, puiſ-qu'elle nous aſſure que les Juifs reſiſ-toient toûjours au Saint-Eſprit , & que perſonne n'a jamais reſiſté à la volonté du Tout-puiſſant.

Suſpecte d'héréſie , en ce que l'Au-teur fait aſſez connoître qu'il croit que la grace de Jeſus-Chriſt eſt une grace irreſiſtible.

XX.

„ La vraye idée de la grace , eſt que
„ Dieu veut que nous lui obéïſſions ,
„ & il eſt obéï ; il commande , & tout
„ ſe fait ; il parle en maître , & tout
„ eſt ſoûmis.

Hérétique , entant qu'elle enſeigne
que la vraye idée de la grace ne renferme que des graces efficaces qui operent
toûjours l'obéïſſance , qui font tout ,
ſoûmettent tout.

XXI.

„ La grace de Jeſus-Chriſt eſt une
„ grace divine, comme créée pour être
„ digne du Fils de Dieu , forte , puiſ-
„ ſante , ſouveraine, invincible , com-
„ me étant l'opération de la volonté
„ toute-puiſſante , & une imitation de
„ l'opération de Dieu incarnant &
„ reſſuſcitant ſon Fils.

Hérétique , en ce qu'elle aſſure que
toute grace de Jeſus-Chriſt eſt invincible.

Suſpecte d'héréſie, donnant un juſte
ſujet de croire que l'Auteur établit ici
la grace néceſſitante de-Luther , à laquelle la volonté de l'homme ne coo-
pere que paſſivement, comme l'Huma-

nité fainte coopera à l'Incarnation , &
le corps mort de Jefus-Chrift à fa Re-
furrection. En difant que la grace de
Jefus-Chrift eft une grace divine , comme créée pour être digne du Fils de
Dieu ; que c'eft une fuite de l'opération
de Dieu Incarnant fon Fils , il infinuë
deux autres erreurs ; l'une que la grace
de nôtre état eft d'une efpece toute particuliere , différente de celle d'Adam ;
l'autre qu'avant l'incarnation de Jefus-
Chrift , la grace n'étoit point donnée
aux Juifs & aux Gentils.

XXII.

„ L'accord de l'opération toute-puif-
„ fante de Dieu dans le cœur de l'hom-
„ me avec le confentement de fa vo-
„ lonté , nous eft montré d'abord dans
„ l'Incarnation comme dans la fource
„ & dans le modele de toutes les au-
„ tres opérations de mifericorde & de
„ grace , toutes auffi gratuites & dé-
„ pendantes de Dieu , que cette opéra-
„ tion originale.

Fauffe ; car c'eft proprement la gra-
tuité de la grace , & non l'accord de
cette même grace avec la liberté de
l'homme , qui nous eft montré dans
l'Incarnation.

Captieufe ,

Captieufe , en tant que faifant les deux operations de queftion auffi dépendantes de Dieu l'une que l'autre, il énonce de la grace cooperante ,ce qu'il fait femblant d'énoncer de la grace prevenante , & ce qui en effet ne doit , & ne peut être énoncé que de cette derniere grace.

Au refte par le confentement de la volonté , l'Auteur n'entend ici qu'un confentement volontaire & fpontané ; ce qui n'ôte rien à la Propofition de fon venin.

XXIII.

„ Dieu dans la foi d'Abraham , à la„quelle les promeffes étoient atta„chées , nous a donné lui-même l'idée „qu'il veut que nous ayons de l'opera„tion toute-puiffante de fa grace dans „nos cœurs, en la figurant par celle „qui tire les créatures du néant, & „qui redonne la vie aux morts.

La comparaifon de l'operation toute-puiffante de la grace de Dieu dans nos cœurs , avec·l'operation qui tire les créatures du néant , & qui redonne la vie aux morts', a quelque chofe de vrai, & quelque chofe de faux. Elle fait bien comprendre que l'homme pecheur ne

peut pas plus ſe redonner la vie ſurna-
turelle , & ſe retirer du peché , s'il n'eſt
prévenu par la grace, qu'un corps mort
peut ſe reſſuſciter , & une créature ſe
tirer du néant , ſi la créature n'eſt pré-
venue par l'opération qui lui donne le
premier être , & le corps mort par celle
qui lui redonne la vie; mais en même-
tems elle donne à entendre que le pecheur ne peut pas plus réſiſter à l'operation de la grace,que la créature ou le
corps peuvent réſiſter à l'opération qui
leur donne l'être ou la vie , ce qui eſt
très-faux. Ainſi la Propoſition eſt d'elle-
même captieuſe , & dans le ſens de
l'Auteur, elle eſt ſuſpecte d'hereſie ; car
on voit bien qu'il ne fait cette comparaiſon , que pour y établir la grace
irreſiſtible.

XXIV.

„ L'idée juſte qu'a le Centenier de la
„ toute-puiſſance de Dieu & de J. C.
„ ſur les corps , pour les guerir par le
„ ſeul mouvement de ſa volonté , eſt
„ l'image de celle qu'on doit avoir de
„ la toute puiſſance de ſa grace pour
„ guerir les Ames de la cupidité.

Autre comparaiſon captieuſe , où
l'Auteur en faiſant ſemblant d'établir

une verité, que J. C. peut guerir les
ames comme les corps, par lui-même,
fans le fecours des caufes fecondes, il
donne à entendre que dans la guerifon
des ames, la volonté de Dieu fait
tout à l'exclufion de la coopération du
libre arbitre.

La Propofition eft fufpecte d'herefie,
puifqu'il paroît que le deffein de l'Auteur eft d'infinuer la grace irrefiftible,
ou la coopération purement paffive du
libre arbitre.

X X V.

„ Dieu éclaire l'ame & la guerit
„ auffi bien que le corps par fa feule
„ volonté : il commande, & il eft obéï.

Captieufe, comme les deux précédentes. Sufpecte d'herefie, & dans le
fens de l'Auteur heretique, comme
excluant la coopération libre & active
de la volonté humaine.

X X V I.

„ Point de graces que par la foi,
„ qui eft la premiere de toutes.

Cette Propofition interpretée favorablement, pourroit fignifier une verité
conftante de la Religion, que la foi eft
le commencement du falut, la racine &

le fondement de la justification , ainsi
que l'enseigne le Concile de Trente ,
en parlant de la foi habituelle qui est
la premiere des vertus infuses ; & le
fondement de tous les dons surnaturels.

Si on la prend à la rigueur des termes , elle est fausse ; car la grace prevenante necessaire pour le commencement de la foi , précede la foi , & ne
vient pas de la foi.

Dans le sistême du P. Quesnel elle
est doublement captieuse. 1. Parce que
l'Auteur en faisant semblant d'enseigner
une verité , établit deux erreurs. Que
la foi est la premiere grace , qu'elle est
la source de toutes les autres.

2. Parce qu'il n'établit ces deux premieres erreurs , que pour en insinuer
deux autres plus considerables : Que
les Infidéles ne reçoivent aucune grace,
& qu'ils pechent necessairement dans
toutes leurs actions ; n'ayant point de
foi , ils n'ont point de grace ; n'ayant
point de grace , ils n'agissent que par
un principe de cupidité dominante qui
corrompt necessairement toutes leurs
actions.

X X V I I.

„ La foi est la premiere grace, & la ,

„ fource de toutes les autres.

Digne des mêmes qualifications que la precedente.

X X V I I I.

„ La premiere grace que Dieu accor-
„ de au pecheur, c'eſt le pardon de
„ ſes pechés.

Fauſſe; car la foi, l'eſperance & les autres diſpoſitions à la juſtification, ſont des graces qui precedent la remiſ-ſion des pechés.

Erronée dans le ſentiment de l'Au-teur, qui penſe que la remiſſion des pechés, la foi, toutes les graces & toutes les vertus ne peuvent ſubſiſter ſans la charité dominante, qu'elles ne ſont même rien de diſtinct de la cha-rité dominante.

X X I X.

„ Hors de l'Egliſe point de grace.

Fauſſe; car Dieu éclaire, ſelon St Jean, tout homme venant en ce monde.

Temeraire, erronée, comme étant contre le commun ſentiment des Doc-teurs & des Fidéles.

Elle inſinuë que les Gentils & Infi-déles n'ayant point de grace, pechent en tout ce qu'ils font, & que J. C. n'eſt

mort que pour les feuls Elûs , puifqu'il
ne donne des graces qu'à l'aſſemblée
des Elûs , qui eſt l'Egliſe , ſelon les
Janſeniſtes.

X X X.

,, Tous ceux que Dieu veut ſauver
,, par Jeſus-Chriſt le ſont infaillible-
,, ment.

Heretique ; car c'eſt dire que J. C.
ne veut ſauver que les Elùs.

X X X I.

,, Les ſouhaits de J. C. ont toujours
,, leur effet ; il porte la paix juſqu'au
,, fond des cœurs quand il la leur dé-
,, ſire.

Hérétique ; car c'eſt dire que J. C.
n'a ſouhaité de ſauver que les ſeuls
Elùs , & qu'il n'a point deſiré la paix à
tous ceux qui n'en joüiſſent pas.

X X X I I.

,, Aſſujettiſſement volontaire, médi-
,, cinal & divin de J. C. de ſe livrer à
,, la mort, afin de délivrer pour jamais
,, par ſon ſang les aînés , c'eſt-à-dire
,, les Elùs de la' main de l'Ange exter-
,, minateur.

Suſpecte d'héréſie ; car il eſt viſible

qu'on prétend établir ici que J. C.
n'eſt mort que pour les ſeuls Elùs.

XXXIII.

„ Combien faut-il avoir renoncé aux
„ choſes de la terre & à ſoi-même, pour
„ avoir la confiance de s'aproprier, pour
„ ainſi dire, Jeſus-Chriſt, ſon amour,
„ ſa mort, ſes myſteres, comme fait
„ S. Paul, en diſant : Il m'a aimé, il
„ s'eſt livré à la mort pour moi.

Suſpecte d'héréſie : il paroît que
l'Auteur veut enſeigner qu'il n'y a que
les Elùs, comme St Paul, qui puiſ-
ſent ſe flatter que J. C. les aime, &
qu'il s'eſt livré pour les délivrer.

XXXIV.

„ La grace d'Adam ne produiſoit
„ que des mérites humains.

Fauſſe, temeraire, erronée, favoriſant l'héréſie des Pelagiens.

XXXV.

„ La grace d'Adam eſt une ſuite de
„ la création, & étoit dûë à la nature
„ ſaine & entiere.

Fauſſe, témeraire, erronée, Pelagienne.

XXXVI.

„ C'eſt une difference eſſentielle de
„ la grace d'Adam, & de l'état d'inno-
„ cence, d'avec la grace Chrétienne;
„ que chacun auroit reçu la premiere
„ en ſa propre perſonne, au lieu qu'on
„ ne reçoit celle-ci qu'en la perſonne
„ de J. C. reſſuſcité à qui nous ſom-
„ mes unis.

Fauſſe, dans la difference qu'elle met
entre la grace des deux états.

Témeraire & erronée, en ce qu'elle
affirme qu'on ne reçoit la grace qu'en
la perſonne de J. C. reſſuſcité, à qui
nous ſommes unis; car les Fidéles appel-
lés à la foi reçoivent des graces par J.
C. avant que de lui être unis par la
foi & par la charité.

XXXVII.

„ La grace d'Adam le ſanctifiant en
„ lui-même, lui étoit proportionnée :
„ la grace Chrétienne nous ſanctifiant
„ en J. C. eſt toute-puiſſante & digne
„ du Fils de Dieu.

Digne des mêmes qualifications que
la précedente.

Suſpecte outre cela de Pelagianiſme,
par cette grace proportionnée à l'homme,

me , laquelle ſent fort une grace d'un
ordre purement naturel : & de Janſéniſme par la grace toute-puiſſante , laquelle ſent fort la grace irreſiſtible.

XXXVIII.

„ Le pecheur n'eſt libre que pour le
„ mal ſans la grace du Liberateur.

Erronée ; car le pecheur peut ſans
la grace du Liberateur operer quelques bonnes œuvres dans l'ordre naturel.

Doublement ſuſpecte d'hereſie : elle
donne à entendre, ou que ſans la grace
efficace on ne peut faire aucun bien ,
ou que ſans la charité dominante l'on
peche en tout ce que l'on fait. La raiſon d'interpreter ainſi cette Propoſition,
eſt que dans les principes du Livre, la
grace du Liberateur ne ſe peut prendre
que pour grace efficace , ſans laquelle
on eſt dans l'impuiſſance de faire le
bien, ou pour la charité dominante,ou
ſans laquelle on eſt neceſſité à pecher
en tout ce que l'on fait.

XXXIX.

„ La volonté que la grace ne pre-
„ vient point, n'a de lumieres que pour
„ s'égarer , d'ardeur que pour ſe préci-

Tome I.   μ

,, piter , de force que pour fe bleſſer ;
,, elle eſt capable de tout mal , & im-
,, puiſſante à tout bien.

Digne des mêmes qualifications que
la précedente.

X L.

,, Sans la grace nous ne pouvons
,, rien aimer qu'à notre condamnation.

Comme les deux précedentes.

X L L

,, Toute connoiſſance de Dieu, même
,, naturelle, même dans les Philoſophes
,, Payens , ne peut venir que de Dieu.
,, Sans la grace elle ne produit qu'or-
,, guëil , que vanité , qu'opoſition à
,, Dieu même , au lieu des ſentimens
,, d'adoration , de reconnoiſſance &
,, d'amour.

Erronée , entant qu'elle aſſure que
ſans la grace , il n'y a dans l'homme
qu'opoſition à Dieu.

Impie, en ce qu'elle attribuë aux dons
de Dieu , je veux dire à la connoiſſance
naturelle de Dieu dans les Payens , de
produire l'orguëil, la vanité, l'opoſition
à Dieu même. C'eſt la dépravation du
cœur humain qui abuſe du don de
Dieu , & en prend occaſion de ſe laiſ-
ſer aller à l'orguëil , à la vanité & à
l'opoſition à Dieu même.

Quand l'intention de l'Auteur auroit été d'exprimer que la connoissance naturelle de Dieu dans les Payens est purement une occasion innocente, dont on abuse pour le mal; l'expression dont il s'est servi est trop forte, & la proposition seroit encore mal-sonante.

XLII.

,, Il n'y a que la grace de J. C. qui ,, rende l'homme propre au sacrifice ,, de la foi, sans cela rien qu'impureté, ,, rien qu'indignité.

Erronée; car c'est une erreur dans la foi de nier que sans la grace & la foi on puisse faire aucune action moralement bonne.

Suspecte d'hérésie; car il paroît qu'on veut insinuer que sans la charité dominante, on ne peut ni croire, ni faire aucune action exempte de peché.

XLIII.

,, Le premier effet de la grace du ,, Baptême, c'est de nous faire mourir ,, au peché, en sorte que l'esprit, le ,, cœur, les sens, n'ayent non plus de ,, vie pour le peché, que ceux d'un ,, mort pour les choses du monde.

Fausse; car le premier effet de la gra-

n ij

ce du Baptême, c'est d'effacer le peché originel.

Erronée; car c'est une erreur dans la foi, de dire que le Baptême rend le cœur des Fidéles aussi insensible au peché, que celui d'un mort l'est aux choses du monde. C'est bien-là l'obligation que le Baptême nous impose, mais non point le premier effet qu'il produit en nous.

Suspecte de l'hérésie de Luther; que le Baptême nous rend impeccables, & qu'il détruit en nous entierement la concupiscence.

XLIV.

„ Il n'y a que deux amours d'où nais-
„ sent toutes nos volontés & toutes nos
„ actions; l'amour de Dieu qui fait
„ tout pour Dieu, & que Dieu recom-
„ pense; l'amour de nous-mêmes & du
„ monde, qui ne raporte pas à Dieu
„ ce qui lui doit être rapporté, & qui
„ par cette raison devient mauvais.

Fausse; car il y a un amour de Dieu qui ne fait pas tout pour Dieu, & un amour de nous-mêmes qui rapporte à Dieu ce qui lui doit être rapporté.

Erronée; car dans le sens de l'Auteur elle signifie que toute action qui ne vient pas du principe de la parfaite charité, vient de la cupidité charnelle; ce qui est une erreur dans la foi.

Très-approchante de l'hérésie de Luther; que toutes les actions des pecheurs sont des pechés; car étant évident que nulle action du pecheur ne vient du principe de la parfaite charité, si tout ce qui ne vient pas de ce principe est peché, toutes les actions des pecheurs sont des pechés.

XLV.

,, Quand l'amour de Dieu ne regne ,, plus dans le cœur du pecheur, il est ,, necessaire que la cupidité charnelle ,, y regne & corrompe toutes ses ac- ,, tions.

Erronée; c'est une erreur de dire que quand la cupidité charnelle regne dans le cœur du pecheur, il est necessaire qu'elle corrompe toutes ses actions. La charité dominante ne sanctifie pas toutes les actions du juste : pourquoi veut-on que la cupidité dominante corrompe toutes celles du pecheur.

Hérétique, en ce qu'elle enseigne que toutes les actions du pecheur sont necessairement des pechés.

XLVI.

,, La cupidité, ou la charité rendent
,, l'ufage des fens bons ou mauvais. ·

Captieufe ; car en faifant femblant
d'énoncer une verité, fçavoir que la
charité fanctifie l'ufage des fens dont
elle eft le principe , & que la cupidité
charnelle corrompt l'ufage des fens
qu'elle infpire : l'Auteur infinuë que
tout ufage des fens vient de l'un de ces
deux principes , de la parfaite charité
ou de la cupidité charnelle.

Erronée dans le fens du Livre , qui
veut établir qu'il n'y a point de bon
ufage des fens qui ne vienne de la parfaite charité , comme il n'y en a point
de mauvais qui ne vienne de la cupidité.

XLVII.

,, L'obéïffance à la loi doit couler de
,, fource, & cette fource c'eft la charité.
,, Quand l'amour de Dieu en eft le
,, principe interieur , & que fa gloire
,, en eft la fin; alors le déhors eft net :
,, fans cela ce n'eft qu'hipocrifie , ce
,, n'eft que fauffe juftice.

Erronée en tant qu'elle enfeigne que
l'obéïffance à la loi qui ne vient pas du

principe de la parfaite charité est hipo-
crisie & fausse justice.

Approchante de l'heresie, qui condamne de peché toutes les actions du
pecheur.

XLVIII.

,, Que peut-on être autre chose que
,, tenebres, qu'égarement, & que pe-
,, ché sans la lumiere de la foi, sans
,, Jesus-Christ, sans la charité.

C'est-à-dire que tout est peché dans
l'infidéle qui n'a pas la foi, & dans le
pecheur qui n'a pas la charité. Erronée
& hérétique.

XLIX.

,, Nul peché sans l'amour de nous-
,, mêmes, comme nulle bonne œuvre
,, sans l'amour de Dieu.

Fausse dans le sens qui résulte des
termes de la Proposition ; car les actes
de foi, de justice, de temperance, fait
par les motifs particuliers de ces vertus,
quoiqu'ils n'enferment point d'amour
de Dieu, sont de bonnes œuvres.

Suspecte de l'hérésie, qui condamne
de peché toutes les actions du pecheur.

Erronée dans le sens de l'Auteur; car
elle signifie que tout ce qui ne vient pas

de la parfaite charité, vient de la cupidité charnelle, & que tout amour de nous-mêmes est peché.

L.

„ C'est en vain qu'on crie à Dieu, „ mon Pere ! si ce n'est point l'esprit „ de charité qui crie.

Fausse, étant prise à la rigueur des termes ; car la priere procedant d'un motif loüable autre que celui de la charité, est salutaire.

On pourroit l'interpreter favorablement, en prenant *l'esprit de charité* pour quelque amour de Dieu que ce soit, & *crier en vain*, pour ce qui est crier sans merite ; mais cette interpretation n'est pas selon le sens de l'Auteur.

Erronée dans le sens de l'Auteur ; car elle signifie que toute priere qui ne procede pas de la charité dominante, est une maùvaise action.

L I.

„ La foi justifie quand elle opere, „ mais elle n'opere que par la charité.

Fausse ; car la foi opere sans la charité dans les pecheurs qui se disposent à la justification : & pour lors elle opere

fans les juftifier. Le pecheur croit &
craint les châtimens éternels, il detefte
fon peché par ces motifs, il vient au
Sacrement de Penitence, il y declare
fon peché, il s'humilie devant Dieu &
devant fon Miniftre. En tout cela c'eft
la foi qui opere fans juftifier, & fans
la charité proprement dite.

Sufpecte d'héréfie dans le fens de
l'Auteur, qui veut faire comprendre
que la foi & la charité font infépara-
bles, que ce n'eft qu'une même chofe,
& qu'en perdant la charité on perd la
foi & tout autre principe de bien.

L I I.

,, Tous les autres moyens de falut
,, font renfermés dans la foi comme
,, dans leur germe & leur femence ;
,, mais ce n'eft pas une foi fans amour,
,, & fans confiance.

Fauffe ; car il y a des moyens de falut qui precedent la foi, comme la
grace neceffaire pour croire.

Sufpecte de l'héréfie, qui confond
l'efperance, la charité, & toutes les
autres vertus avec la foi.

L I I I.

,, La charité feule fait les actions

,, chrétiennes par raport à Dieu & à
,, Jefus-Chrift.

Fauffe; car les actes de toutes les vertus dirigés & rapportés à Dieu par la
foi , font des actions chrétiennes , &
il faut que la charité produife & rapporte à Dieu & à J. C. les actes de
toutes les vertus.

Sufpecte de l'erreur , qui condamne
de peché toute action qui ne procede
pas de la charité parfaite.

L I V.

,, C'eft la feule charité qui parle à
,, Dieu, c'eft elle feule que Dieu entend.

Fauffe ; car la priere & toutes les actions de vertu infpirées par la grace &
reglées par la foi parlent à Dieu , &
font entenduës de Dieu.

Sufpecte d'enfeigner que rien n'eft
bon que ce qui procede de la parfaite
charité dominante.

L V.

,, Dieu ne couronne que la charité ;
,, qui court par un autre mouvement
,, & un autre motif, court en vain.

Fauffe, étant prife à la rigueur des
termes ; car Dieu couronne , outre la
charité , tous les actes des autres ver-

tus dirigés par la charité : & la priere des Juſtes , quoique faite par un autre motif , n'eſt pas inutile , puiſqu'elle eſt impetratoire.

Erronée dans le ſens du P. Queſnel, qui prétend qu'il n'y a point d'autre vertu que la charité , point d'actions bonnes que celles qui procedent de la charité dominante.

LVI.

„ Dieu ne recompenſe que la chari-
„ té : parce que la charité ſeule honore
„ Dieu.

Digne des mêmes qualifications que la précedente.

LVII.

„ Tout manque à un pecheur quand
„ l'eſperance lui manque ; mais il n'y
„ a point d'eſperance en Dieu , où il
„ n'y a point d'amour de Dieu.

Il eſt faux que l'eſperance manquant à un pecheur, la foi lui manque : faux encore , qu'il n'y ait point d'eſperance en Dieu , où il n'y a point d'amour de Dieu , parce que l'eſperance precedant naturellement la charité dans l'ordre des actes qui diſpoſent à la juſtification, & ayant ſon objet propre diſtinct de celui de la charité , rien n'empêche qu'elle n'opere avant la charité & sans son secours.

Erronée dans le sens du P. Quesnel , qui veut confondre l'esperance & toutes les autres vertus avec la charité.

LVIII.

„ Il n'y a ni Dieu ni Religion où il „ n'y a point de charité.

Fausse , & suspecte de l'hérésie comdamnée dans le Concile de Trente , *Can.* 18. *Sess.* 6. qu'on ne sçauroit perdre la charité sans perdre en même tems la foi , & que la foi sans la charité ne nous fait pas Chrétiens.

Erronée dans le sens du Livre , qui veut que toute vertu, toute grace, tout culte de Dieu, tout moyen de salut soit dans la seule charité dominante.

LIX.

„ La priere des impies est un nouveau „ peché : & ce que Dieu leur accorde „ est un nouveau jugement sur eux.

Fausse, temeraire, erronée, pernicieuse, capable de blesser les oreilles pieuses, & enfin hérétique : en tant qu'elle assure que la priere des impies est un nouveau peché : car c'est dire que toutes les actions du pecheur font des pechés.

L X.

,, Si la feule crainte du fuplice anime
,, le repentir , plus ce repentir eft vio-
,, lent , plus il conduit au defefpoir.

Fauffe : car quelque violent que
puiffe être le repentir , il ne conduira
jamais au defefpoir pour être animé
par la crainte ; mais feulement pour
n'être pas accompagné de l'efperance
du pardon.

Captieufe , en ce qu'elle fait entendre que la crainte des fuplices, à mefure
qu'elle anime le repentir , éloigne &
empêche l'efperance du pardon , au
lieu qu'elle fait tout le contraire.

L X I.

,, La crainte n'arrête que la main ,
,, & le cœur eft livré au peché , tant
,, que l'amour de la juftice ne le con-
,, duit point.

Fauffe & pernicieufe , en tant qu'elle
affure que la crainte n'arrête que la
main : car la crainte des fuplices éternels arrête tous les mouvemens du
cœur qui peuvent nous les attirer, & ce
feroit un grand défavantage à un Chrétien d'être perfuadé du contraire.

Captieufe : en ce qu'elle donne à
entendre que la crainte laiffe le cœur
livré au peché , ce qui eft faux : car
quoique la crainte ne juftifie pas par
elle-même, elle nous fait pourtant mettre en œuvre tous les moyens de falut
qui peuvent nous conduire à la juftification.

LXII.

„ Qui ne s'abftient du mal que par
„ la crainte du châtiment , le commet
„ dans fon cœur.

Hérétique , car c'eft dire que c'eft un
peché de s'abftenir du mal par la feule
crainte du châtiment , contre le Canon
huitiéme de la Seffion fixiéme du Concile de Trente.

LXIII.

„ Un Baptizé eft encore fous la loi
„ comme un Juif, s'il n'accomplit pas
„ la loi , ou s'il ne l'accomplit que par
„ la feule crainte.

Fauffe & captieufe : agir en Juif felon l'efprit de l'ancienne loi , ce n'eft
pas obferver la loi par la crainte des
peines éternelles, comme la propofition
femble le dire , c'eft ne l'obferver que
par la crainte des châtimens temporels.

Il est visible que le Pere Quesnel tend ici un piege aux Lecteurs, en affectant de confondre deux choses fort differentes.

Suspecte d'héréfie, en ce qu'elle donne à entendre qu'il vaut autant ne point accomplir du tout la loi Evangelique, que de l'accomplir par un motif de crainte.

Scandaleuse, parce qu'elle donne occasion à tous ceux qui ne sont sensibles qu'aux motifs de crainte de negliger l'observation de la loi.

LXIV.

,, Sous la malediction de la loi on
,, ne fait jamais le bien, parce qu'on
,, peche en faisant le mal, ou en ne
,, l'évitant que par crainte.

Erronée, en ce qu'elle dit que sous la loi on pechoit en tout ce qu'on faisoit.

Hérétique, en ce qu'elle assure que s'abstenir de pecher par la crainte des châtimens, c'est un nouveau peché.

LXV.

,, Moyse & les Prophêtes, les Prêtres
,, & les Docteurs de la loi sont morts
,, sans donner des enfans à Dieu, n'en
,, ayant fait que des esclaves par la
,, crainte.

Fauſſe. Parmi les Juifs il y avoit beaucoup de Juſtes : les preceptes moraux de la loi portoient à aimer Dieu par deſſus toutes choſes : la crainte que la loi inſpiroit conduiſoit à la charité. Ce n'étoit pas une crainte ſervilement ſervile qui fait proprement des eſcla-ves.

Erronée & temeraire dans tous ces chefs, car nul Docteur, nul Fidéle ne penſe ainſi.

Suſpecte d'erreur & d'héréſie, en tant qu'elle inſinuë que ſous la loi il n'y avoit point de grace, & qu'éviter le peché par la crainte du châtiment, c'eſt un nouveau peché.

L X V I.

,, Qui veut s'approcher de Dieu, ne ,, doit pas venir à lui avec des paſſions ,, brutales, ni ſe conduire par un inſ- ,, tinct naturel, ni par la crainte, com- ,, me les bêtes ; mais par la foi & par ,, l'amour, comme les enfans.

Fauſſe, en ce qu'elle aſſure qu'agir par la crainte, c'eſt agir en bête, & que par la crainte on ne ſçauroit venir à Dieu.

Captieuſe, en ce que diſant qu'il ne faut pas venir à Dieu avec des paſſions brutales,

brutales, il donne à entendre que la crainte eſt une de ces paſſions condamnables.

Suſpecte d'héréſie : on voit bien qu'il prétend que la crainte ſervile eſt une affection criminelle qui éloigne de Dieu contre la déciſion du Concile de Trente.

LXVII.

,, La crainte ſervile ne ſe repreſente
,, Dieu que comme un Maître dur,
,, imperieux, injuſte, intraitable.

. Fauſſe, erronée, temeraire : la crainte ſervile regarde Dieu comme un Souverain puiſſant & juſte, & non pas comme un Maître dur, &c.

Hérétique, ou approchante de l'héréſie de Luther : car dès que la crainte ſe repreſente Dieu comme un Maître injuſte, elle eſt mauvaiſe, & rend le pecheur criminel.

LXVIII.

,, Quelle bonté de Dieu ! d'avoir
,, ainſi abregé la voye du ſalut, en
,, renfermant tout dans la foi & dans
,, la priere.

Fauſſe & erronée ; la foi & la priere ne ſont pas les deux ſeules choſes neceſſaires au ſalut,

Tome I.   o

Favorifant l'héréfie de Luther , qui renfermoit tous les moyens de falut dans la foi feule.

LXIX.

,, La foi , l'ufage , l'accroiffement &
,, la recompenfe de la foi , tout eft un
,, don de votre pure liberalité.

Fauffe ; la foi dans les commencemens eft un don de la pure liberalité de Dieu ; dans fes fuites, c'eft un don de la liberalité de Dieu , & un merite de la part de l'homme; dans fa recompenfe, un don de la liberalité de Dieu, & une couronne de juftice.

Favorifant l'héréfie de Luther , qui ôtant la cooperation du libre-arbitre à la bonne action , doit regarder & l'acte de foi & fa recompenfe comme un pur don de la liberalité de Dieu, fans aucun merite de notre part.

LXX.

,, Dieu n'afflige jamais les innocens,
,, & les afflictions fervent toujours , ou
,, à punir le peché , ou à purifier le pe-
,, cheur.

Fauffe & erronée. Dieu a affligé la Sainte Vierge , & les afflictions ne fer-

voient point en elle à punir le peché,
ou à purifier le pecheur.

LXXI.

„ L'homme peut fe difpenfer pour
„ la converfation d'une loi que Dieu a
„ faite pour fon utilité.

Fauffe dans fa generalité, d'autant
que le terme de loi pris fans reftriction,
comprend toute loi que Dieu a fait
pour l'utilité de l'homme.

Scandaleufe ; elle ouvre la porte au
plus outré relâchement, mettant chaque
particulier en droit de fe difpenfer,
d'autorité privée, de toute loi qui l'incommode.

LXXII.

„ Marques & proprietés de l'Eglife
„ Chrétienne. Elle eft Catholique com-
„ prenant tous les Anges du Ciel, &
„ tous les Elûs & les Juftes de la terre,
„ & de tous les fiecles.

Erronée, favorifant l'erreur de Luther, qui n'admet dans l'Eglife que les
feuls Elûs, renouvellant celle de Wiclef,
qui n'y admet qne les Elûs & les bons.

LXXIII.

„ Qu'eft-ce que l'Eglife, finon l'af-

„ femblée des enfans de Dieu , demeu-
„ rans dans fon fein , adoptés en **J. C.**
„ fubfiftans en fa perfonne, rachetés de
„ fon fang,vivans de fon efprit,agiffans
„ par fa grace , & attendant la paix du
„ fiecle à venir.

Erronée comme la precedente, n'ad-
mettant dans l'Eglife que les Juftes &
les Prédeftinés.

LXXIV.

„ L'Eglife eft le Chrift tout entier ,
„ qui a pour fon Chef le Verbe incarné,
„ & pour Membres tous les Saints.

Erronée , comme les deux dernieres,
ne compofant encore l'Eglife que de
J. C. & les Saints.

Sufpecte , de ne point connoître le
Pape pour Chef de l'Eglife ; il n'en eft
pas même un Membre , felon le Pere
Quefnel, s'il n'eft ni jufte ni prédeftiné.

LXXV.

„ Unité admirable de l'Eglife. C'eft
„ un feul homme compofé de plufieurs
„ Membres , dont J. C. eft la vie , la
„ fubfiftance, la perfonne : un feul
„ Chrift compofé de plufieurs Saints ,
„ dont il eft le Sanctificateur.

C'eft toujours même erreur.

LXXVI.

„ Rien de si spacieux que l'Eglise ,
„ puisque tous les Elûs & les Justes de
„ tous les siécles la composent.
. Continuation de la même erreur.

LXXVII.

„ Qui ne mene pas une vie digne
„ d'un enfant de Dieu & d'un Membre
„ de J. C. celle d'avoir interieurement
„ Dieu pour Pere, & J. C. pour son
„ Chef.
Erronée ; car c'est dire que tout peché mortel met un Fidéle hors de l'E-
glise , ou qu'en perdant la charité on
renonce volontairement à la foi.

LXXVIII.

„ Le Peuple Juif étoit la figure du
„ Peuple élû dont J. C. est le Chef: on
„ s'en retranche aussi bien en ne vi-
„ vant pas selon l'Evangile , qu'en ne
„ croyant pas à l'Evangile.
Erronée, en ce qu'elle veut qu'on se
retranche de l'Eglise autant en perdant
la charité, qu'en renonçant à la foi.

LXXIX.

„ Il est utile & necessaire , en tout

,, tems & en tout lieu , à toutes fortes
,, de perfonnes , d'étudier & de con-
,, noître l'efprit , la pieté & les myfteres
,, de l'Ecriture fainte.

Fauffe ; car il n'eft permis qu'aux
perfonnes bien difpofées , & il n'eft neceffaire qu'aux Docteurs & aux Pafteurs
de lire & d'étudier l'Ecriture fainte ,
pour pouvoir communiquer aux Peuples les myfteres & la morale de J. C.

Injurieufe à l'Eglife & à fes ufages ,
qui ne permettent la lecture de l'Ecriture qu'aux perfonnes bien difpofées ,
& fous la direction des Pafteurs.

Seditieufe , entant qu'elle impofe à
chaque particulier une neceffité de faire de fon autorité privé: ce qu'il ne
doit faire que fuivant le confeil, & fous
la dépendance des Superieurs legitimes.

L X X X.

,, La lecture de l'Ecriture fainte eft
,, pour tout le monde.

Fauffe , injurieufe à l'Eglife & à fes
Ufages ; feditieufe comme la precedente.

L X X X I.

,, L'obfcurité fainte de la parole de
,, Dieu n'eft pas une raifon aux laïques
,, de fe difpenfer de la lire.

Cette propofition, laquelle parle indifferemment & en general de tous les
laïques, fupofe premierement qu'il leur
faut des raifons pour fe difpenfer de lire
l'Ecriture, & par confequent elle fupofe
qu'ils y font d'ailleurs obligés ; car
toute difpenfe eft correlative à une
obligation : de plus elle déclare que
l'obfcurité de cette même Ecriture n'eft
pas une bonne raifon pour eux de fe
difpenfer de la lire.

Elle eft fauffe en tous fes chefs ; ce
n'eft pas même une chofe de confeil
aux laïques en general de lire l'Ecriture , bien loin que ce foit pour eux une
obligation. Mais fupofé que ç'en foit
une, l'obfcurité de cette même Ecriture
feroit pour la plûpart une bonne raifon
de demander qu'on les en difpenfât ,
rien n'étant plus dangereux que de mal
prendre le fens de l'Ecriture , & rien
n'étant plus fujet à être mal pris que ce
qui eft obfcur.

Elle eft dans tous fes chefs injurieufes à l'Eglife ; car dire qu'il y a une
obligation pour tous les laïques de lire
l'Ecriture fainte, c'eft combattre directement l'ufage de l'Eglife. Dire que
l'obfcurité de cette Ecriture n'eft pas
une bonne raifon pour difpenfer les

Fidéles de cette lecture, c'est combattre le sentiment de cette même Eglise, qui fonde son usage en partie sur cette obscurité.

Enfin dans l'esprit du Livre, elle tend à autoriser l'infidéle version de Mons, & par-là elle est pernicieuse.

LXXXII.

,, Le Dimanche doit être sanctifié
,, par des lectures de pieté, & sur tout
,, des saintes Ecritures ; c'est le lait du
,, Chrétien, il est dangereux de l'en
,, vouloir sevrer.

Fausse, en ce qu'elle fait une obligation étroite à toutes sortes de personnes de sanctifier le Dimanche par la lecture de l'Ecriture sainte.

Temeraire, en ce qu'elle impose cette obligation sans fondement, contre toute raison & toute autorité.

Outrageante pour l'Eglise, en ce qu'elle l'accuse de sevrer avec danger les Fidéles du lait des Chrétiens.

LXXXIII.

,, C'est une illusion de s'imaginer
,, que la connoissance des mysteres de
,, la Religion ne doive pas être commu-
,, niquée aux personnes du sexe par la
,, lecture

„ lecture des Livres faints. Ce n'eſt
„ point de la ſimplicité des femmes,
„ mais de la ſcience orgueïlleuſe des
„ hommes qu'eſt venu l'abus des Ecri-
„ tures, & que ſont nées les hereſies.

Fauſſe ; la lecture de l'Ecriture doit
être encore moins accordée aux femmes
indifferemment qu'au reſte des laïques;
& les hereſies ſont autant venuës de
l'ignorance orgueïlleuſe des femmes,
que de la ſcience orgueïlleuſe des
hommes.

Injurieuſe à l'Egliſe, en ce qu'elle
établit un uſage contraire au ſien.

Outrageante pour l'Egliſe, en ce
qu'elle qualifie d'illuſion ſes pratiques.

LXXXIV.

„ C'eſt fermer aux Chrétiens la bou-
„ che de J. C. que de leur arracher des
„ mains le livre ſaint, ou de leur tenir
„ fermé, en leur ôtant le moyen de
„ l'entendre.

Fauſſe ; car la voye ordinaire dont
J. C. parle aux Chrétiens par la bouche
des Paſteurs, ſubſiſte toujours en entier,
independamment des lectures de l'E-
criture par chaque particulier.

Outrageante pour l'Egliſe, à qui on
reproche de fermer la bouche de J. C.

Tome I.   P

aux Fidéles, aufquelles elle dé´end la lecture de l'Ecriture en langue vulgaire.

LXXXV.

„ Interdire la lecture de l'Ecriture,
„ & particulierement la lecture de l'E-
„ vangile aux Chrétiens, c'eft interdire
„ l'ufage de la lumiere aux enfans de
„ lumiere, & leur faire fouffrir une
„ efpece d'excommunication.

Fauffe; la lumiere eft communiquée aux Chrétiens par plufieurs autres voyes, par les Pafteurs, les livres fpi-rituels, le culte exterieur, & les fo-lemnités de l'Eglife.

Outrageante pour l'Eglife par le re-proche qu'on lui fait d'ôter à la plûpart de fes enfans l'ufage de la lumiere, & de leur faire fouffrir une efpece d'ex-communication injufte.

LXXXVI.

„ Ravir au fimple peuple cette con-
„ folation, d'unir fa voix à toute l'E-
„ glife, c'eft un ufage contraire à la
„ pratique Apoftolique & au deffein
„ de Dieu.

L'ufage dont il eft queftion, qui ra-vit au peuple la confolation d'unir fa voix à toute l'Eglife, ne peut être que le

Rit établi dans l'Eglise de dire la Meſſe
en Latin , & de reciter à voix baſſe le
Canon de la Meſſe : uſage que le Parti a
voulu abolir, ordonnant aux Prêtres de
prononcer à haute voix le Canon , &
mettant entre les mains des laïques &
des femmes des Miſſels François , où
elles diſoient la Meſſe avec le Prêtre, &
uniſſoient leur voix à celle de toute
l'Eglise. Tandis que le Concile de
Trente *Seſſ. 22. Can. 9.* prononce anathême contre ceux qui diſent que cet
uſage doit être rejetté ; le Pere Queſnel
ſoutient qu'il eſt contraire à la pratique
Apoſtolique , & au deſſein de Dieu.

Propoſition, fauſſe, temeraire, ſcandaleuſe , ſentant l'hereſie.

L X X X V I I.

,, C'eſt une conduite pleine de ſa-
,, geſſe , de lumiere & de charité , de
,, donner aux ames le tems de porter
,, avec humilité , & de ſentir l'état du
,, peché, de demander l'eſprit de peni-
,, tence & de contrition , & de com-
,, mencer au moins à ſatisfaire à la juſ-
,, tice de Dieu, avant que de les recon-
,, cilier.

Fauſſe dans ſa generalité , il n'y a ni
ſageſſe, ni lumiere, ni charité d'en uſer

ainfi generalement, comme la Propofition l'énonce à l'égard de tous les
pecheurs.

Temeraire ; car fur quoi fondé l'exi-
ge-t'on , contre la pratique de toutes
les perfonnes éclairées ?

Pernicieufe ; car elle éloigne de la
frequentation des Sacremens.

Injurieufe à l'Eglife , dont elle condamne l'ufage.

LXXXVIII.

„ On ne fçait ce que c'eft que le peché
„ & la vraye penitence, quand on veut
„ être établi d'abord dans la poffeffion
„ des biens dont le peché nous a dé-
„ poüillés, & qu'on ne veut point por-
„ ter la confufion de cette féparation.

Fauffe; plus on connoît ce que c'eft
que le peché , plus on fe doit hâter
d'en fortir.

Injurieufe à l'Eglife, lui reprochant
de ne pas fçavoir ce que c'eft que le peché & la penitence , puifqu'elle ne dif-
fere pas l'abfolution univerfellement &
indifferemment à tout pecheur penitent
& contrit.

LXXXIX.

„ Le quatorziéme degré de la con-

„ verfion du pecheur, eft qu'étant re-
„ concilié , il a droit d'affifter au Sacri-
„ fice de la Meffe.

Fauffe ; le droit d'affifter au Sacrifice
de la Meffe , n'a jamais été un degré de
la converfion du pecheur, quoique
ç'ait été un degré de fon établiffement
dans le Rit de la penitence folemnelle
d'autrefois.

Temeraire & pernicieufe , en tant
qu'elle infinuë que les pecheurs, même
pénitens , ne doivent pas affifter avant
leur reconciliation au Sacrifice de la
Meffe.

Sufpecte d'enfeigner qu'affifter à la
Meffe en état de peché eft un nouveau
peché.

X C.

„ C'eft l'Eglife qui a l'autorité de
„ l'excommunication , pour l'exercer
„ par les premiers Pafteurs , du confen-
„ tement au moins préfumé de tout le
„ corps.

Fauffe. C'eft de J. C. non du peuple , que les premiers Pafteurs ont reçu
le pouvoir des clefs , c'eft au nom de
J. C. qu'ils l'exercent , fans avoir befoin
d'aucun confentement du peuple.

Injurieuse à la Puissance Ecclesiastique , favorisant les Novateurs.

XCI.

„ La crainte d'une excommunication
„ injuste ne nous doit jamais empêcher
„ de faire notre devoir. On ne sort
„ jamais de l'Eglise lors même qu'il
„ semble que l'on en soit banni par la
„ mechanceté des hommes , quand on
„ est attaché à Dieu , à J. C. & à l'E-
„ glise même par la charité.

Fausse ; il y a des devoirs minces &
de peu de conséquence, qu'il faut abandonner pour une excommunication ,
même injuste. Il arrive aussi quelquefois qu'un homme qui tient à J. C. par
le lien invisible de la charité, perd par
une excommunication canonique le
droit qu'il avoit à la participation des
biens spirituels de l'Eglise , & que par-
là il est véritablement hors de l'Eglise.

Captieuse , en tant qu'elle confond
artificieusement les devoirs importans
& essentiels , avec ceux qui ne le sont
pas ; l'union à J. C. par la charité ,
avec la communion des Fidéles.

Blessant les oreilles pieuses qui ont
horreur d'entendre dire , qu'une ex-

communication canonique n'eſt pas à craindre.

Scandaleuſe, laiſſant à chaque particulier à juger de la juſtice & de l'injuſtice de l'excommunication portée contre lui, & fourniſſant par-là aux perſonnes mal diſpoſées un moyen facile d'éluder & de mépriſer les excommunications les plus juſtes, qu'il leur plaira de regarder comme injuſtes.

Pernicieuſe, par l'occaſion qu'elle donne aux perſonnes ſimples de ne pas s'effrayer des menaces d'une excommunication qu'on leur donnera pour injuſte, ou de ne pas s'en faire relever après l'avoir encouruë.

Injurieuſe à la Puiſſance Eccleſiaſtique, dont elle rend les armes mépriſables.

Favoriſant les Heretiques de notre tems, qui ont par-là de quoi raſſurer leurs Neophytes contre les cenſures de Rome ; en leur diſant que c'eſt un devoir par exemple, de lire le Nouveau Teſtament, que l'excommunication dont on les menace eſt injuſte.

LCII.

„ C'eſt imiter S. Paul, que de ſouf-

,, frir en paix l'excommunication &
,, l'anathême injuſte, plûtôt que de
,, trahir la verité, loin de s'élever con-
,, tre la verité, ou de rompre l'unité.

Fauſſe ; car S. Paul n'a point donné
d'exemple dans l'eſpèce dont il s'agit.

Mal-ſonnante, donnant à entendre
que Saint Paul a été excommunié.

Captieuſe : car en diſant qu'il faut
ſouffrir en paix l'excommunication injuſte, on fait comprendre qu'il ne faut
pas ſe mettre en peine de ſe faire relever.

Pernicieuſe, autoriſant & canoni-
ſant l'indolence & l'inſenſibilité des
Novateurs, qui paſſent tranquillement
leur vie dans l'excommunication,
pour ne pas renoncer aux dogmes du
Parti, qu'ils apellent la verité.

Outrageante pour les Puiſſances
Eccleſiaſtiques, comme ſi elles met-
toient les Fidéles dans la neceſſité de
croupir dans l'excommunication, ou
de trahir la verité.

X C I I I.

,, Jeſus-Chriſt guerit quelquefois les
,, bleſſures que la précipitation des pré-
,, miers Paſteurs fait ſans ſon ordre ;

„ il rétablit ce qu'ils retranchent par
„ un zele inconfideré.

Fauffe. J. C. ne remet jamais par lui-
même dans la Communion des fidéles, ceux que les premiers Pafteurs en
ont retranchez.

Outrageante pour la Puiffance Eccléfiaftique, qu'on accufe de précipitation & de zele indifcret, par rapport
aux évenemens que l'Auteur défigne.

Pernicieufe, par le mépris qu'elle
infpire du glaive des premiers Pafteurs.

XCIV.

„ Rien ne donne une plus mauvaife
„ opinion de l'Eglife à fes ennemis,
„ que d'y voir dominer fur la foi des
„ fidéles, & y entretenir des divifions
„ pour des chofes qui ne bleffent ni la
„ Religion, ni les mœurs.

Outrageante pour l'Eglife & les Pafteurs, qu'on accufe de dominer fur la
foi des fidéles, & d'y établir des divifions pour des chofes qui ne bleffent
ni la foi, ni les mœurs.

Le fens de la Propofition eft que les
hérétiques conçoivent du mépris pour
l'Eglife de ce qu'elle oblige à figner le
Formulaire, & à confeffer que les cinq

Propofitions font dans le **Livre de Jan**fenius.

X C V.

„ Les véritez font devenuës comme
„ une langue étrangere à la plûpart
„ des Chrétiens , & la maniere de les
„ prêcher eft comme un langage in-
„ connu ; tant elle eft éloignée de la
„ fimplicité des Apôtres , & au-deffus
„ de la portée du commun des fidé-
„ les ; & on ne fait pas refléxion que
„ ce déchet eft une des marques les
„ plus fenfibles de la vieilleffe de l'E-
„ glife , & de la colere de Dieu fur
„ fes enfans.

Fauffe en tous fes points, outrageante pour l'Eglife , à qui on reproche de
ne plus entendre ni enfeigner comme
il faut les véritez de la Religion : d'être
tombée dans la caducité , & d'être
l'objet de la colere de Dieu.

Dans le fens de l'Auteur , les dogmes du parti, qu'ils appellent la vérité,
font une langue étrangere qui n'eft pas
entenduë. On n'ofe plus les prêcher ,
ces véritez à découvert , il faut les déguifer , & les rendre quafi méconnoif-
fables , pour les prêcher en fureté : ce
qui montre la caducité & la vieilleffe

de l'Eglife Romaine, qui a perdu l'intelligence de ces véritez, par un jufte jugement de Dieu fur elle.

XCVI.

„ Dieu permet que toutes les Puif-
„ fances foient contraires aux Prédica-
„ teurs de la vérité, afin que fa victoire
„ ne puiffe être attribuée qu'à fa grace.

Fauffe & outrageante pour les Puiffances que l'Auteur avoit en vûë, & qu'il a prétendu défigner.

Seditieufe, animant les gens du Parti à tenir ferme contre les Puiffances tyranniques, le Pape & le Roi, par la confiance que la grace de Dieu rendra leur réfiftance victorieufe.

XCVII.

„ Il n'arrive que trop fouvent, que
„ les membres les plus faintement &
„ les plus étroitement unis à l'Eglife,
„ font regardez & traitez comme in-
„ dignes d'y être, ou comme en étant
„ déja féparez ; mais le jufte vit de la
„ foi, & non pas de l'opinion des
„ hommes.

Fauffe, par rapport aux perfonnes qu'elle prétend défigner.

Pernicieuse, seditieuse, autorisant & canonisant dans les chefs du parti, l'état de séparation où leur désobéïssance à l'Eglise les a conduits.

Dans le sens de l'Auteur, Arnauld & ses Compagnons refugiez en Hollande parmi les Hérétiques, regardez & traitez comme des rebelles excommuniez, sont les membres les plus saintement & les plus étroitement unis à l'Eglise. Ils passent pour des hérétiques ; mais que leur importe, ils sont justes, ils vivent de la foi, & non de l'opinion des hommes.

XCVIII.

„ L'état d'être persecuté & de souf-
„ frir comme un Hérétique, un mé-
„ chant, un impie, est ordinairement
„ la derniere épreuve & la plus méri-
„ toire, comme celle qui donne plus
„ de conformité à J. C.

Fausse, pernicieuse, comme la précédente, & par les mêmes raisons. Dans le sens de l'Auteur, l'état où il se trouve est la derniere épreuve de sa vertu, la plus méritoire ; celle qui lui donne le dernier trait de ressemblance avec J. C. c'est autoriser la révolte contre l'Eglise.

XCIX.

„ L'entêtement, la prévention, l'obf-
„ tination à ne vouloir ni rien exa-
„ miner, ni reconnoître qu'on s'eſt
„ trompé, changent tous les jours en
„ odeur de mort à l'égard de bien des
„ gens, ce que Dieu a mis dans ſon
„ Egliſe pour être une odeur de vie,
„ comme les bons Livres, les Inſtruc-
„ tions, les ſaints exemples.

Fauſſe, par rapport aux évenemens
qu'on a prétendu ici deſigner.

Outrageante pour les Paſteurs, qu'on
y accuſe d'entêtement, de prévention,
d'obſtination à ne vouloir rien examiner, ni reconnoître qu'ils ſe ſont trom-
pez.

Pernicieuſe, autoriſant des Livres ſuf-
pects, & canoniquement proſcrits.

Dans le ſens de l'Auteur, Dieu avoit
mis dans l'Egliſe les Livres du Parti;
les exemples des Religieuſes du Port-
Royal, pour y être une odeur de vie:
l'entêtement, la prévention des Evêques, du Pape & du Roi, ont changé cela en odeur de mort.

C.

„ Tems déplorable où l'on croit ho-

,, norer Dieu en perſécutant la vérité
,, & ſes diſciples. Ce tems eſt venu.
,, Etre regardé par ceux qui ſont les
,, Miniſtres de la Religion comme un
,, impie, indigne de tout commerce
,, avec Dieu; comme un membre pour-
,, ri, capable de tout corrompre dans
,, la Societé des Saints, c'eſt pour des
,, perſonnes pieuſes une mort plus ter-
,, rible que celle du corps. En vain
,, on ſe flate de la pureté de ſes inten-
,, tions & d'un zele de Religion, en
,, pourſuivant des gens de bien à feu
,, & à ſang, ſi on eſt aveuglé par ſa
,, propre paſſion, ou emporté par celle
,, des autres. Faute de vouloir exami-
,, ner, on croit ſouvent ſacrifier à
,, Dieu un impie, & on ſacrifie au
,, Diable un ſerviteur de Dieu.

Fauſſe, pernicieuſe, outrageante
pour les Puiſſances, comme les précé-
.dentes.

Dans le ſens de l'Auteur, en vain le
Pape & le Roi ſe flattoient de la pureté
de leur intention & d'un zele de Religion. Aveuglez par leurs propres paſſions, ou emportez par celles des autres,
ils ont ſacrifié au diable les Chefs du
Parti, faute de vouloir bien examiner.

C I.

„ Rien n'est plus contraire à l'esprit
„ de Dieu & à la doctrine de J. C.
„ que de rendre communs les fermens
„ dans l'Eglise ; parce que c'est multi-
„ plier les occasions de parjure, dref-
„ fer des pieges aux foibles & aux
„ ignorans, & faire fervir quelquefois
„ le nom & la vérité de Dieu au def-
„ fein des méchans.

Digne des mêmes cenfures que les
trois précédentes.

Dans le fens de l'Auteur, rien de
plus contraire à l'esprit de Dieu & de
la doctrine de J. C. que de faire figner
le Formulaire aux perfonnes fuspectes,
c'est donner occasion aux lâches de fe
parjurer, aux foibles & aux ignorans
d'adherer à la doctrine du Formulaire : c'est faire fervir le nom & la vérité
de Dieu aux deffeins des ennemis du
Parti, qui font tous des méchans &
des fcelerats.

De ce qui a été dit jufqu'ici, il ré-
fulte, 1. Que parmi les cent & une
Propofitions extraites du Livre des Refléxions Morales, il n'y en a aucune
qui ne mérite quelqu'une des qualifi-

cations portées par la Bulle *Unigenitus*, & que de toutes les qualifications portées par la même Bulle, il n'y en a pareillement aucune qui ne tombe sur quelqu'une des cent & une Propositions extraites. 2. Que le Livre des Réfléxions Morales, qui contient un si prodigieux nombre de Propositions justement condamnées, doit être en horreur à tous les Fidéles.

Voilà les deux points essentiels que la Bulle *Unigenitus* a prétendu fixer & proposer à ces mêmes Fidéles, comme l'objet de leur créance & de leur soumission. Elle a fait précisément à l'égard des erreurs du Pere Quesnel, ce que le Décret du Concile de Constance fit autrefois à l'égard de celle de Wiclef & de Jean Hus. Il n'y a quant à l'autorité, aucune différence entre ces deux Jugemens de l'Eglise ; on doit même respect & même soumission à tous les deux.

BIBLIOTHEQUE

OU

CATALOGUE

ALPHABETIQUE

Des principaux Livres Baïanistes, Janfeniftes, Quefnelliftes, ou fufpects de ces Erreurs.

A.

 BREGE' de la Sainte Bible, en forme de Queftions & de Réponfes familieres, avec des Eclaircissemens tirez des Saints Peres, & des meilleurs Interprètes ; divifé en deux parties, l'Ancien & le Nouveau Teftament ; troifiéme Edition revûë & augmentée, par le Pere Dom Robert Guerard, Prêtre & Religieux de l'Abbaye Royale de S. Oüen de Roüen, de la Congregation

PREMIERE CENTURIE.

I.

Tome I.   A

de S. Maur. *A Roüen chez Nicolas le Boucher 1711. deux volumes in-douze.*

NOTA. On trouve dans cet Abregé plusieurs Propositions condamnées dans Baïus & dans Jansénius. La réponse qu'on fait à la demande de la page 17. du premier Tome, est formellement hérétique : la voici.

DEMANDE. *Dieu étoit donc obligé de donner la grace au premier homme ?*

RÉPONSE. *Dieu ne peut faire un corps parfait sans toutes ses parties. Il ne peut faire une Créature intellectuelle, qu'il ne lui donne sa Grace.* Voilà l'herésie de Baïus, qui disoit, *que l'état de la nature pure étoit impossible.*

NOTA. 1°. L'Eglise nous enseigne que JESUS-CHRIST veut sauver tous les hommes : *Omnes homines vult salvos fieri.* 1. ad Timotheum, cap. 2. & que JESUS-CHRIST a prié non-seulement pour les Elûs, mais aussi pour ceux qui ont le malheur de ne l'être pas. Le Pere Guerard insinuë une doctrine toute contraire dans la page 187. du second volume. JESUS-CHRIST *finit ses instructions,* dit-il, *en demandant à son Pere l'Esprit d'amour & d'union, & la grace de la perséverance pour ses Apôtres, & généra-*

lement pour tous ceux qui devoient croire en lui, & à qui il devoit donner sa gloire.

On soûtient page 171. que l'homme (avant la chûte d'Adam) *ne pouvoit être privé de sa Grace, puisque cette privation ne peut être qu'une peine du peché*, dit le Pere Guerard : Et voilà le pur Baïanisme. Si la Grace étoit dûë à l'homme avant sa chûte, ce ne seroit plus une Grace, mais une dette : Voilà le Pelagianisme uni avec le Jansénisme. C'est ainsi que les extré-mitez se touchent, selon la belle re-marque de S. Jerôme.

☞ 2°. On donne à entendre dans la pag. 130. du second volume, que c'est Dieu seul qui fait tout dans nous, & que l'homme n'y fait rien : *Le Royau-me de Dieu*, dit le Pere Guerard, *est semblable à du grain, qui ayant été une fois jetté dans la terre, croît sans que celui qui l'a semé y fasse rien davantage.*

ABREGE' de la Morale de l'Evan-gile, ou Pensées Chrétiennes sur le tex-te des quatre Evangelistes, pour en ren-dre la lecture & la méditation plus faci-le à ceux qui commencent à s'y apliquer, imprimé par ordre de M. l'Evèque & Comte de Chálons, à Lyon chez Bari-tel, 1686. & puis à Paris, & ailleurs.

I I.

A ij

NOTA 1°. Que ce livre qui n'eſt qu'un volume *in* 12. a été compoſé par le P. Queſnel lui-même, & que ce petit Ouvrage a été comme l'avant-coureur, l'annonce ou l'ébauche des quatres gros volumes *in* 8°. que le même Pere Queſnel publia quelque tems après.

NOTA 2°. Que ce premier volume fut bien-tôt ſuivi d'un ſecond ſur tout le reſte du N. T.

☞ 3°. Que ce premier Ouvrage du Pere Queſnel, quoiqu'il n'ait pas fait tant de bruit, a été néanmoins condamné par la Conſtitution *Unigenitus*, avec les mêmes qualifications & avec la même ſolemnité que le ſecond Ouvrage qui porte pour titre : *Le Nouveau Teſtament en François, avec des Reflexions Morales ſur chaque Verſet.*

☞ 4°. Qu'on reconnoît aiſément ce premier Ouvrage en queſtion par la Préface qui commence ainſi : *Quoique tout ce qui eſt compris dans les Livres de l'Ancien & N. T.* Item, on peut le reconnoître aux reflexions Janſeniennes dont il eſt ſemé d'un bout à l'autre. En voici quelques échantillons : Verſet 11°. du 2°. Chap. de S,

Marc : *Quand Dieu veut fauver l'ame*
en tout tems , en tout lieu , l'indubita-
ble effet fuit le vouloir d'un Dieu : Ce
qui renferme en deux lignes ces deux
Héresies à la fois : 1°. Que la Grace
est irresistible. 2°. Que Dieu ne veut
fauver que les feuls Elûs. Verset 19.
du 12. chap. de S. Marc. *Moyse &*
les Prophêtes font morts fans donner des
enfans à Dieu , n'ayant fait que des
efclaves par la crainte. Verset 36. du
25. chap. de S. Mathieu. *Dieu ne re-*
compenfe que la charité , parce que la
charité feule honore Dieu , &c.

A B R E G E' de la *Morale de l'An-*   I I I.
cien Teftament *, in douze trois volumes.*

Ce Livre est rempli d'un bout à
l'autre des fentimens de Janfenius &
de Quefnel.

A B R E G E' *chronologique des prin-*   I V.
cipaux évenemens qui ont précedé la Con-
ftitution Unigenitus, *qui y ont donné*
lieu , & qui en font les fuites. Par un
Anonyme.

N O T A. Que cet Abregé chronologique remonte jufquà l'onziéme fiécle. On va chercher l'origine de la
Conftitution dans le Pape Gregoire
VII. On raporte à cette même Conftitution les évenemens des fiécles fui-

vans. On pouffe cet Abregé jufqu'à l'an 1732. & on le termine par le fpectacle que donna M. le Chevalier ✳✳✳✳, qu'on fait paroître fur la Scene, comme le Champion des Anti-Conftitutionaires. On y parle de fa converfion d'éclat, de fes Convulfions, & de fon banniffement : On y promet de retoucher & de traiter à fonds l'artîcle de l'Equilibre.

V. *ABUS ET NULLITEZ de l'Ordonnance fubreptice de Mr. l'Archevêque de Paris contre le Nouveau Teftament de Mons. A Paris 1667.*

Noτa. Mr. Arnaud le Docteur, qui publia cet Ouvrage pour entretenir les Religieufes de Port-Royal dans leur revolte, y debite cette maxime pernicieufe : *Que les perfonnes qui connoiffent par leurs propres lumieres que l'Ordonnance de Mr. l'Archevêque de Paris contre la Traduction de Mons, eft nulle, ne peuvent pas en confcience s'y foûmettre.*

VI. *ACTE D'APEL au futur Concile par Meffieurs les Evêques de Mirepoix, de Senez, de Montpellier & de Boulogne.*

VII. Item. *DE LA NECESSITÉ de l'Apel au futur Concile.*

Item. *MEMOIRES*, *où l'on* VIII.
examine si l'Apel est Canonique.

Nota. Que ces trois Ouvrages pernicieux, qui ont pour but d'anéantir les promesses de Jesus-Christ & l'Infaillibilité de l'Eglise, ont été condamnée tous trois par Monseigneur le Cardinal de Mailly, Archevéque de Reims, & par d'autres Prélats de France.

ACTE D'APEL de Mr. de IX.
Noailles au Pape mieux conseillé, &
au futur Concile.

ACTE DE DENONCIATION X.
à l'Egl se universelle & au futur Concile General, libre & Oecumenique, du Molinisme, du Suarisme, du Sfondratisme, & de la Bulle Unigenitus, comme des Hérésies formelles & directement oposées a la Foy.

L'Acte commence ainsi : Nous soussigné Prêtre & Religieux Benedictin de la Congregation de S. Vanne. (*Dom Thierry de Viaixnes*) après avoir long-tems & mûrement examiné devant Dieu les troubles effroyables qui ont agité l'Eglise Catholique, & les desordres funestes qui l'ont inondée depuis la naissance du Molinisme jusqu'à present. . . . . sur tout dans ces

A iiij

tems malheureux & déplorables, où l'Eglise est si violemment agitée . . . . . par la malheureuse Bulle *Unigenitus.* Enfin me sentant pouffé vivement & interieurement par les mouvemens de Dieu, je dénonce non-seulement en mon nom, mais encore au nom de tous les Thomistes & Augustiniens, sur tout de mes Confreres les Benedictins qui ne me desavoüeront pas, je dénonce à toute l'Eglise & au futur Concile, libre, general & œcumenique, le Molinisme, le Suarisme, & le Sfondratisme, comme enseignant des Heresies formelles; je joins à cette dénonciation celle de la Bulle *Unigenitus,* comme renfermant tous ces excès monstrueux.

N O T A 1°. Que D. Thierry ne demeure pas en si beau chemin, & n'en fait pas à deux fois. Il requiert, au nom de Dieu, dit-il, que le Formulaire d'Alexandre V I I. & la Bulle *Vineam Domini Sabaoth,* soient aussi condamnés & anéantis, par la raison que cette derniere Bulle a réalisé le vain phantôme du Jansenisme, & reprouvé jusqu'au silence respectueux sur le fait de Jansenius.

N O T A 2° Que D. Thierry se flate

dans son Memoire que la Bulle *Uni-genitus* sera condamnée au Concile ; & Clement XI. déclaré Héretique & même Héresiarque. Voici ses paroles : *je ne doute point que dans un Concile libre & general , tel que je le requiers , au nom de Dieu ; la Bulle ne soit brûlée avec infamie , en plein Concile , & que son auteur n'y soit declaré Héretique & même Héresiarque ,* &c.

NOTA 3°. Que ces Faits recens & incontestables son extraits des papiers que les Jansenistes de Hollande avoient confiés au sieur Blondel pour leurs Associés de France. Ces papiers ayant été saisis entre ses mains à son retour, l'original en a été déposé dans la Bibliotheque du Roy , comme le certifie M. de Targny.

NOTA 4°. Dom Thierry place dans son Memoire deux Faits remarquables. Le premier * est que le saint Pape Benoît XIII. tout bon qu'il est, n'a pas empêché qu'on n'en imposât à toute l'Eglise & au Public, par les Actes du Concile imprimés à Rome, où la Bulle est déclarée regle de Foy. Mais le second Fait est encore bien plus interessant, & nous dévoile le mystere d'iniquité , caché sous les

* 2. Memoire sur les projets des Jansenistes en Hollande , p. 10. & 11.

douze fameux Articles fur la Doctrine par raport à la Bulle *Unigenitus,*
Dom Thierry nous aprend que les
Auguftiniens étoient tous difpofés à y
foufcrire & que pour lui il l'auroit fait
de tout fon cœur. Il ajoûte qu'il n'en
falloit pas davantage pour renverfer
de fond en comble la Bulle *Unigeni-*
tus, laquelle eft felon lui la grande
Déeffe de la Cabale Molinienne, qui
s'eft donnée, dit-il, des mouvemens
incroyables pour empêcher que ces
douze Articles ne paffaffent.

NOTA. 5°. Dans ce même écrit D.
Thierry expofe à M. Petit-pied le
deffein qu'il a de publier * un important Onvrage, *où il fera*, lit-il, *ceffer*
l'oppreffion, tant pour la Religion que
pour l'Etat. L'Auteur fixe lui-même
ces paroles au fens le plus criminel.
Il faut, lit-il, *tâcher de mettre nos Rois*
hors d'état de pouvoir exercer de pareil-
les injuftices, foit par eux, foit par leurs
Miniftres. Les bons François feront
fur ces paroles les reflexions qu'elles
meritent. La dénonciation eft datée
d'Amfterdam, où l'Auteur s'étoit retiré, *du jour même de Pâques* 13. *Avril*
1727.

* 2. Me-
moire, P.
13.

XI.   *ACTE des quarante-huit Curez de*

*la Ville, des Fauxbourgs & Banlieuë
de Paris, par lequel ils adherent a l'A-
pel du Cardinal de Noailles, en leur
nom, & en celui de tous les Eccléfiafti-
ques qui deffervent dans leurs paroiffes.*

ACTION *de Dieu fur les Crea-
tures.* A Paris 1713. en 2. Vol. *in* 4°. fans nom d'Auteur, & en 6. vol. *in* 12.

NOTA. Ce Livre feduifant, fous le voile d'un faux Thomifme, fappe la Foi par les fondemens & foumet la Religion à la raifon humaine. Il infinuë d'un bout à l'autre le Janfenif- me, le Calvinifme & le Spinofifme. Il anéantit la liberté en faifant de l'Univers un jeu de Marionettes, en ôtant à la volonté toute operation propre, & en établiffant par tout le pernicieux Syftême des deux délecta- tions invincibles qui font le fonde- ment de tout le Janfenifme. L'Auteur avance, page 390. du 2. Vol. *in* 4. que la grace n'eft pas donnée à tout le monde.

NOTA. Que l'Auteur y prouve la Prémotion Phyfique de Dieu fur la Créature, en entaffant des Paffages des anciens Auteurs Payens, Grecs & Latins.

XII.

XIII. *ADDITIONS aux Notes côû*
tes & modeftes.

Nota. On y lit, *pag.* 16. cette Propofition témeraire, injurieufe à l'Eglife, & condamnée par le Pape Alexandre VIII. *Ne croyez pas que le Decret*
d'Alexandre VIII. nous empêche de
croire qu'il ne convient point de pla-
cer dans nos Eglifes l'Image du Pere
Eternel.

XIV. *ÆGIDII GABRIELIS Ter-*
tii Ordinis S. Francifci de Pœnitentia;
Specimen Moralis Chriftiana & Mo-
ralis diabolica.

Le 17.
fept.

Nota. Que cet Effai du P. Gilles
Gabriël fut condamné en 1679. par le
Pape Innocent XI. comme contenant
le Baïanifme & le Janfenifme le plus
groffier.

XV. *AMICI HYBERNI ad ami-*
cum Hybernum correctio fraterna. A
Liége , 1701.

XVI. *AMOR POENITENS , five*
de recto clavium ufu, Autore Joanne de
Neer-Caffel , Epifcopo Caftorienfi, Vica-
rio Apoftolico. A Utrecht 1683.

Nota 1°. Que cet Evêque de Caf-
torie étoit de la Congregation de
l'Oratoire de France , auffi bien que

Mr. Pierre Codde, Mr. de Withe, &c.

☞ 2°. Qu'il est bien vrai qu'Innocent XI. auquel ce Livre fut deferé, ne le condamna point : mais ce qu'on a fait dire-là-dessus à ce Pape : *Il Libro é buono, e l'Autore é un Santo* ; LE LIVRE EST BON, ET L'AUTEUR EST UN SAINT, est une fable debitée par le Parti, comme il conste par l'excellent Livre imprimé par l'ordre de feu Monf. l'Archevêque de Malines, sous le nom de *Caufa Quefnelliana*.

☞ 3°. Que l'*Amor pœnitens* a été cenfuré par Alexandre VIII. Succeffeur d'Innocent XI. & qu'il a été défendu par un Decret dans la Sacrée Congregation, *Donec corrigatur*.

☞ 4°. Que cet Ouvrage favorife ouvertement ce Dogme condamné par le Concile de Trente : que la crainte des peines de l'Enfer est mauvaife, & nous rend encore plus méchans. Seff. 6. de la juftification.

AMPLITUDO ABBATIS XVII. *Urfini*.

AMUSEMENS des beaux efprits. XVIII,

NOTA : Que ces Libelles ont été condamnez par Meſſieurs les Archevêques de Cologne & de Malines.

XIX. *ANALYSE du Livre de Saint Auguſtin de la Correction & de la Grace.*

NOTA 1°. Que cette Analyſe qui a fait tant de bruit, eſt de Mr. Arnaud le Docteur, & qu'elle contient le plus pur Janſeniſme.

☞ 2°. Que le Port-Royal ayant fourni à Dom Blampain des Mémoires pour ſa nouvelle Edition de S. Auguſtin, les Peres Bénédictins furent engagez par le Parti à placer cette Analyſe à la tête du Livre, *de Correptione & Gratiâ*, qui eſt dans le dixiéme volume. Mais ils ont été obligez de l'en arracher, & de la faire diſparoître autant qu'ils ont pû, à cauſe du ſcandale qu'elle a cauſé.

XX. *ANALYSE des Proverbes & de l'Eccleſiaſte.*

NOTA. C'eſt le P. Queſnel qui en eſt l'Auteur.

XXI. *ANATOMIE de la Sentence de M. l'Archevêque de Malines contre le P. Queſnel où l'on en découvre les injuſtices, & les nullitez, fondées ſur des calomnies, & les artifices de ſon Fiſcal, & ſur les défauts eſſentiels de la*

Procedure. M. DCCV. sans nom de Ville, ni d'Auteur.

NOTA. Que dans cette Anatomie le P. Quesnel employe toute la force de son esprit & toute son érudition pour défendre, & pour justifier les erreurs & les excés dont il fut convaincu, dans la célèbre Sentence, portée contre lui à Bruxelles le 10. Nov. 1704. par Monseigneur l'Archevêque * de Malines, après que son Procès lui eut été fait dans toutes les formes.

* Humbert Guillaume de Precipiano.

Le P. Quesnel reconnoît lui-même dans cette audacieuse Apologie que les Principaux Chefs dont on prétendoit l'avoir convaincu, étoient 1°. d'avoir fait entrer par tout dans ses écrits les Hérésies enseignées par Jansenius & proscrites par l'Eglise. 2°. D'avoir refusé de souscrire simplement la Formule Doctrinale, prescrite dans l'Assemblée Generale de l'Oratoire de France, quoiqu'il en fût sollicité & pressé avec instance par ses Supérieurs : & la principale raison de son refus étoit que cette Formule contenoit la condamnation de Jansenius & de Baïus. 3°. De s'être enfui de France en 1685. & du lieu de sa Retraite,

qui fut 1°. les Pays-Bas , 2°. la Hollande , d'avoir rempli le monde de
fes Livres hérétiques : 4°. D'avoir
écrit d'une maniere indigne contre
les Papes , les Evêques , les Rois &
leurs Miniftres , & de les avoir outra-
gez fans pudeur. 5°. D'avoir foûtenu
opiniâtrement que le Janfenifme n'é-
toit qu'un pur phantóme. 6°. D'avoir
fait des Notes fort injurieufes contre
le Décret de la Sacrée Congregation ,
du 22. Juin 1676. par lequel fes Differtations fur les œuvres de S. Leon
fon prohibées. 7°. D'avoir approuvé,
loüé & répandu les écrits du P. Gerberon condamnez par le S. Siége. 8°.
D'avoir écrit que le tems de rendre
juftice à Janfenius , & de réparer le
tort qu'on lui a fait , n'étoit pas encore arrivé. 9°. D'avoir foûtenu que
plufieurs des Propofitions condamnées dans Baïus renferment la vraye
Doctrine de S. Auguftin. 10°. D'avoir
mis le Dogme de l'immaculée Conception de la Mere de Dieu , au rang
des opinions contraires à la vérité,
d'où l'on peut tirer de pernicieufes
conféquences. 11°. D'avoir foûtenu
affez ouvertement l'opinion condamnée des deux Chefs de l'Eglife. 12°.

De

De s'être fait de sa propre autorité un Oratoire domestique , & d'y avoir dit la Messe quand il lui a plû. 13°. D'avoir excité d'une maniere séditieuse le Clergé de Hollande contre un Decret de Clement XI. par un écrit insolent , &c.

XXII. *ALMANACH veritable pour l'année* 1733.

N o t a. Que l'indécence , l'irreligion & l'effronterie font le caractere de ce miserable Libelle. On y a joint des Estampes qui revoltent les personnes qui ont de la probité.

XXIII. *ANALYSE des Epîtres de S. Paul, & des Epîtres Canoniques , avec des dissertations sur les lieux difficiles. Par le Pere**** , Prêtre de l'Oratoire.*

A Paris chez L. Roulland , 1691.

N o t a. Le Pere Mauduit avance dans trois ou quatre endroits de son Analyse , cette scandaleuse Proposition , qui est si fort au goût du Parti : Que l'Eglise doit souffrir une Apostasie generale : *Post generalem Fidelium Apostasiam... Apostasis universalis à fide christiana..... donec ipsa fides destruatur per universalem Apostosiam.*

XXIV. *ANECDOTES ou Memoires Secrets sur la Constitution* Unigenitus ,

Tome I.   B

fans nom d'Auteur , de Ville , ni d'Im-
primeur , 1752. *in douze trois volumes.*

NOTA 1°. On jugera du fonds
qu'il faut faire fur cet Ouvrage , que
le Parti a tant prôné , par le fait fuivant.

1°. L'Auteur ne craint pas de dire
que Loüis le Grand avoit fait les
vœux de Religion , à la perfuafion
du Pere le Tellier , fon Conteffeur.

Depuis la Maladie du Roy , dit-il ,
fa confiance pour le Pere le Tellier étoit
beaucoup augmentée : & l'on ne devoit
pas en être furpris , s'il étoit vrai , comme on le difoit , *que ce Pere l'avoit en-*
gagé fous fa dépendance , par les trois
vœux de Religion.

Il faut être auffi effronté que l'eft
l'Auteur de ces Anecdotes , pour ofer
fe flatter qu'on perfuadera au Public
de pareilles fadaifes.

Il autorife cette impertinence en
raportant , qu'après la mort de ce
grand Prince , plufieurs Jefuites fe
releverent pour prier autour du Corps:
Ceremonie , dit-il , *qui ne s'étoit jamais*
pratiquée à la Cour. Ils n'en ufent jamais
ainfi que pour les perfonnes aggregées à
leur Compagnie.

NOTA 2°. L'Auteur ofe traiter de

piece fupofée le celebre Memoire que feu Monfeigneur le Duc de Bourgogne écrivit au Pape , & dont le Roy confervoit l'original écrit de la Main de ce Prince , & fans rature.

NOTA. 3°. Qu'il attribuë au Pere Doucin le fameux problême , quoique le Pere Gerberon l'air reconnu autentiquement pour fon Ouvrage : On y traite infolemment Monfeigneur le Cardinal de Rohan , fans refpect pour fon nom , pour fa dignité , & pour fon rare merite.

NOTA 4°. On impofe au Cardinal Caffini , en avançant temerairement dans la page 114. de la premiere Partie, que ce Cardinal étant allé voir le Pape , qui lui lût la Bulle avant que de l'avoir publiée ; ce Cardinal , aprés l'avoir entenduë , fe jetta aux pieds du Pape , & le conjura de ne point la publier.

Cette calomnie a été confonduë par le Cardinal Caffini lui-même dans deux Lettres qu'il écrivit : La premiere adreffée au Pere General des Chartreux , & la feconde à Monfeigneur l'Evêque de Graffe.

NOTA 5". Que dans le tome fecond des Anecdotes, on y dit abfo

lument, que les Quefnelliftes ne veulent ni Pape, ni Roi, ni perfonne
au-deffus d'eux.

XXV. *ANECDOTES fur l'état prefent de la Religion, dans la Chine. Par
un Anonyme, en cinq ou fix volumes.*

NOTA 1°. Que ce Libelle n'eſt
qu'un tiſſu mal digeré de fauffes fu-
poſitions, d'invectives violentes, &
de calomnies contre la Doctrine de
l'Eglife, contre le Concile d'Embrun,
contre le Pape, contre nos plus Saints
Prélats; mais fur tout contre les Jefuites, & contre la Bulle *Unigenitus.*

Tome 3.
Page 301.
L'Auteur, qui eſt un Janfenifte
furieux, & fans jugement, dit que
la Bulle favorife les prétentions am-
bitieufes de la Cour de Rome, &
qu'elle condamne l'ancienne Doctrine
de l'Eglife. Il a heureufement trouvé, dit-il, une Prophetie faite en
1336. qui remplit la moitié d'un de
fes volumes. Cette Prophetie porte :
Que le Concile d'Embrun eſt un bri-
gandage; que les Saints font oprimés ;
que les erreurs contre la Foy font
canonifées par les Mandemens des E-
vêques, & triomphent hautement de

Tome 5.
page 301.
319. 331.
l'ancienne Doctrine ; Que nous fom-
mes arrivés à un tems, qui n'a ja-

mais eu fon femblable , où l'on enle-
ve les miracles , ceux qui en font
gueris , ceux dont Dieu fe fert pour
operer & pour conftater fes miracles.
On peut juger par ce peu de paroles, quelle créance merite un Fanatique de ce caractere.

Nota 2°. L'Auteur de ces belles
Anecdotes heurte le bon fens , & fe
décredite abfolument , en avançant
que la Conftitution *Unigenitus* n'a
point de plus grands ennemis, ni d'adverfaires qui la décrient avec plus de
fuccès que les Jefuites : Comme il
eft en état de le démontrer à tout le
monde chrêtien , avec la clarté des
rayons du Soleil; & ce qui eft in-
concevable , ce même homme affure
que les Jefuites , par leurs démarches
fanatiques , fe fignalent tous les jours
en faveur de la Conftitution.

Tome 3.
page 384.

Tome 4.
page 482.
& fuiv.

ANIMADVERSIONES XXVI.
*in næniam funebrem Martini Steayert,
Doctoris Lovanienfis.*

Nota. M. Steayert Docteur de la
Faculté de Louvain , & fi eftimé des
Sçavans pour fa grande & vafte erudition , a été fort perfecuté par les Janfeniftes des Païs - Bas qui étoient de-
chainez contre lui , à caufe de fon zéle

ardent pour la pureté de la Foy &
des beaux Ouvrages qu'il a publié
pour la défendre.

XXVII. *ANNE'E CHRETIENNE,*
ou les Meffes des Dimanches, Feries, &
Fêtes de toute l'année , &c. à Paris en
11. vol. 1677.

Nota 1°. Que l'Auteur de cet Ouvrage eft Mr. Nicolas le Tourneux de
Roüen , mort en 1686. qui a auffi
donné *La Traduction de l'Office de la*
Meffe..... La meilleure maniere de l'en-
tendre..... La vie vie de J. C. & quelques autres Ouvrages. C'eft le même
Mr. le Tourneux qui a été l'Editeur
& l'Auteur de la Verfion Françoife du
Breviaire Romain.

☞ 2°. Que l'Année Chrétienne
a été condamnée deux fois par le Saint
Siege ; 1°. Par Alexandre VII. 2°. Par
Innocent XII. par plufieurs Evêques ,
✶ Loüis- & depuis peu par feu Mr. ✶ de Car-
Jofeph de caffonne.
Rochebon-
ne. ☞ 3°. Que l'Année Chrétienne a
été un des Ouvrages favoris de Quefnel qui travailloit à en donner une
nouvelle Edition , quand il fut arrêté
à Bruxelles : *Quefnello Opus dilectiffi-*
mum , dit le Procès-Verbal de ce
Pere.

☞ 4°. Que les Janseniſtes ont inſeré dans l'Année Chrêtienne le Miſſel Romain, traduit en François par le Sieur Voiſin, & défendu ſous peine d'excommunication par l'Aſſemblée generale du Ciergé de France, de l'an 1660. & enſuite par le Pape Alexandre VII. par un Decret du 12. Janvier 1661.

☞ 5°. On débite dans l'Année Chrêtienne la plûpart des Propoſitions condamnées dans le pernicieux Ouvrage du Pere Queſnel : En voici quelques-unes.

Il dit, page 650. tome 6. au ſujet de la Fête de S. Gregoire de Nazianze, 9. May : *Le Sage Chrêtien, après avoir travaillé, retourne à la priere, pour dire avec l'Apôtre : Si j'ai travaillé ce n'eſt pas moy, c'eſt la grace de Dieu qui étoit avec moy.* C'eſt la Propoſition condamnée dans le Nouveau Teſtament de Mons. Il falloit dire avec l'Egliſe Catholique : *Mais la Grace de Dieu avec moy.*

☞ 6°. La Grace des deux états, eſt, comme l'on ſçait, le grand ſiſtême de Janſenius : L'homme, dit-il, dans l'état d'innocence, auroit eu pour faire le bien, des graces ſuffiſan-

tes, ausquelles il auroit pû resister.
Voici ce sistême enseigné dans l'Année Chrêtienne, tome X. page 93.
au seiziéme Dimanche après la Pentecôte : *Si Adam fort, sain & entier a*
perdu son innocence, qu'il ne dépendoit
que de lui de conserver, comment l'hom-
me foible, abbatu, dépoüillé de tout,
en sorte qu'il ne lui reste que le mensonge
& le peché, oseroit-il esperer de pouvoir
conserver, ou faire croître en lui le pré-
cieux don de la Grace, si cela avoit été
laissé à sa volonté foible & languissante ?

☞ 7°. Que la cinquantiéme Proposition condamnée dans Quesnel, se
trouve dans le tome pour la veille de
tous les Saints : *C'est en vain qu'on crie*
à Dieu, mon Pere, mon Pere, si ce
n'est pas la charité qui crie.

☞ 8°. Qu'on y trouve aussi en
cent endroits differens ces Propositions
condamnées dans le livre de Quesnel :
L'Eglise est composée des Justes & des E-
lûs; C'est en vain que nous loüons Dieu ;
rien ne lui plaît que la charité: Il y a deux
principes & deux motifs des actions hu-
maines, la charité & la cupidité, &c.

On peut assurer, en un mot, que
l'Année Chrêtienne de Monsieur le
Tourneux, contient le pur Jansenisme,

me, & que toutes les qualifications du Livre des Réfléxions Morales, pourroient tomber sur l'Année Chrétienne, en changeant seulement le nom.

XXVIII. *ANTIDOTE contre les Erreurs du tems, par un Docteur de la Faculté de Théologie de Douay.* A Douay, 1650.

XXIX. *ANTITHESES opposées aux Theses soutenuës dans l'Université de Louvain.*

NOTA. Que ces Antitheses ont été condamnées par un Décret de l'Inquisition du 5. Septembre 1685.

XXX. *I. APOLOGIE de Mr. Janfenius Evéque d'Ypres, & de la Doctrine de S. Augustin expliquée dans fon Livre intitulé :* Augustinus ; *par Mr. Arnaud.* A Paris 1643.

XXXI. *II. APOLOGIE pour Janfenius en quatre livres, avec un cinquiéme imparfait.* Ibidem 1645.

NOTA. 1°. Que * ces deux célebres Apologies furent composées par Mr. Arnaud pour répondre aux Sermons de Mr. Habert, depuis Evéque de Vabres, qui invectivoit fortement contre Janfenius, & on peut prefque affurer que c'eft-là le premier Ouvrage que le

* Ces deux Apologies de Janfenius, ont été condamnées par Innocent X.

Tome I.   C

Parti ait publié pour défendre cet Héréfiarque.

☞ 2°. Que dans la premiere de ces deux Apologies on y lit ces propofitions heretiques : *Si le Diable avoit le pouvoir de donner quelque Grace aux Hommes , il ne leur en donneroit point d'autre que la Suffifante , puifqu'elle favorife tant le deffein qu'il a de les damner . . . . Elle peut être appellée une Grace de damnation* , page 88. *& 89 . . . . . . Une Grace vaine , inutile . . . . . . que l'Evangile ne connoit point , que Saint Paul ignore , qui ne fe trouve point dans les Saints Peres & dans les Conciles.* Ibidem , pag. 92. *C'eft une doctrine Pelagienne de dire que les hommes font juftifiez par J. C. s'ils veulent.*

☞ 3°. Que dans la feconde Apologie on lit en termes exprès ce Dogme affreux de Calvin : *Dieu a voulu pofitivement exclurre de la Vie éternelle & de fon Royaume ceux qu'il n'y a pas predeftinez* , page 211. & 212 . . . . . . *Cette reprobation n'eft pas feulement negative , mais pofitive.* Voilà le plus pur & le plus horrible Calvinifme. *Item* , on debite dans la page 78. cette Propofition condamnée par le Pape Alexandre VIII. en 1690. le 20. Décembre. *L'ignorance invincible ne peut servir d'excuse devant Dieu. M. l'Evêque de Vabres* (Habert) *est un médisant, un falsificateur, un imposteur, un arrogant, un ignorant, un homme remplis de fiel.*

A P O L O G I E de l'Abbé de S. XXXII. *Cyran,* in 4°. 1644.

Nota 1°. Que l'Auteur de cette Apologie est l'Abbé de Barcos, le cher neveu de M. l'Abbé de S. Cyran, & c'est ce même de Barcos dont il est parlé dans les Lettres de Jansenius.

Nota. 2°. Vous y trouverez page 87. de la premiere Edition, cette Proposition hérétique : *Que les Théologiens ont inventé la Grace suffisante, & que S. Thomas n'en a jamais dit mot.*

A P O L O G I E des Curez de Pa- XXXIII. *ris contre l'Ordonnance de Monseigneur l'Archevêque de Reims,* (depuis Cardinal de Mailly,) *du* 4. *Janvier* 1717. *portant condamnation d'un Imprimé intitulé* : Lettre des Curez de Paris & du Diocèse, &c. 1717.

Nota. Que l'on trouve dans ce petit Ouvrage, *in* 4°. plusieurs Propo-

ſitions téméraires , ſcandaleuſes , fauſſes , erronées , ſchiſmatiques , hérétiques , injurieuſes au Saint Siége & à
l'Epiſcopat.

XXXIV. *A P O L O G I E des Religieuſes de
Port-Royal* , 1665.

Noᴛᴀ. Les trois premieres parties
de cette Apologie ſont de Mr. Nicole,
& la quatriéme eſt de Mr. Arnaud.
Le grand objet de cette Apologie fut,
1°. de juſtifier les erreurs dont on
avoit entêté les Religieuſes de Port-
Royal. 2°. De les entretenir dans leur
ſcandaleuſe révolte contre l'Egliſe &
contre le Roi.

XXXV. *A P O L O G I E du Concile de
Trente & de S. Auguſtin.* En 1650.

Noᴛᴀ. 1°. Que cette Apologie eſt
l'Ouvrage de l'Abbé de Bourzeys, de
l'Académie Françoiſe, qui après avoir
été un des ardens Défenſeurs du Janſéniſme & après avoir publié pluſieurs Ouvrages en ſa faveur, eut enfin le bonheur d'y renoncer ſincerement par un Acte public, & il eut pour
Compagnons de ſa retractation les
Peres Wading Cordelier , Thomaſſin
de l'Oratoire , & Mr. de Gondrin Archevêque de Sens.

☞ 2°. Que l'Apologie en queſtion

à été condamnée par le Saint Siége, &
qu'on y trouve cette Héréfie formelle :
La grace opere dans nous par une douce,
mais forte néceffité.

APOLOGIE H'ftorique des deux XXXVI.
cenfures de l'Univerfité de Doüay, par
Mr. Gery Bachelier en Théologie. En
1688.

NOTA. Que le nom de Gery eft un
nom fuppofé. C'eft Quefnel lui-même
qui eft le véritable Auteur de cette
Apologie hérétique que le Pape Innocent XII. condamna en 1698.

APOLOGIE pour le Problême XXXVII.
Eccléfiaftique avec la folution vérita-
ble.

NOTA. 1°. Que cette Apologie où
le Cardinal de Noailles & le Parlement de Paris font fort maltaitez, a
pour Auteur le fameux Pere Gabriel
Gerberon, Moine fugitif de la Congregation de Saint Maur, arrêté par
l'ordre du Roi d'Efpagne & transferé
au Bois de Vincennes, d'où il fortit
pour être remis entre les mains de fes
Supérieurs. Il mourut en 1711.

☞ 2°. Que le P. Gerberon a compofé lui feul pour le Parti plus de quarante Volumes fous dix à douze noms
différens, & qu'il fe mafquoit tantôt

C iij

fous le nom de *Flore de Sainte Foi* ,
tantôt fous celui de *Rigberius* , tantôt
fous celui de *Sieur de Preffigny* , quelquefois fous des noms Fiamands , ou
fous celui de l'Abbé *Richard* , &c.

☞ 3°. Que cet homme qu'on regardoit comme le Janféniste le plus
audacieux & le plus outré , abjura le
Janfénisme fur la fin de fes jours par
une retractation publique , & il parut
d'abord que ce fut de fort bonne foi ,
mais bien des gens doutent de fa fincerité.

☞ 4°. Que le Pere Gerberon a déclaré dans fon interrogatoire que ce
fameux Problême dont il avoit publié
l'Apologie , étoit l'Ouvrage non pas
d'un Jéfuite , comme on le difoit ,
mais d'un des prétendus Difciples de
Saint Auguftin. C'étoit , à ce que l'on
croit , ce fameux Dom Thierry de
Viaixnes , dont nous avons déja
parlé.

XXXVIII. *APOLOGIE pour les Lettres
Provinciales de Loüis de Monmalte.*
A Roüen en 2. Vol. 1697.

NOTA. 1°. Que ce Livre est attribué par le Public & par Mr. Dupin
lui-même au Pere Matthieu Petit-Didier , Moine Benedictin de la Congre-

gation de Saint Vannes & Auteur des
Remarques fur la Bibliothèque des
Auteurs Ecclefiaftiques du même Du-
pin.

☞ 2°. Que cette Apologie des
Provinciales a été condamnée par plufieurs grands Prélats, & en particulier par les Archevêques de Cologne
& de Malines.

APOLOGIE pour les Saints XXXIX.
Peres de l'Eglife, Défenfeurs de la
Grace de JESUS-CHRIST, *en* 8. *Livres.*
A Paris 1651.

NOTA. 1°. Que cette Apologie des
Saints Peres eft l'Ouvrage favori du
fameux Chef des Janféniftes, Arnaud
le Docteur, né en 1612. mort dans fon
obftination à Bruxelles en 1694. & fi
connu par les cent trente-cinq Ouvrages grands ou petits qu'il a publiez
en faveur du Janfénifme, du moins
pour la plûpart, & qui font prefque
tous Anonymes.

☞ 2°. Que cette Apologie des SS.
Peres fut fabriquée par le Parti, pour
prouver par l'Ecriture, par la Tradition, par les Peres, & fur tout par Saint
Auguftin, que Dieu ne veut fauver que
les Elûs, & qu'ils font auffi les feuls

C iiij

pour le falut defquels J. C. ait verfé fon Sang.

☞ 3°. Que parmi uue infinité d'erreurs dont ce Livre eft tiffu, on y trouve, page 296. cette Propofition hérétique qui eft la cinquiéme de Janfenius : JESUS-CHRIST *n'ayant point fait de priere qui n'ait été accomplie, on ne peut pas dire qu'il ait prié pour le falut éternel des Réprouvez, ni par conféquent qu'il ait offert pour eux le Sacrifice adorable de fon Sang, qui renferme en foi la plus divine de toutes les prieres.* Item, page 113. on y trouve ce Dogme de Calvin : *La volonté antecedente pour le falut de tous les hommes n'eft qu'une fimple velléité & un fimple fouhait qui ne renferme aucune préparation de moyens....... & l'on peut dire tout de même que Dieu par cette volonté antecedente de défirs & de fouhaits, voudroit que les Démons fuffent fauvez auffi bien que les hommes.*

☞ 4°. Que l'Apologie des Saints Peres a été condamnée par le Saint Siége & par le Clergé de France.

XL. *APOLOGIA pro Clero Ecclefiæ Batavorum per Joannem Palæophilum.*

APPEL de la Bulle Unigenitus, XLI.
*par quinze Chartreux du Couvent de
Paris.*

NOTA. Que le Janfénifme s'é-
tant gliffé dans cette Chartreufe, où
le Parti avoit de grandes relations,
on engagea quinze Chartreux à fe déclarer pour les Appellans : Le Chapitre Général prononça interdit contre quelques-uns, & excommunication contre les autres. Vingt-fix
Chartreux s'étant laiffé féduire, fau-
terent de nuit les murailles de leurs
Couvens, trouverent des Chevaux
tout prêts, avec des habits de Cava-
liers, & des gens pour les conduire,
& fe retirerent en Hollande, aux environs de la Ville d'Utrecht, où il en
refte encore aujourd'hui plufieurs.
Le Pere Général leur tendit les bras,
les exhorta par des Lettres Paternelles à
revenir, & leur promit à ce prix le
pardon, & une entiere impunité.
Quelques-uns, en petit nombre, re-
vinrent à réfipifcence : les autres s'en-
durcirent, & font encore endurcis
dans leur double apoftafie : Peu de
temps après, quinze Religieux d'Or-
val fuivirent l'exemple des Chartreux,
& allerent les joindre auprès d'U-
trecht.

XLII. *APPEL des Quatre Evêques,*

NOTA 1°. C'est ici le fameux Appel que les Evêques de Mirepoix, de Montpellier, de Boulogne, & de Senez interjetterent de la Bulle *Unigenitus*, au grand scandale des Fidelles. Ils porterent eux-mêmes leur Appel à la Faculté de Theologie de Paris, qui l'adopta, & ils dénoncerent la Constitution au Concile General.

NOTA 2°. Que cet Appel fut flétri par un Decret du Saint Office, en presence du Pape le 3. Fevrier 1718.

NOTA 3°. Que tous ces Appels furent declarez Schismatiques par les Mandemens de Quarante ou cinquante Evêques ; & que celui du Cardinal de Noailles fut aussi condamné, comme approchant de l'heresie, en 1719.

NOTA 4°. Que dans toute l'histoire de l'Eglise, on ne trouve point d'autre exemple de l'Appel d'une Bulle dogmatique, reçuë du Corps des Pasteurs, que ceux des Pelagiens & de Luther. C'est ce que feu M. l'Abbé Fleury, Auteur de l'Histoire Ecclesiastique, assura positivement à Monsieur le Regent, qui l'avoit consulté là-dessus.

Nota 5°. Que pour groffir la Lifte des Appellans, on la fit figner aux Sœurs Grifes, aux Freres Tailleurs, & jufqu'aux Enfans de Chœur; & que par la plus indigne de toutes les manœuvres, on emprunta jufqu'à quinze cens * mille livres, & enfuite jufqu'à dix-huit cens mille livres, pour acheter des Appels, & qu'avec ces dix-huit cens mille livres, on ne pût faire que dix-huit cens Appellans. Les Créanciers qui fe voyoient dans un évident péril de perdre cette fomme, s'étant plaint à Monfieur le Régent, des mauvais artifices qu'on avoit employé pour les engager à ce prêt; on fit le procès au Sieur Servien, homme tout dévoüé au Parti, dont on s'étoit fervi pour réüffir dans ce myftere d'iniquité, & il fut condamné aux Galeres, d'où étant forti quelque temps après, il fe donna quelque temps pour un homme converti & bon Catholique; mais enfin ayant levé de nouveau le mafque, il ofa proferer ces infolentes paroles: *Le Roy nous craint plus que nous ne le craignons.*

Nota 6°. Que cette même Lifte des Appellans, que les Quenelliftes

* Hiftoire de la Conftitution, par M. l'Evêque de Sifteron, page 5. tome 2.

publient avec tant d'oſtentation , eſt
un titre évident de condamnation
pour eux. On compte d'une part parmi les Appellans , un Cardinal , quatre ou cinq Evêques, trois Univerſitez,
ou trois Facultez de Théologie , cinq
à ſix cens Eccléſiaſtiques ; quelques
centaines de Curez ou Religieux, & en
tout environ deux mille perſonnes de
tout état , de tout âge & de tout ſexe ,
mais d'autre part , on compte parmi
ceux qui déteſtent l'Appel , plus de
ſoixante Cardinaux , plus de cent
Evêques en France , & plus de ſix
cens Evêques hors du Royaume ;
trente ou quarante mille Curez dans
le ſeul Royaume de France , & tout
ce qu'il y a de Catholiques dans le
monde Chrétien.

XLIII. *APPROBATION de la
Doctrine de Janſenius , donnée par des
Théologiens de quelques Ordres Religieux , & par l'Archevêque de Philippe.*

Nota. Cet Ouvrage a été condamné par Urbain VIII.

XLIV. *ARREST de la Cour du Parlement de Bretagne qui maintient la Faculté de Théologie de l'Univerſité de
Nantes , Appellante de la Conſtitu-*

rion, *dans tous ses Droits & Privi-*
léges.

No t a. Que de vingt-trois Universitez qu'il y a en France, il n'y en
a eu en tout que trois qui ayent appellé de la Constitution *Unigenitus*,
au futur Concile Général. Ce sont
celles de Paris, de Reims, & de Nantes, qui depuis ce temp-là ont toutes trois retracté solemnellement leur
Appel ; & d'environ soixante & dix
Universitez que l'on compte hors du
Royaume, il n'y a en pas une seule
qui se soit avisée d'appeller.

ARTICLES reprouvez par la   XLV.
Faculté de Paris contre la Doctrine de
St. Thomas.

No t a. Ces Articles ont été condamnez par le St. Siége.

ATTESTATIONS du No-   XLVI.
taire de l'Université de Louvain,
P i e r r e M i n t a r t.

No t a. Cette Attestation fut censurée & défenduë sous peine d'excommunication par Urbain VIII. en
1642.

AUGUSTINI Hyponensis &   XLVII.
Augustini Yprensis de Deo omnes salva-
re volenti homologia.

No t a. L'Auteur de ce Parelele

est un vieux Docteur de Louvain, Hibernois & Janséniste outré, nommé *Sinnich*, qui a aussi donné le fameux Ouvrage qui porte pour titre *Saül Exrex*. C'est le même Docteur Hibernois qui est l'Auteur de *la Molinomachie d'Aurelius Avitus*, de la *Triade des Saints Peres sur la Grace*, & du Livre singulier à la tête duquel on lit ce bizarre titre : *Le Renard de Jean-Baptiste de Ripalda pris par les Théologiens de Louvain*. En 1649. *Tous ces Ouvrages sont écrits en Latin.*

XLVIII. *AVIS aux Fidelles de Paris sur ce qu'ils ont à craindre, en allant se confesser à des Confesseurs Acceptans.*

Nota. Que ce Libelle séditieux fut brûlé par la main du Bourreau le 21. Janvier 1731. par un Arrêt du Parlement de Paris.

XLIX. *AVIS aux personnes chargées de l'instruction de la Jeunesse dans le Diocese de Sens, touchant l'usage du nouveau Catéchisme* ; in-quarto, *vingt pages, sans nom d'Auteur, de Ville, & d'Imprimeur.*

Nota. Ces Personnes chargées de l'Instruction de la Jeunesse, auxquelles l'Auteur de cet Imprimé furtif adresse son Avis, sont les Maî-

treffes d'Ecole du Diocefe de Sens.
On leur donne trente-fix avis, qui
ne peuvent venir que de la plume
d'un Presbyterien des plus furieux.
Il annonce à ces Maîtreffes d'Ecole,
que fi elles ont le courage de fe conformer à ces Avis, elles verront bien-
tôt Satan brifé fous leurs pieds. *Amen,
Amen, Fiat, Fiat.* AINSI SOIT-IL.
AINSI SOIT-IL, dit nôtre Fanatique, en terminant ces Avis. Au refte
ce Satan qu'elles doivent fouler aux
pieds, eft le grand & illuftre Archevêque de Sens, Auteur du Catechifme qu'on veut décrediter ici, parce
qu'il fape le Janfenifme par les fondemens.

Le Donneur d'Avis affure hardiment qu'elles ne peuvent pas en confcience enfeigner aux Enfans le nouveau Catechifme de leur Archevêque, parce que M. l'Evêque d'Auxerre, M. l'Evêque de Troye ont af-
furé dans leurs fçavans Ouvrages que
le nouveau Catechifme ne valoit
rien.

Nôtre Auteur acheve de fe demaf-
quer, dans la feiziéme page : Il y
débite le pur & parfait Presbyteranifme:*On ne peut pas dire fans erreur,*

dit-il, *que l'Evêque ait feul droit d'en-*
feigner, & que les Pretres ont l'obéif-
fance pour leur partage. Ce que Jefus-
Chrift a dit aux Apôtres, ne l'a-t-il
pas dit auffi aux autres Difciples ? Les
paroles de la promeffe regardent auffi le
Prêtre du fecond Ordre.

Voilà le pur Presbyteranifme ; voilà l'héréfie d'Aerius renouvellée par
un homme qui n'ayant point d'autre
garant que l'obfcurité qui le couvre,
ofe infulter un des plus grands Prélats
de l'Eglife Gallicane, & dont les
Ecrits ont fauvé tant de Provinces de
la contagion.

I. *AVIS & Réfléxions fur les devoirs*
de l'état Religieux, par un Moine de
St. Maur. A Paris chez Godart 1716.
3. vol. *in* 12.

NOTA. L'Article de l'Amour de
de Dieu, pag. 251. renferme huit
des Propofitions condamnées dans les
Réfléxions Morales de Quefnel : *Tout*
ce que vous faites, dit nôtre Auteur
Quenellifte, *par un autre principe que*
celui de l'amour de Dieu, eft péché.
Voilà la quarante-feptiéme Propofition
condamnée. Il s'enfuit de-là, que toutes les actions & les bonnes œuvres
morales des Infidelles, font des péchez :

chez : Ce qui eft le pur Baïanifme , &
que toutes les bonnes œuvres du Jufte même , faites par un autre motif
que celui de la Charité & de l'amour
(par exemple par le motif de la Pénis
tence , ou de l'Efpérance) font de-
péchez : ce qui eft une horrible Théologie. On enfeigne , pag. 309. *Qu'il*
n'y a de graces que pour les fervens :
Quoique l'Eglife , quoique St. Paul
& J e s u s-C h r i s t lui-même nous
enfeignent , que Dieu donne à tous
les hommes des graces & des fecours
fuffifans pour fe fauver. On enfeigne
le pur & parfait Janfénifme dans
la page 235. *Il y a* , dit-on , *deux*
principes de nos actions , qui font deux
amours différens : L'amour de Dieu &
l'amour de vous-même qui eft la cupi-
dité : Voyez lequel des deux amours
vous fait agir. Voilà le Dogme hérétique & capital de Janfénius ; que
depuis le péché du premier Homme ,
le plaifir eft le feul reffort qui nous
fait agir ; que quand ce plaifir vient
de la grace , il nous porte à la vertu ;
que lors qu'il vient de la cupidité ,
il nous porte au vice : Et que depuis
la chûte d'Adam , nôtre volonté eft
toûjours néceffairement déterminée

Tome I.   D

à suivre celui de ces deux plaisirs qui se trouve actuellement le plus fort dans nôtre cœur.

LI.   *AVIS politiques.*

NOTA. Que ces Avis prétendus politiques ont été condamnez par Monsieur l'Archevêque & Electeur de Cologne. *En* 1703.

LII.   *AVIS Salutaires de la Bienheu-reuse Vierge Marie à ses dévots indis-crets.* A Gand 1673.

* Le Pere Geiberon l'a traduit en François.

NOTA 1°. Que ce Livret * Ano-nyme qui a fait tant de bruit & causé tant de troubles , quoi qu'il n'ait en tout que vingt pages , a pour Au-teur un Jurisconsulte Allemand nom-mé Adam Windeifelts. Il a été prôné, augmenté & traduit à l'envi en plu-sieurs Langues par les Jansénistes , & en particulier en Latin sous ce titre : *Monita salutaria Beatæ Virginis Ma-riæ ad suos cultores indiscretos.*

De la pre-miere Edi-tion de Gand.

☞ 2°. Que parmi les Avis que la Sainte Vierge donne à ses servi-teurs , on lui fait dire , page 8. *Ne m'appellez pas Médiatrice & Avo-cate* ..... Page 11. *Ne dites point que je suis la Mere de Miséricorde* ..... Page 25. *Laus quæ defertur Mariæ, ut Mariæ, vana est.* Remarquez que cette Propofition : *L'honneur qu'on rend à Marie , en tant que Marie , eſt un honneur vain & frivole* , eſt une des 31. Propoſitions condamnées par le Pape Alexandre VIII. en l'année 1690 .... *Page 28. Nè te moveant hyperbolicæ locutiones quorundam Sanctorum* : C'eſt-à-dire , ne comptez pour rien les éloges hyperboliques que quelques Saints Peres (dont les principaux ſont Saint Auguſtin , Saint Cyrille , Saint Bernard , & Saint Anſelme) ont donnez à la Sainte Vierge ..... *Page* 15. & 16. La Sainte Vierge défend de parer ſes Images , & ſes Autels , ou de les éclairer. *Damnamus hujuſmodi Monita ſcandaloſa , noxia , officinam Janſenianam olentia & gaſui Luthero Calvinicorum vehementer arridentia* , a dit là-deſſus la célebre Univerſité de Mayence , toûjours inviolablement attachée à la Foi de nos Peres, dans la cenſure qu'elle fit en 1674. de ces Avis prétendus ſalutaires.

N O T A 3°. Que malgré les approbations dont ce Libelle eſt muni , & malgré les efforts du Parti , il a été proſcrit par l'inquiſition d'Eſpagne , par pluſieurs Prélats , & Univerſitez , & enfin par trois différens Décrets de

Rome, dont le dernier eſt de 1676.

☞ 4°. Que les Apologies de ce malheureux Libelle ont auſſi été condamnées en 167).

LIII. *AUREA FODINA SUFFOSSA.* 1688. *ſans nom ni d'Auteur, ni de Ville, ni d'Imprimeur.*

NOTA. Voici les rares Tréſors que l'on a découverts dans cette précieuſe Mine d'Or que le Parti a déterrée dans la Flandres, & dans laquelle on veut nous faire creuſer. On nous apprend dans la *page* 51. qu'un Fidelle qui durant la quinzaine de Pâques s'aviſeroit de ſe confeſſer à ſon propre Evêque, ou au Pape lui-même n'accompliroit point le précepte de la Communion Paſchale. Voici les propres termes de nôtre Auteur : *In præcepto de Confeſſione annuâ per Sacerdotem proprium, nec Epiſcopus nec Pontifex Romanus intelligi poteſt.* On nous y découvre dans la *page* 46. un fait bien plus curieux : *C'eſt que Saint Auguſtin ne s'eſt jamais confeſſé* : SANCTUS AUGUSTINUS NUNQUAM DE PECCATIS CONFESSUS EST, & enfin on y défie quiconque de pouvoir jamais prouver qu'aucun des Saints Peres ait jamais reçu le Sacrement de

Pénitence : Voici en quels termes on
nous débite cette falutaire découverte :
Neque aſſignari poteſt ullus Sanctorum
Patrum qui umquam Sacramentum il-
lud fuſceperit. Ibidem page 46.

B

BELGA PERCONTATOR, ou LIV.
les Scrupules de François Profutu-
rus, Théologien, ſur la narration de ce
qui s'eſt paſſé dans l'Aſſemblée du Cler-
gé de 1656.

No T A. Que ce prétendu Théolo-
gien Flamand qui propoſe ſes Scrupu-
les, & qui cherche, ce ſemble, à
s'inſtruire, n'eſt autre que le célebre
Mr. Pierre Nicole, * un des Héros du
Parti, qui fit encore mine de vouloir
ſe cacher ſous les noms de Paul
Irenée, de Vendroc, & qui eſt un des
Auteurs du Livre *de la perpétuité de la*
Foi.

* Ou plû-
tôt l'uni-
que Au-
teur, com-
me M. le
Clerc l'a
prouvé
dans ſa Bi-
bliotheque
de Riche-
let.

BIBLIOTHEQUE des Auteurs LV.
Eccléſiaſtiques, par Mr. Loüis Ellies
Dupin. A Paris en 28. vol. in 8.

No T A. 1°. Que cette Bibliotheque,
ſemée d'erreurs capitales, a été condamnée par pluſieurs Prélats de Fran-

ce, & en particulier, en 1693. par Mr. de Harlay Archevêque de Paris, comme contenant plufieurs Propofitions Scandaleufes, Téméraires, Induifantes à l'Héréfie, Injurieufes aux Livres Canoniques, aux Conciles œcumeniques, au Saint Siége, aux Saints Peres, &c.

☞ 2°. Que Mr. Dupin répete cent fois dans fon cinquiéme fiécle qu'on peut appeller Marie Mere de Dieu ; & que cette expreffion eft *tolerée & vraye en un fens* ; mais il affecte d'inculquer que cette expreffion n'eft pas ancienne, & qu'elle a été introduite par le Concile d'Ephefe. Il affoiblit tout ce qui favorife le culte d'Hyperdulie que l'Eglife rend à la Mere de Dieu. Il accufe le Concile d'Ephefe de précipitation & de Politique. Il ofe avancer que ce Concile a donné dans des excès qui n'ont pas été fuivis, & il faut bien remarquer que ce que Dupin appelle excès dans ce Concile, c'eft d'avoir dit à tout propos *que Dieu eft né, qu'il a fouffert & qu'il eft mort.* Il fupprime tout ce qui peut rendre Neftorius odieux, & il accufe au contraire Saint Cyrille de cabale & de partialité. Il le peint

comme un homme inquiet, broüil-
lon, emporté, faux & mauvais politique, & voilà ce qui a donné tant de
cours en Hollande aux Ouvrages de
M. Dupin, & qui l'a tant fait prôner
par les Sociniens, fur tout par M.
Le Clerc.

☞ 3°. Que Mr. Dupin affoiblit,
autant qu'il peut, les preuves de la
primauté du Saint Siége, & qu'il traite de purs complimens tout ce que
Saint Auguſtin dit là-deſſus.

☞ 4°. Nôtre Auteur dit dans fon
5. Tome que le culte des Images n'a
été introduit que par les ignorans &
par les fimples, & qu'il a été fortifié
par les faux miracles qu'on a attribuez
à ces Images. Il ajoûte qu'on ne doit
point traiter d'Hérétiques ceux qui
rejettent les Images, & qu'il n'en faut
point fouffrir qui repréſente ni Dieu
le Pere, ni la Très-Sainte Trinité : Propoſition condamnée en particulier par
Alexandre VIII.

☞ 5°. Dupin parle des Saints
Peres & des plus grands Docteurs de
l'Eglife de la maniere du monde la
plus irrefpectueufe, & avec autant &
plus d'audace que n'en ont parlé *Meffieurs Le Clerc, Bayle & Barbeyrac.* Il

dit que Saint Gregoire de Nazianze a
eu trois Evêchez , fans avoir jamais été
légitime Evêque d'un feul ; qu'il étoit
chagrin , railleur , fatyrique , n'épar-
gnant perfonne , &c. Que Saint Auguftin s'eft fait un nouveau Syftême fur
la grace ; que Saint Thomas citoit les
Saints Peres avec beaucoup de négli-
gence & avec fort peu de difcernement. Selon lui, le Pape S.Etienne étoit
un homme fier & emporté ; S. Paulin
étoit un efprit foible , qui honoroit les
Reliques & croyoit les miracles fans
difcernement ; S. Leon ne cherchoit
qu'à faire valoir fon autorité ; S. Epi-
phane n'avoit ni conduite ni difcernement , &c. Et tandis qu'il traite nos
plus grands & plus SS. Docteurs avec
fi peu de refpect , il prodigue fes éloges à Eufebe de Céfarée, & il dit qu'on
ne peut fans injuftice lui difputer le titre de Saint, quoiqu'il avoüe qu'il a rejetté *l'Homoouffion , & qu'il n'a pas reconnu la Confubftantialité du Verbe.*

☞ 6°. Il ofe foûtenir avec les Hérétiques des deux derniers fiécles que
le Célibat des Prêtres n'eft pas une
pratique ancienne. Il avance qu'il eft
douteux fi les fix derniers Chapitres
d'Efther font Canoniques , quoique le
Con-

Concile de Trente ait formellement
prononcé là-deſſus.

☞ 7°. Que dans le Supplément
du Dictionnaire Hiſtorique de Moreri,
auquel il a eû beaucoup de part, il
comble d'éloges les Auteurs Janſéniſtes
condamnez par l'Egliſe, & dans ſon
Hiſtoire du dix-ſeptiéme ſiécle il ſe déclare ouvertement pour leur doctrine.

☞ 8°. Que Dupin après avoir été
ſouvent flétri & après avoir pluſieurs
fois retracté ſolemnellement ſa mauvaiſe doctrine, y eſt toûjours retour-
né, & qu'on l'a bien caracteriſé en le
nommant *le Protée de nos jours.*

☞ 9°. Qu'il a attribué aux SS. Peres des erreurs ſur l'immortalité de l'a-
me, & ſur l'éternité des peines de l'Enfer, & qu'il a paru favoriſer ces erreurs.

☞ 10°. Que le Pape Clément XI.
dans ſon Bref au Roi Loüis le Grand,
daté de l'an 1700. y appelle M. Dupin, un homme de mauvaiſe doctrine,
& qui a fait pluſieurs injures au Saint
Siége Apoſtolique. *Nequioris doctrinæ*
hominum, temerataque ſæpius Apoſtoli-
cæ Sedis Reum.

☞ 11°. Que M. Dupin a été le
grand Approbateur des mauvais Livres: comme ſont les Réfléxions de M.

Tome I.   E

Fontaine, &c. & qu'il fut exilé pour la fameuſe affaire du Cas de conſcience.

LVI. *BREVIAIRE Romain en Latin & en François*, en quatre gros Volumes in 8°. A Paris chez Thierry 1688. *Condamné par M. de Harlay, Archevêque de Paris.*

NOTA. 1°. Que cette Traduction Françoiſe du Breviaire Romain eſt de la façon de Mr. le Tourneux, Auteur de l'Année Chrétienne, & nous avons pour garant de ce fait hiſtorique l'Auteur du Livre qui porte pour Titre : *Queſtion curieuſe, ſi Mr. Arnaud Docteur de Sorbonne eſt hérétique* ; c'eſt-à-dire, Mr. Arnaud lui-même qui eſt certainement l'Auteur de la Queſtion curieuſe, comme nous le prouverons dans la lettre C.

☞ 2°. Que cette Traduction Françoiſe du Breviaire Romain contient pluſieurs erreurs condamnées. En voici quelques-unes qui pourront ſervir d'échantillon. Dans l'Hymne de Tierce on inſinuë les erreurs de nos jours en traduiſant de mauvaiſe foi ces paroles :

Dignare promptus ingeri,
Noſtro refuſus pectori.

Voici de quelle maniére on les tra

duit à la maniere de Marot.

> *Regne au fond de nos Cœurs par la*
> *force invincible*
> *De tes charmes fi doux.*

Les paroles fuivantes : *Aufert tenebras*
cordium , font traduites à peu près de
la même maniere :

> *Répands fur nous le feu de ta gra-*
> *ce invincible.*

☞ 1°. Ces deux traductions ne
font conformes ni au Texte, ni à l'efprit du Texte, & elles favorifent la
feconde Propofition du Janfénifme,
qui eft celle de la grace irréfiftible.

On n'a pas été plus fidéle dans la
verfion des premieres paroles de l'O-
raifon de la paix : *Deus à quo fancta*
defideria , recta confilia , & jufta funt
opera , qu'on a ainfi traduit à la Jan-
fénifte : *O Dieu qui par vôtre grace*
étes l'unique Auteur des faints défirs ,
& des bonnes actions : Ce qui favorife
ouvertement l'Héréfie , en infinuant
que Dieu fait dans nous tout le bien ,
fans nôtre coopération.

Dans l'Hymne de l'Avent , ces paroles : *Chrifte redemptor omnium* , font
ainfi traduites de mauvaife foy.

> *Jefus , divin Sauveur , clair flam-*
> *beau des Fidéles.*

On trouve une partie de ces infidélités dans les Heures de Port-Royal,
dont nous parlerons dans la lettre H.

LVII.   *BREVIAIRE traduit en Fran-*
çois par Jaques Corbin Avocat.

N o t a. Mr. De la Morliere ayant
requis & demandé à la Faculté de
Théologie de Paris, qu'il lui fût permis de donner son approbation à cette
Traduction Françoise du Breviaire : la
Sorbonne le lui refusa, & elle répondit qu'elle n'avoit jamais approuvé ces
sortes de Traductions en Langue vulgaire, & qu'elle ne les autoriseroit jamais, *se numquam probavisse, nec ad-*
huc probare. Cette Anecdote remarquable, se trouve dans les Livre de Mr.
Humbelot, qui a pour Titre : *Sacro-*
rum Bibliorum notio generalis. p. 327.

LVIII.   *BONNE RÉGLE de l'exer-*
cice volontaire, ou le dévot Solitaire,
pour apprendre comme l'on doit servir
Dieu dans le tumulte du monde, avec
un exercice pour toute la semaine, par
le vénérable Van-Roost, Pleban de l'E-
glise de S. Rainbaut de Malines, à
Anvers, chez Pierre Jouret 1714.

N o t a. Que cette Bonne Régle a
été condamnée le 20. Août 1728. par
M. le Cardinal d'Alsace, De Bossu,

Archevêque de Malines, comme renouvellant les erreurs de Baïus, de
Janfenius, de Quefnel, & même plufieurs erreurs de Luther & de Calvin.
Le même * *Pleban*, c'eft-à-dire, Curé, a publié deux autres Ouvrages du
même Caractére, dont nous parlerons
dans la fuite.

* *Plcba-
nu*, Curé,
qui Ple-
bem regit.
Du Cange.

C

L ECALENDRIER Eccle-
ſiaſtique, pour l'année 1735. avec
le Necrologe des perfonnes, depuis
un ſiecle ſe ſont le plus diſtinguées par
leur pieté, leur attachement à Port-
Royal & leur amour pour les verités
combatuës : Et un abregé Chronologique des principaux évenemens, qui ont
precedé la Conſtitution Unigenitus ; A
Utrecht aux dépens de la Compagnie,
1735.

LIX.

Nota. 1°. Ce Calendrier eft une
Hiſtoire Abregée du Janfénifme depuis l'an 1641. auquel parut le Livre de Janfenius, jufqu'à l'année
1735. On y peint le Roy, le Pape,
les Evêques Acceptans avec les plus
noires couleurs. On y parle de la

E iij

Conftitution *Unigenitus*, comme d'un Ouvrage de tenebres, & qui a porté un coup mortel à l'Eglife. On y fait de pitoyables lamentations fur la Deftruction de Port-Royal, & de la Communauté de Ste. Barbe ; fur le renverfement total de la Communauté des Trente-trois, de celle du Mont-Valerien ; fur l'Interdit de la Chapelle des Filles Seculiéres de Ste Agathe ; fur l'anéantiffement de la Communauté de St. Hilaire, où plus de cinquante Jeunes Gens étoient élevez dans les principes & les fentimens de Janfenius, & de Quefnel. C'étoient là les fix grands remparts de l'héréfie dans la Ville de Paris. Ges fix Maifons furent ou anéanties, ou renouvellées, par l'exclufion des Maîtres corrompus, à la place defquels on mit les perfonnes les mieux intentionnées pour la Religion.

☞ 2°. Que le commencement de ce livre prefente d'abord au Lecteur un fpectacle bien fingulier, & que j'aurois eu peine à croire, fi je n'avois le livre fous mes yeux.

On y voit un double Calendrier pour chaque mois, divifé en deux

Tables differentes. Dans le premiere page, on voit pour chaque mois, & pour chaque jour du mois, les noms des anciens Saints que l'Eglise honore; mais dans la page qui est vis-à-vis, on y voit aussi pour chaque mois & pour chaque jour un pareil nombre des nouveaux Saints de Port-Royal, canonisez apparemment par Mr. de Singlin, qu'ils appelloient leur Pape. Parmi les Saints qui figurent dans ce nouveau Calendrier, on compte le P. Benoît Thomé, Chartreux, refugié; Mr. de Silvecanne, Prêtre du Diocese d'Aix; le Pere Celoron, de l'Oratoire, mort à Lyon en 1729. M. Ravechet, Syndic de Sorbonne; Thomas Lemos, Dominicain; feu Mgr. l'Evêque de Bayeux; *Le Bienheureux François de Paris, Diacre*; un bon nombre de Tourriéres, de Pensionnaires, de Valets & autres Domestiques de P. R.

CALENDRIER Mysterieux LX. *exactement supputé.*

N o t a. C'est un miserable & indigne Libelle, dans lequel on abuse grossiérement des Divines Ecritures, dans la vûë de rendre la Constitution odieuse.

E iiij

LXI. *CAPISTRUM ab Embricenſi interprete dono miſſum N. declamatori in verſionem Belgicam noviſſimam novi Teſtamenti;* c'eſt à-dire, *Licou envoyé par l'Interprête d'Emmeric à ✱✱✱. qui déclame contre la nouvelle Verſion Flamande du nouveau Teſtament.*

Nota. Ce Capiſtrum, ou ce Licou qu'on envoye à l'Auteur Catholique, qui avoit attaqué une Verſion Flamande du N. Teſtament, eſt de la façon de M. de Withe, Janſeniſte outré, & ce Capiſtrum a été condamné par les Archevêques de Cologne & de Malines.

LXII. *CAS de conſcience propoſé par un Confeſſeur de Province, touchant la Conſtitution d'Alexandre VII. & reſolu par quarante Docteurs de la Faculté de Paris 1701.*

Nota 1°. Ce fameux Cas fut propoſé à la Sorbonne en 1701. ſoit que l'hiſtoire de ce Cas ait été une choſe réelle; ſoit que ce n'ait été qu'un pur artifice du parti, comme bien des gens l'ont crû. On a ſçû que le canevas de ce Cas fut dreſſé par M. Perrier, neveu de M. Paſcal, & Chanoine de l'Egliſe Cathedrale de Clermont en Auvergne, & par M.

Rouland ; mais l'Ecrit qui contenoit le Cas fut retouché par quelques Docteurs Janſeniſtes.

☞ 2°. Que dans le premier Cas de conſcience, imprimé à Liege, chez Broncart, & dreſſé par Mr. Rouland, on y admettoit la neceſſité de la grace ſuffiſante des Thomiſtes ; mais que cela ayant fort déplû au parti, on le retrancha de la 2e. Edition faite par M. Petit-pied (*le jeune*) & que ce fut cette 2e. Edition qui fut ſignée par les 40. Docteurs.

☞. 3°. Que cet Ecrit avec la déciſion des quarante Docteurs qui y autoriſerent le ſilence reſpectueux, a été condamné comme héretique, premiérement par un fort grand nombre d'Archevêques, d'Evêques, & d'Univerſitez, & enſuite par la Conſtitution, *Vineam Domini Sabaoth, publiée le* 16. *Juillet de l'année* 1705. *par le Pape Clement XI. & reçûë par l'Egliſe Univerſelle.*

☞ 4°. Que les plus celebres d'entre ceux qui ſignerent le fameux Cas, ſont les Docteurs ſuivans. Car il eſt bon que le Public les connoiſſe, afin qu'il ſoit encore mieux en garde contre les Livres, à la tête deſquels

on verra leur Approbation. Mrs,
Petit-pied & Bouret , Profeſſeurs de
Sorbonne ; Sarrazin ; Pinſonat ; Ellies
Dupin ; Hideux , Curé des Innocens ;
Blampignon , Curé de S. Merry ; Feu,
Curé de S. Gervais ; De Lan , Théo-
logal de Roüen ; Picard , Curé de S.
Cloud ; Joly ; Gueſton , Chan. Regul.
de S. Victor ; le Pere Alexandre , &c.

☞ 5°. Que ces 40. Docteurs
qui donnérent cette Déciſion Héretique , ſe ſont tous retractez les uns
après les autres , excepté le ſeul M.
Petit-pied *le jeune* qui ſortit du Royaume , *Dempto uno parvo pede* , dit le
celebre M. Gilbert , Prevot de Doüay ,
dans l'Hiſtoire anecdote & allegori-
que qu'il a faite de ce Cas , laquelle
eſt entre mes mains.

☞ 6°. Que le premier qui ſe retracta , fut le Pere Alexandre , Dominicain , dont le bon exemple en-
traîna bien-tôt les autres. Ce Pere ,
en ſignant le Cas hérétique , avoit ſans
doute oublié la Doctrine Catholique
qu'il avoit enſeignée dans ſes Diſſertations * ſur l'Hiſtoire Eccleſiaſtique du VI. Siécle. Il y dit , en termes exprès que l'Egliſe , éclairée par
l'Eſprit de verité , ne peut ſe tromper,

* Hiſt.
Eccleſ.
Sæc. VI.
Diſſert. V.

en prononçant fur les textes des Livres dogmatiques ; & la preuve qu'il
en apporte , eft que fi elle pouvoit
errer dans ces occafions , elle n'auroit
pas tout ce qu'il faut pour nourrir,
guerir & conduire les Fidéles : comme un pafteur qui ne fçauroit pas
difcerner les bons & les mauvais pâ-
turages , ne feroit pas propre à faire
paître les brebis ; & comme un Medecin qui prendroit du poifon pour
de l'antidote , feroit un fort mauvais
Medecin.

☞ 7°. Que ce cas étoit une ba-
terie dreffée en commun par le Parti ,
pour fauver le Livre de Janfenius ;
parce qu'on y décide qu'il fuffit d'a-
voir une foumiffion de filence & de
refpect pour les Conftitutions qui
condamnent ce Livre ; mais qu'on
n'eft nullement obligé de le condamner interieurement. Il faut auffi remarquer que dans la décifion de ce
même cas on autorife des Livres
condamnez par l'Eglife ; tels que font,
les Lettres de l'Abbé de faint Cyran....
le Rituel d'Aleth..... le Livre de la
Frequente Communion..... les Heures de
Port-Royal , & le Nouveau Teftament
de Mons , &c.

☞ 8°. Que M. Petit-pied , quand il ſigna le Cas , n'avoit jamais lû Janſenius , comme il l'avoüa la veille de la Fête-Dieu 1703. dans ſa maiſon à un celebre Docteur , de qui je l'ai appris , & duquel j'ai reçû quelques remarques excellentes pour cette troiſiéme Edition.

☞ 9°. Que le Cas de Conſcience fut condamné , 1°. par les Evêques de Meaux & de Chartres; 2°. qu'à la ſollicitation des Rois de France , d'Eſpagne & de l'Egliſe Gallicane , il fut ſolemnellement condamné , le 16. Juillet 1705. par Clement XI. dans la Bulle *Vineam Domini Sabaoth* , enregiſtrée par le Parlement , & acceptée par le Clergé de France , & dans laquelle le Saint Siége a decidé l'Inſuffiſance du Silence Reſpectueux.

LXIII.   *CATECHISME ſur l'Egliſe, pour les tems de troubles , ſuivant les Principes expliquez par M. de Senez.*

LXIV.   *CATECHISME de la Grace,* imprimé pour la premiére fois en 1650. ſans nom ni d'Auteur , ni de Ville , ni d'Imprimeur.

NOTA. 1°. Que ce petit Catechiſme qui eſt un précis fort exact de l'Auguftin de Janfenius, ayant été condamné à Rome, le 6. d'Octobre 1650. le Parti le fit réimprimer prefque auffi-tôt, fous le titre d'*Eclairciffement de quelques difficultés touchant la Grace.*

☞ 2°. Que ce pernicieux Ouvrage a été réimprimé plufieurs fois en Flandres, à Paris, à Lyon, & qu'il a été traduit en plufieurs fortes de Langues, & en particulier en Latin fous ce titre, *Catechifmus, feu brevis inftruttio de Gratia*; & fous cet autre: *Compendium Doctrinæ Chriftianæ quoad Prædeftinationem & Gratiam*, & qu'il a été condamné par plufieurs Evêques de France & des Païs-Bas, & par le Pape Innocent X. comme renouvellant les erreurs condamnées par trois de fes Prédéceffeurs.

☞ 3°. Que ce dangereux Livre a paffé pour être l'Ouvrage de M. Godefroy Hermant, Chanoine de Beauvais, un des plus ardens Défenfeurs de Mr. * Arnaud, dont il fit & publia l'Apologie, pour laquelle il fut chaffé de la Sorbonne & de fon Chapitre de Beauvais; comme auffi pour n'avoir jamais voulu figner le Formulaire: C'eft ce même Mr. Godefroy Her-

* Le P. Gerberon dans fon Hiftoire du Janfénifme, attribuë le

Catéchif-
me de la
Grace à M.
Faideau,
Docteur de
Sorbonne,
& je crois
qu'il a rai-
fon.

mant qui a compofé les cinq Vies des Saints Athanafe, Chryfoftome, Bafi-le, Gregoire de Nazianze & Ambroi-fe, avec l'Hiftoire des Conciles en Abregé en 1696. Mais quoi que l'Auteur de ces Livres foit un homme fort fufpect, on doit avertir néan-moins qu'aucun de ces fix Ouvrages n'a jamais été, que l'on fache, ni condamné ni dénoncé.

☞ 4°. Que ce Catéchifme Jan-fénifte fut adopté par les Calviniftes de Genêve, fans qu'il y changeaffent un feul mot; & que ce fut fur tout après la lecture de ce Catéchifme, que les Réformez de Hollande offri-rent aux Janféniftes des Pays - Bas, & à ceux de France, de les recevoir dans leur Communion. Une année après, Samuël Des - Marez, Profef-feur & Miniftre en Hollande, en pu-blia une Traduction Latine, & la ré-duifit en Thefes qu'il fit foûtenir pu-bliquement par quatre de fes Ecoliers, comme contenant une Doctrine par-faitement conforme aux décifions du Synode de Dordrecht. Il exalte fort dans .fa Préface le courage de Janfe-nius, de S. Cyran, & de M. Arnaud, qui avoient puiffamment défendu la

verité opprimée. Des - Marez ajoûte
que ce Systême des Disciples de Jansenius sur la Grace , servira beaucoup
à ébranler le Siége de l'Antechrist ,
qui est , dit-il , sur le penchant de sa
ruine , & qu'il faut esperer que ces
nouveaux Défenseurs de la Grace ab-
jureront enfin les erreurs de leur
Communion , & se déclareront ouvertement contre le Concile de Trente. * Il conclut en disant que les Re-
formés doivent se conjoüir avec les
Janseniftes , les féliciter des efforts gé-
néreux qu'ils ont fait dans la cause de
Dieu , & de la Grace , & les inviter
à aller plus en avant , comme il convient à ceux qui aiment la verité.

    M. Jurieu a parlé sur le même ton
dans son fameux Ouvrage , qui porte
pour titre , l'esprit de M. Arnaud. *Les
Janseniftes* , dit-il , *se sont entierement
approchés de nous sur la matiére de la
Grace. Mais en se raprochant de nous ,
ils ont travaillé a nous éloigner d'eux,&
pour se justifier d'être Calviniftes , ils
nous attribuent des pensées , non-seulement que nous n'avons pas , mais qu'ils
sçavent très-bien que nous n'avons pas :
ce qui est une mauvaise foy insigne.*

    5°. Que parmi les proposi-

* Ut illis
ipsis doc-
tissimis &
eloquen-
tissimis
Viris.....
generosos
illos suos
conatus in
causâ Dei
& Gratiæ
gratule-
mur, eos-
que , quod
decet veri-
tatis stu-
diosos , ad
tenden-
dum plus
ultra invi-
temus.

*Preface de
la version*

Latine du Catéchif-me de la Grace par Samuel Des-Ma-rez, Mi-niftre Cal-vinifte.

tions extraites du Catéchifme de la Grace, & condamnées par plufieurs autres Prélats, on y voit en particulier les erreurs fuivantes.

I.

DEMANDE. *Que peut-on penfer de toutes les actions des Infidelles ?*

REP. *On n'en peut croire autre chofe, finon qu'elles font toutes mauvaifes, & qu'elles font toutes peché.*

II.

DEM. *D'où vient que l'homme n'eft pas excufable lorfque la grace lui man-que ?*

REP. *C'eft qu'il eft privé de la grace en punition du peché d'Adam.*

III.

DEM. *N'eft-ce pas un fentiment dangereux de croire que nôtre Seigneur Jefus-Chrift n'eft pas mort pour tous les hommes ?*

REP. *Quoique cette expreffion foit odieufe, néanmoins il eft certain que Jefus-Chrift n'a point eû une volonté for-*

formelle de mourir pour tous les hommes.

IV.

DEM. *L'Ignorance de ce qu'on n'a pû sçavoir, nous excuse-t-elle du peché ?*

REP. *L'ignorance du droit Divin, ou plûtôt du droit naturel, n'excuse jamais ; d'autant que cette ignorance est une peine d'un peché précedent.*

V.

DEM. *La grace necessaire pour croire.... & pour prier, est-elle donnée à tous les hommes ?*

REP. *Non ; car, comme dit la Sainte Ecriture, la Foy n'est pas de tous... & comme tous les hommes ne reçoivent pas la grace de croire, ils ne reçoivent pas non plus la grace de prier.*

VI.

DEM. *Les Justes ont-ils toûjours les secours necessaires pour surmonter les tentations ?*

REP. *Non ; car Dieu, pour humilier les Saints, ne leur donne pas toûjours*

Tome I. F

ou une connoiſſance lumineuſe , ou une delectation victorieuſe.

VII.

DEM. *Eſt-ce ſeulement pour les pré-deſtinés que Jeſus-Chriſt eſt mort ?*

REP. *Il n'eſt pas mort afin que tous les hommes reçûſſent le fruit de ſa mort; mais il eſt mort à deſſein d'offrir le prix de ſon Sang pour ſauver ſes élûs , & donner à quelques autres des graces paſſageres.*

VIII.

Pour que la volonté ſoit libre, il ſuf-fit qu'elle n'agiſſe pas par contrainte , ou par une neceſſité volontaire.

☞ *Ultimò.* Que toutes ces mêmes erreurs ſur la Grace ſe trouvent encore mieux dévelopées , & plus fortement exprimées dans le *Compendium,* ou Catéchiſme Latin.

LXV. *CATECHISME Hiſtorique & dogmatique ſur les conteſtations qui diviſent maintenant l'Egliſe.*

NOTA. Ce Livre fut condamné en 1731. & l'on pourra juger ſûrement de cet Ouvrage par l'éloge qu'en fait le furieux Auteur du Calendrier Ecclefiaftique , & du Necrologe de 1735. que nous avons déja fait connoître. *Ce livre*, dit-il , *qui eft imprimé depuis plus d'un an , eft de tous ceux qui ont parû jufqu'ici , le plus propre à former une jufte idée des affaires prefentes, & à placer une perfonne dans le vrai point de veüe d'où il faut les envifager.*

CAUSA Arnaldina feu Antonius Arnaldus à Calumniis vindicatus. **LXVI.** REVERTIMINI AD JUDICIUM. *Dan.* 13.

NOTA 1°. Que ce Livre qui eft du Pere Quefnel lui-même , & qui eft une violente Apologie de Mr. Arnaud & de toutes fes erreurs, a été condamné par le Pape Innocent XII. en 1699.

☞ 2°. On y trouve *pag.* 119. la feconde des cinq Propofitions de Janfenius. *Gratia numquam eo effectu caret ad quem à Deo ordinatur.* Et dans la *page* 104. l'Auteur y debite cette propofition blafphematoire & fi fouvent condamnée : *Je ne refuferai jamais d'avoüer que tous les Juftes peuvent toûjours obferver les Commandemens de Dieu , lors même qu'il manquent de la Grace efficace , de la même*

F ij

manière que les hommes qui ont de bons yeux, peuvent voir, lorſqu'ils ſont dans les tenebres, en vertu de la puiſſance interieure qu'ils ont de voir. Voici en quels termes nôtre Auteur s'explique en Latin, *Nec unquam fateri recuſabo omnes Juſtos mandata ſemper obſervare poſſe, quemadmodum homines viſu præditi in tenebris videre poſſunt ob internam videndi poteſtatem.*

LXVII. *CATECHISME de la Penitence.*

Nota. C'eſt le Pere Gerberon qui eſt l'Auteur ou plûtôt le Traducteur de ce dangereux Catechiſme qui eſt tout paîtri de ces mêmes erreurs qui ont fait condamner le Catechiſme de la Grace. Ce Catechiſme de la Penitence a pour Auteur Original le ſieur Raucourt Curé de Bruxelles, qui le publia en Latin & qui fut un des approbateurs du *Miroir de la pieté Chrêtienne*, dont nous parlerons.

LXVIII. *CATECHISME du Jubilé & des Indulgences.*

Nota. C'eſt encore ici une des productions du Pere Gerberon, condamnée comme les autres.

LXIX. *CENTURIE de Meditations par l'Abbé Richard.*

Nota. Cette Centurie condamnée par le Saint Siége , ne se trouve
point dans le Catalogue des Ouvrages du Pere Gerberon ; mais le style ,
les sentimens , le nom de *Richard* ,
tout nous annonce qu'elle est de ce
même Benedictin , & on voit bien
que ce ne sont que ses autres Meditations un peu deguisées à la maniere
du Parti.

LES CHAMILLARDES LXX.
ou Lettres à Mr. Chamillard sur la si-
gnature du Formulaire.

Nota. Ces trois Lettres dictées
par l'esprit d'erreur & de satyre , furent publiées par le Parti en 1665.
contre le saint & sçavant Mr. Chamillard , Docteur de Sorbonne , qui
travailloit à ramener les Religieuses
du Port-Royal , dont il avoit été fait
Superieur par Monseigneur l'Archevêque de Paris. Bien des gens les ont
attribuées , & les attribuent encore
aujourd'hui à Mr. Barbier d'Aucour ,
qui fut depuis reçû dans l'Academie
Françoise ; mais je sçais aujourd'hui
de source qu'elles sont l'Ouvrage de
M. Nicole. Nous avons de M. Barbier d'Aucour deux autres Libelles
satyriques du même caractére que les

Chamillardes. Le premier porte pour titre , *Onguent pour la Brûlure* , Brochure in 4°. fans datte , publiée en 1664. L'autre eft appellée *les Gaudinettes* , ou Lettres à Monfieur Gaudin , contre la fignature pure & fimple du Formulaire.

LXXI. *CHAPELET fecret du très-faint Sacrement par la Sœur Agnès de faint Paul.* (C'étoit une des cinq Sœurs de Mr. Arnaud , Religieufes à Port-Royal.) *Publié vers 1632.*

NOTA 1°. Que le veritable Auteur du Chapelet fecret eft Mr. l'Abbé de faint Cyran. On y reconnoit fon efprit , fes expreffions , fon ftile , & il en fit l'Apologie en 1633. & ce pernicieux Ouvrage eft muni d'une magnifique Approbation de Janfenius lui-même.

2°. Que ce bizarre Chapelet * eſt un amas d'erreurs & d'abfurditez auffi extravagantes qu'impies , qui au lieu d'infpirer la devotion au très-Saint Sacrement , vont directement à en éloigner les Fidéles & à l'anéantir entiérement. Voici un petit échantillon de ce pur & impie galimatias , auquel on reconnoîtra d'abord le genie de l'Abbé de faint Cyran. Il y pro-

* Mr. Dupin donne ce Chapelet à la Sœur Agnès de S. Paul , fameufe Penitente de Mr. l'Abbé de

pose les qualitez & les vertus de Jesus-Christ à méditer & à adorer.

INAPLICATION DU SAUVEUR. *Afin que Jesus-Christ s'occupe de lui-même & qu'il ne donne point dans lui d'être aux neants ; qu'il n'ait égard à rien qui se passe hors de lui ; que les ames ne se présentent pas à lui pour l'objet de son application, mais plûtôt pour être rebutées par la préference qu'il se doit à soi-même ; qu'elles s'appliquent & se donnent à cette implication de Jesus-Christ, aimant mieux être exposées à son oubli, qu'étant à son souvenir, lui donner sujet de sortir de l'application de soi-même, pour s'appliquer aux créatures.*

Qui potest capere capiat.

INACCESSIBILITE'. *Afin que les ames renoncent à la rencontre de Dieu, & consentent qu'il demeure dans le lieu propre à la condition de son Etre, &c.*

INDEPENDANCE. *Afin que Jesus-Christ n'ait point d'égard à ce que les ames meritent, mais qu'il fasse tout selon lui, & que les ames renoncent au pouvoir qu'elles ont d'assujettir Dieu....*

INCOMMUNICABILITE'. *Afin que Jesus-Christ ne se rabaisse point dans des communications disproportionnées à son infinie capacité ; que les ames demeurent*

S. Cyran : mais on a des preuves du contraire qui paroissent certaines.

dans l'indignité qu'elles portent d'une
si divine communication , &c.

ILLIMITATION. *Afin que
Jesus-Christ agisse dans l'étendue Divine , qu'il ne lui importe ce qui arrive de tout ce qui est fini , qu'il ruine
tout ce qui limite ses desseins , &c.*

Voilà l'idée que cet Auteur Fanatique s'efforce de nous donner de Jesus-
Christ , & voici le Jugement que sept
Docteurs de Paris porterent en 1633.
sur cet impie Libelle : *Nous certifions
que le Livre qui porte pour titre :* Chapelet secret du très-saint Sacrement,
*contient plusieurs Extravagances , Im-
pertinences , Erreurs , Blasphêmes &
Impietez qui tendent à separer & à de-
tourner les ames de la pratique de la vertu , specialement de la Foi , Esperance
& Charité , &c.* Ce jugement des sept
Docteurs de Paris , a été confirmé par
le Jugement du Saint Siége.

☞ 3°. Que les maximes debitées
dans ce Chapelet secret menent di-
rectément au plus dangereux Quie-
tisme.

LXXII. *CHIMERE du Jansenisme.*

NOTA 1°. Que la *Chimére du
Jansenisme.... L'Hérésie imaginaire....
Les Visionnaires & le Phantôme du
Jansenisme....*

Janſeniſme.... ſont quatre Ouvrages qui diſent tous la même choſe & qui copient par tout Denys-Raymond que nous ferons bien-tôt connoître. L'Héréſie imaginaire & les Viſionaires ſont de Mr. Nicole. Le grand objet de tous ces Livres eſt de faire croire au Public que l'Egliſe a pris un Phantôme pour une choſe réelle ; que l'Héréſie de Janſenius, eſt une Héréſie imaginaire, & que la Doctrine qu'elle a condamnée dans l'*Auguſtin* de Janſenius, ne ſe trouve nulle part.

☞ 2°. Que le Clergé de France dans l'Aſſemblée de 1700. a condamné tous ceux qui ſoutiennent que le Janſeniſme eſt un Phantôme, & que le Pape Alexandre VII. dans ſa Conſtitution du 16. Octobre 1656. traite *d'enfans d'iniquité & de perturbateurs du repos public*, ceux qui oſent dire que les cinq Propoſitions ont été forgées à plaiſir : *Cum.... ſicut accepimus, nonnulli iniquitatis filii prædictas quinque Propoſitiones.... ſictè & pro arbitrio compoſitas eſſe..... aſſerere..... non reformident.*

☞ 3°. *page* 217. *De la Chimére du Janſeniſme*, vous trouverez en propres termes la troiſiéme Propoſition

Tome I. G

de Janfenius : *La neceffité n'empêche point que la volonté n'agiffe avec une veritable indifference....* Or il n'en faut pas davantage (ajoûte nôtre Auteur) pour mettre Janfenius à couvert de *l'Héréfie condamnée dans la cinquiéme Propofition.*

LXXIII. *LE CHRETIEN défabufé fur le fujet de la grace.*

NOTA. Il eft fait mention de ce nouvel Ouvrage du Pere Gerberon dans l'Hiftoire, & les Actes du procès que feu Monfeigneur l'Archevêque de Malines fit faire à ce Benedictin Apoftat, & il confte par ce même procès que par ce titre du *Chrêtien défabufé*, nôtre Auteur n'entend autre chofe que le Chrêtien bien convaincu que Dieu n'a ni donné, ni offert des moyens de falut à aucun de ceux qui fa damnent.

LXXIV. *CHRYSIPPUS, feu de Libero arbitrio ad Philofophos Peripateticos*, en 1644.

NOTA 1°. L'Auteur du Chryfippe eft M. Liber Fromont, mort en 1653. (*ou plûtôt Froidmont*) ami intime de Janfenius, un de fes Executeurs teftamentaires, & fon Succeffeur dans la Chaire d'Interprête de l'E-

.criture Sainte à Louvain. On a de lui quatre autres Ouvrages reprouvez par l'Eglise, & ce font, *Le Concile d'Afrique...L'Homologie d'Auguftin d'Hippone & d'Auguftin d'Ypres..... La Thériaque de Vincent le Doux , & le nouveau Profper contre le Collateur.*

☞ 2° Que le Chryfippe a été condamné par le Saint Siége & qu'on y enfeigne la troifiéme Propofition : *que la neceffité eft compatible avec la liberté.*

CINQ MEMOIRES fur la XXXIX. *Caufe des quatre Evêques.*

NOTA 1°. Ces quatre Evêques font Meffeigneurs d'Aleth , de Beauvais , d'Angers, & de Pamiers, qui refuferent de figner le Formulaire & de fe foumettre aux Conftitutions émanées du Saint Siége.

☞ 2°. Que ces cinq Memoires ont été condamnez par Clement IX. auffi-bien que les Mandemens que firent ces quatre Evêques pour diftinguer le fait & le droit , & en particulier le celebre Mandement que publia Mr. Pavillon Evéque d'Aleth , & Chef des quatre Evêques , dans lequel il debite en ces termes l'Hérefie de la diftinction du fait & du droit :

La soumission que l'on doit aux décisions de l'Eglise, se renferme, dit-il, dans les veritez revelées...Quand l'Eglise juge si des Propositions ou des sens hérétiques sont contenus dans un tel Livre, elle n'agit que par une lumiére humaine, & en cela elle peut être surprise, & dans ce cas il suffit de lui témoigner son respect, en demeurant dans le silence.

LXXVI. *CLAVIS ARCANA.*

Nota. C'est Ouvrage qui est de la façon d'un Janseniste outré, nommé M. Malpaix, est un des plus insolents qui ayent paru. On y débite sans nul menagement que l'Eglise est aujourd'hui fort mal gouvernée; que la Rome d'aujourd'hui est la Marseille du cinquiéme siécle; que le Pape s'est fait le Chef & le Général des Marseillois Semipelagiens, &c. *Ecclesia Dei valdè malè regitur hoc tempore. Roma est Massilia. Papa est Generalis Massiliensium, sive Semipelagianorum.*

LXXVII. *LA CLEF du Sanctuaire de la Bulle* Unigenitus, *ou l'explication de la Doctrine secrette qu'elle renferme, addressée à tous les Fidéles par les R. R. P. P. Jesuites,* à Pont-à-Mousson, 1727.

Nota. Que cette Satyre vient d'u-

ne plume dure & groffiere , mais ma-
ligne , malgré toute fa groffiereté. Cet
écrit , à le bien définir , eft une mauvaife compilation de tout ce qu'on a
débité depuis près d'un fiécle contre
l'Eglife , le Pape , les Evêques , la
ConftitutionUnigenitus,& furtout contre les Jéfuites , dont on fait femblant
d'emprunter le langage. Il n'y a ni art,
ni tour , ni fineffe , ni fel dans tout
cet Ouvrage.

COMBAT des deux Clefs , ou LXXVIII.
*Défenfe du Miroir de la piété Chré-
tienne: Recueil d'Ouvrages dans lequel
oppofant la Clef de la fcience à celle de
la puiffance , on fait voir l'abus des prétenduës cenfures de quelques Evêques
contre ce Livre.* 1678.

NOTA. Le feul titre de ce Livre
en marque affez l'efprit & l'objet , qui
eft de juftifier , par des raifons empruntées de Calvin , les erreurs répanduës dans le Miroir de la Pieté
Chrétienne , dont nous parlerons en
fon lieu.

COMMENTAIRE Litteral , LXXIX.
*Abregé fur tous les Livres de l'Ancien
& Nouveau Teftament , avec la Verfion Françoife , par le P. Pierre Guillemin , Religieux Bénédictin , de la*

G iij

Congregation de S. Vanne , & de S,
Hydulphe , à Paris chez Emery , ruë
S. Jacques , 1721.

NOTA 1°. Que cet Ouvrage eſt
un Abrégé de celui du Pere Calmet ,
& qu'il eſt fort au-deſſous de ſon original.

NOTA 2°. Que l'Auteur en parlant
de Jacob & d'Eſaü , y inſinuë , ou
à deſſein , ou autrement , le déteſtable
Dogme de Calvin , ſur la reprobation
poſitive ; & à l'occaſion de l'Arche , il
y inſinuë une des principales erreurs
du Pere Queſnel : que l'Egliſe n'eſt
compoſée que des ſeuls Prédeſtinez.

LXXX.   *COMPENDIUM Theologiæ.*
A Louvain.

NOTA. Le ſieur Gummarre Huygens , Docteur de Louvain , Janſé-
niſte de nos jours , a publié pour le
Parti , *des Inſtructions , des Conféren-*
ces , des Méthodes , & en particulier
cet Abregé en queſtion qui a été condamné par le Saint Siége.

LXXXI.   *COMPENDIUM Moralis*
Evangelicæ.

NOTA. C'eſt encore ici une Morale
Janſeniſte, qu'on a débitée ſous le voile ſpecieux d'une Morale Evangelique ; & ce ſecond Abregé a été enve-

loppé dans la même condamnation
que le premier.

COMPLIMENT des Sarcel- LXXXII,
lois à M. l'Archevêque de Paris.

Cette piéce unique dans son espece, nous apprend un fait bien
singulier. Un Pere Capucin, plein
de zele & de courage, étant allé
au Cimetiere de Saint Medard,
prêcher contre e faux culte qu'on
rendoit au Diacre Paris, y fut rude-
ment frappé, non par le malin esprit,
comme les Convulsionnaires; mais par
la canaille du Parti qui entouroit le
tombeau.

Voici les Vers Marotiques que les
Janséniftes publierent là - dessus, &
qui n'ont pas certainement la finesse
de ceux de Marot.

„ Il n'eut pas plûtôt lâché le mot, *   * Contre
„ Qu'il en eut bien-tôt répentance.   le faut
„ Pour payer son impertinence,   culte de
„ Deux ou trois bons Gars du Faux-   Paris.
       bourg,
„ Qui n'avoient pas . . . . .
„ Aidez de toute l'assistance,
„ Vous le froterent d'importance.
„ L'un vous lui saute au capuchon;
„ L'autre déchire son jupon,
„ Un troisiéme veut qu'on le pende,

,, Avec fa fangle & fon cordon :
,, Et l'eût fait fans un efpion ,
,, Des Jéfuites par occurrence ,
,, Qui le fauvit de la potence.
,, Mais il perdit dans le Micmac ,
,, Sa Barbe , avec fon havrefac.

LXXXIII. *CONCLUSION de la Facul-*
té de Théologie de Paris , du 16. Sep-
tembre 1717.

Mr. le Cardinal de Noailles ayant
publié fon Appel , la Faculté de Théologie porta une Conclufion , qui re-
nouvelloit & confirmoit fon adhéfion
à l'Appel des quatre Evêques , & qui
approuvoit avec refpeet celui de M. le
Cardinal de Noailles. Elle ordonna
même que pour laiffer un monument
éternel de fa vénération pour lui , fon
Appel & l'adhéfion qu'elle y faifoit
feroient inferez dans fes Regiftres ,
& que les douze plus anciens Docteurs iroient le complimenter fur fon
zele , & fa fermeté à défendre la Foi
& la Religion.

LXXXIV. *CONCORDE de l'Auguftin*
d'Hippone & de celui d'Ypres.

NOTA. C'eft le même Ouvrage
que l'Homologie des deux Auguftins
de M. Sinnich , fort peu déguifée.

LXXXV. *CONDUITE Chrétienne tou-*

chant *la Confeſſion & la Communion.*

No**ta**. C'eſt un Ouvrage poſtume de Queſnel, dont tout Catholique doit par conſéquent ſe défier.

CONFIANCE Chrétienne ap- LXXXVI. *puyée ſur quatre principes inébranla-bles, d'où s'enſuivent néceſſairement les principales véritez qui regardent le ſa-lut des hommes.*

No**ta** 1°. Que cet Ouvrage de ténebres, qui a pour Auteur le Pere Gerberon, fut premierement cenſuré par les deux Univerſitez de Louvain & de Douay, à la requiſition de Mr. l'Archevêque de Malines, & qu'il fut enſuite condamné par Mr. de Malines lui-même & par l'Electeur de Cologne. Le Pere Van-Hamme de l'Ora-toire de France fut arrêté & puni pour en avoir diſtribué les exemplai-res. Et enfin le Livre fut condamné par le Saint Siége, le onziéme Mars, 1704.

☞ 2°. Que le Livre de la Con-fiance Chrétienne, eſt un des Ouvrages où le prétendu * Phantôme du Janſé- * L'excel-niſme eſt le mieux réaliſé. Le Pere lent Ou-Gerberon y établit la Confiance Chré- vrage que tienne, en nous y enſeignant, comme Mr. de une vérité inconteſtable, & même Soiſſons a publié ſur le même fujet pourra fervir d'Antidote contre celui du P. Gerberon.

comme un Article de foi, que Jefus-Chrift eft mort pour les feuls Prédeftinez. Il y établit pour principe dans les pages 25. & fuivantes, que Dieu ne veut fauver que ceux qu'il a donnez à fon Fils, & voici les affreufes conféquences qu'il tire de ce principe.

Donc, dit-il, *Si quelques-uns ne reçoivent point de graces, & ne fe fauvent pas, la Foi nous oblige de croire que Jefus-Chrift n'a pas prié pour eux & n'a pas demandé leur falut.*

Donc, *S'il eft fûr que tous les hommes ne font pas fauvez, il n'eft pas moins fûr que Jefus-Chrift n'a ni voulu généralement le falut de tous les hommes, ni offert fes mérites, ni donné fa vie généralement pour le falut de tous.*

Donc, *Si quelques-uns fe perdent, le Fils de Dieu ni fon Pere n'ont pas voulu les fauver.*

LXXXVII. *CONFORMITE' des Janféniftes avec les Thomiftes fur le fujet des cinq Propofitions, contre le P. Ferrier Jéfuite, avec la Conviction de fes falfifications & impoftures.* Seconde Edition en 1667.

NOTA 1°. Que cet Ouvrage eft de

Mr. Lalane, Abbé de Val-Croiſſant, qui fut un des Docteurs qui furent députez à Rome par le Parti, pour la défenſe duquel il publia plus de quarante Livres différens, comme nous l'avons remarqué, & de ce nombre ſont les Ouvrages ſuivans.

MENSONGES *lûs & enſeignez* LXXXVIII. *par Alphonſe le Moine.* C'étoit un ſçavant Docteur de Sorbonne des plus Orthodoxes.

RÉFUTATION *du Livre du Pere* LXXXXIX. *Dom Pierre de Saint Joſeph, Feüillant, intitulé:* Défenſe du Formulaire. Ce Pere fut le premier qui écrivit contre le Janſéniſme.

DEFENSE *de la Doctrine de St* XC. *Thomas touchant la Grace ſuffiſante, contre le Pere Nicolas Jacobin.*

DEFENSE *de Saint Auguſtin con-* XCI. *tre le Pere Adam Jéſuite.*

DEUX *Lettres au Pere Amelote de* XCII. *l'Oratoire ſur les ſouſcriptions.*

NOTA 1°. Le Pere Denys Amelote de l'Oratoire, s'eſt ſignalé par ſon zele & par ſes Ouvrages pour la défenſe de la Foi Orthodoxe. Sa traduction Françoiſe du Nouveau Teſtament fut oppoſée par l'Egliſe à la Verſion Hérétique de Mons, dont nous parlerons.

☞ 2°. Que l'Abbé de Lalane dans la *Conformité* dont nous avons parlé, cite de mauvaise foi les objec-tions & les réponses du Pere Ferrier, & que dans l'infidéle parallele qu'il fait de la Doctrine des Thomistes avec celle des Janfénistes, il impose aux Thomistes avec la derniere ef-fronterie, en leur attribuant des fenti-mens diametralement opposez à ceux de leur école.

XCIII. *CONGREGATIONUM de auxiliis Divinæ Gratiæ habitarum coram Clemente VIII. & Paulo V. Acta Sincera.*

NOTA 1°. Que ces Actes ont été faussement attribuez à François Penna & à Thomas Lemoz.

☞ 2°. Ces Actes furent déclarez Apocryphes, sans autorité & tout-à-fait indignes de foy, par le Pape In-nocent X. en 1654. Voici ces paroles : *Sanctitas fua declarat ac decernit præ-dictis actis nullam omnino fidem effe adhibendam.* Sa Sainteté déclare & dé-cide qu'on ne doit ajoûter aucune foi à ces Actes. 23. *Apr.* 1654.

XCIV. *CONRIUS* (Florentius) *de Statu parvulorum fine Baptismo mo-rientium.*

NOTA. Florent Conrius Hibernois de nation, de l'Ordre des F. F. Mineurs de l'étroite Obfervance, fut fait Archevêque de Toam en Irlande. Son Livre Latin fur l'état des enfans qui meurent fans Baptême fut adopté par les Janfeniftes, & imprimé au bout de l'Auguftin de Janfenius, avec lequel il fut condamné. Le Pelerin de Jericho eft auffi l'Ouvrage de ce même Conrius, dont le mauvais exemple n'a pas été fuivi par ceux de fon Ordre, qui a toûjours été inviolablement attaché à la Foi ancienne.

CONSEQUENCES XCV, pernicieufes.

NOTA. On ofe avancer *pag.* 39. ces paroles injurieufes à l'Eglife & outrageantes à l'égard de fon Chef: que la plûpart des Difpenfes que le Pape donne, ne font autre chofe qu'une expedition pour aller plus facilement en enfer avec fa permiffion.

CONSIDERATIONS XCVI, fur l'entreprife de Mr. Cornet.

NOTA. L'Auteur de ces Confiderations eft M. Arnaud, & il dit, *pag.* 15. qu'en n'a pû cenfurer la premiére des cinq Propofitions, fans fe declarer ou-

vertement contre la Doctrine de faint Augustin.

XCVII. *CONSIDERATIONS fur l'infruction Paftorale de la derniére Affemblée du Clergé, où l'on examine* 1°. *La mauvaife foi,* 2°. *Les erreurs groffiéres,* 3°. *Le préjugé de l'autorité Ecclefiaftique dans les circonftances de cette affaire.* 1714.

NOTA. Que ce feul titre découvre affez les intentions de l'Auteur, qui font de fe déchaîner contre l'Inftruction Paftorale de l'Affemblée, & de foutenir les propofitions condamnées par la Conft. *Unig.*

XCVIII. *CONSULTATION de Mrs. les Avocats du Parlement de Paris, au fujet du Jugement rendu à Embrun, contre Mr. l'Evêque de Senez,* à Paris chez la veuve Maziéres & J. B. Garnier, Imprimeurs-Libraires de la Reine. 1726.

NOTA 1°. Que le Pape Benoît XIII. par un Bref daté du 9. Juin 1726. a condamné cette Confultation des cinquante Avocats de Paris, comme contenant des Propofitions fcandaleufes, témeraires, feditieufes, pernicieufes, injurieufes à l'Autorité du S. Siége & des Evêques, favorifant

l'Héréfie , Schifmatiques & Hérétiques. Il défend de l'imprimer ou de
la lire, fous peine d'excommunication , *ipfo facto*, fans autre declaration , & dont ils ne pourront être ab-
fous que par lui , ou par le Pontife
regnant.

NOTA 2°. Que le Roi (*Loüis XV.*)
informé du trouble que cette Confultation caufoit dans les efprits , & des
plaintes qu'elle excitoit dans le Public, fit écrire par M. le Comte de
Maurepas, Secretaire d'Etat , une lettre à Mr. le Cardinal de Rohan , par
laquelle Sa Majefté demande fur cet
écrit l'avis & Jugement de ce Cardinal, & des autres Cardinaux, Archevêques & Evêques , qui fe trouverent
pour lors à Paris. Ce fut pour obéir
à cet ordre, que Meffeigneurs les Prélats écrivirent au Roy une belle Lettre
dont je vais donner ici l'Extrait.
Cette Lettre eft fignée par trente-un
Cardinaux , Archevêques , ou Evêques , à la tête defquels on voit Meffeigneurs les Cardinaux de Rohan ,
de Biffy , de Frejus. Elle eft datée du
4. May 1728.

EXTRAIT DE LA LETTRE
des Evêques au Roy.

SIRE, les Ordres que nous venons de recevoir de V. M. nous remplissent de consolation & d'esperance. Vivement touchez des mauvais effets que cause un Imprimé qui paroît depuis quelque tems sous le nom de 50. Avocats de Paris, nous nous disposions à précautionner les Fidéles contre un Ouvrage si témeraire & si dangereux. La Consultation tend à établir que l'infaillibilité promise à l'Eglise, que le pouvoir spirituel qui lui a été donné par J. C. que l'Autorité qu'elle a de décider les contestations qui s'élevent dans son sein, reside dans la societé entiére, en tant qu'elle renferme les Pasteurs & les simples Fidéles : de maniére que les Evêques ne peuvent rien faire que dépendamment de cette societé, à laquelle ils sont subordonnez *

* Nota que c'est là le pur Richerisme & le systême de Marc-Antoine de Dominis, que nous dévoilerons dans la suite.

Les 50. Avocats entreprennent de justifier cette Proposition de Quesnel : *que c'est l'Eglise qui a l'autorité d'excommunier par les premiers Pasteurs, du consentement, au moins presumé, de tout le Corps.* Les Avocats s'écrient que ceux

ceux qui se font un devoir d'étudier les principes de la Hierarchie , & la forme du gouvernement , se trouvent déconcertez par la condamnation de cette Proposition.

Ils assujettissent l'autorité des Successeurs des Apôtres aux suffrages de la multitude... Ils semblent regarder l'Eglise comme une Republique populaire , dont toute l'autorité legislative & coactive reside dans la societé entiére & dans le consentement exprès ou presumé de la multitude ; c'est là le systême de Mr. Antoine de Dominis. *Deus spiritum suum toti Ecclesiæ promisit , non alligando eum certis personis.* ✶

✶ Sunt Laïci in Ecclesiâ , ipsiusque solidam & majorem partem constituunt. *M. Ant. de Dominis*, de Repub'. Ecclef. lib. 1. cap 12.

RESULTAT DE LA LETTRE
des Evêques au Roy.

IL resulte de nos observations , SIRE , que les Auteurs de la Consultation se font égarez en des points très - importans ; Nous déclarons à V. M. qu'ils ont avancé , insinué , favorisé sur l'Eglise , sur les Conciles, sur le Pape, sur les Evêques, sur la forme & l'Autorité de leurs jugemens , sur la Bulle *Unigenitus* , sur

Tome I.   H

l'Appel au futur Concile & fur la fignature du Formulaire, des maximes & des Propofitions temeraires, fauffes, tendantes au Schifme, & dont la plûpart ont été déja juftement profcrites comme injurieufes à l'Eglife, deftructives de la Hierarchie, fufpectes d'Héréfie, & même Hérétiques. Ils ont attaqué le Concile d'Embrum temerairement, injuftement, & au préjudice de l'Autorité Royale & du refpect qui eft dû à un nombre confiderable de Prélats, & au Pape même.

Il y a, ajoûtent les mêmes Prélats, *un Parti ouvertement * revolté contre l'Eglife. Ce Parti s'acredite chaque jour, il acquiert de nouveaux Sectateurs ; il reçoit avec avidité, & il répand avec profufion.*

* Avis remarquable des Evêques de France fur les progrez de l.Héréfie.

EXTRAIT DE L'ARREST
du Confeil d'Etat du Roy, rendu fur le vû de l'avis & jugement des Cardinaux, Archevêques & Evêques affemblez extraordinairement à Paris, fuivant les Ordres de S. M.

LE Roy déclare dans fon Arrêt qu'au Jugement des Evêques, les

veritable idées qu'on doit avoir de
l'Eglife & de fa puiffance fpirituelle,
font alterées & obfcurcies dans la
Confultation des Avocats; qu'on y
reduit le Corps des Pafteurs, en qui
refide la puiffance fpirituelle à ne
pouvoir l'exercer que du confentement du refte de l'Eglife : ce qui ne
peut s'entendre que des Miniftres du
fecond ordre, & des Laïques mêmes;
foumettant ainfi le Pafteur au troupeau, & donnant lieu par là de re-
voquer en doute l'autorité de toutes
les décifions de l'Eglife; que cette
Doctrine affoiblit l'autorité des Conciles généraux, & favorife le dogme
de l'efprit particulier. Que de fimples
Laïques s'érigent en juges mêmes
de la Foy, y font une Déclamation
injurieufe contre une Conftitution
confirmée par trois Souverains Pontifes, acceptée en France par cinq
affemblées du Clergé, reçuë par
toute l'Eglife & revêtuë tant de fois
du Sceau de l'autorité Royale; qu'il
n'eft pas furprenant après cela que le
Souverain Pontife foit fi peu refpec-
té dans cette Confultation; qu'on
affecte de ne lui donner que le nom
& la qualité de Chef visible dans

L'Eglise, au lieu de celle de Chef visible de l'Eglise ; qu'on reduit sa
primauté, qui est de droit Divin, à
une simple prérogative d'honneur &
de dignité, qui n'est (*selon eux*) fondée que sur un droit purement positif,
& non pas sur l'institution de
Jesus-Christ même.

S. M. Ordonne que ladite Consultation sera & demeurera supprimée, défend de la retenir & de la
distribuer à peine de punition exemplaire, *à Paris de l'Imprimerie Royale ,*
du 3. Juillet 1728.

Nota 3°. Que la Consultation
des 50. Avocats a été condamnée avec
les qualifications les plus fortes, par
des Mandemens particuliers de plusieurs grands Prélats de France. M.
de Soissons l'a proscrite comme suspecte d'Hérésie & même comme hérétique. Il applique heureusement au
Parti cette parole de S. Paul. *Ad sua*
desideria * *coacervabunt sibi Magistros*
prurientes auribus , ils auront recours
à une foule de Docteurs propres à
satisfaire leurs desirs.

Monseigneur l'Evêque de Marseille
qualifie d'audacieuse & de fanatique
une entreprise , ** par laquelle des

* 2. ad
Timoth.
c. 4.

** Pages
24. 29.
& 30.

Laïques, fans miffion, fans connoiffance de caufe, fans autorité, au mépris de toutes les Puiffances & au fcan-
dale des peuples, ont ofé donner des
régles aux Fidéles fur leur croyan-
ce, faire la Loi aux Evêques, pré-
tendre affujettir un Concile à des for-
malités arbitraires ; inftruire & conduire leur propre Pafteur, & enfeigner l'Eglife même.

Mr. de Carcaffonne, vertueux &
zelé Prélat, que la terre ne meritoit
pas de poffeder plus long-tems, Pere
des Pauvres, Evêque digne des premiers Siécles, a dit dans fa Lettre à
M. le Cardinal de Biffy, que cette
Confultation fappoit les fondemens
les plus inébranlables de la Religion ;
que les cinquante Avocats y avancent
des Propofitions qui font fremir : comme quand ils difent, en parlant de la
Bulle Unig. *que le Chrêtien, le Citoyen,*
& ceux qui ont étudié les principes de
la Hierarchie en font effrayez, confter-
nez, indignez.... en parlant des cenfures in Globo, *que ces fortes de Ju-*
gemens ne font qu'un joug honteux,
qui ne prefente que tenebres & que con-
fufion. En parlant des Conciles Generaux, *que c'eft la fauffe politique de la*

*Cour de Rome , qui s'oppose à leur con-
vocation* ; en parlant du Concile d'Embrun *, que toutes les démarches qui ont
été faites dans ce Concile , ne font qu'un
tiſſu d'irregularitez , dont il y a peu d'e-
xemples dans l'antiquité , & que la pof-
terité aura peine à croire , &c.*

Enfin M. L'Archevêque * & Duc
de Cambray a condamné cette Confultation des 40. Avocats par une Inſtruction Paſtorale de près de 250.
pages , où l'on trouve tout ce qui a
été dit de plus fort & de plus énergi-
que ſur cette matiére.

* Mande-
ment &
Inſtruct.
Paſtorale
de Mgr.
l'Archev.
& Duc de
Cambray ,
A Paris
1729.

XCIX. *CONSULTATION
de quarante Avocats du Parlement de
Paris en faveur des trois Eccleſiaſtiques d'Orleans ,* revoltez contre leur
Evêque , année 1730.

NOTA 1°. Que depuis l'établiſſe-
ment de la Monarchie , on n'a jamais porté plus loin l'eſprit de revolte , de Schiſme & d'indépendance
qu'il eſt porté dans ce Memoire des
40. Avocats. La Puiſſance Royale y
eſt auſſi indignement outragée , que
l'Eccleſiaſtique. Les Quarante Avocats y enſeignent que les Parlemens
ont reçû du Corps de la Nation l'autorité qu'ils exercent en adminiſtrant

la juſtice ; qu'ils ſont *les Aſſeſſeurs du Thrône* , *& que perſonne n'eſt au-deſſus de leurs Arrêts.*

Ils égalent en quelque façon la puiſſance du Monarque avec celle du Parlement qu'ils appellent *le Se-nat de la Nation.* Ils ont l'audace de donner au Roy le titre de S I M P L E C H E F D E L A N A T I O N.

La Puiſſance Eccleſiaſtique n'y eſt pas moins outragée : On y taxe les Evêques de Tyrannie , & de Vexa-tion , par rapport à ceux qui leur ſont ſoumis ; on s'y déchaine impi-toyablement contre eux. On y pré-tend que ſur les ſimples Appels com-me d'Abus , les Arrêts de défenſe relevent des Cenſures ; & que leur effet eſt non ſeulement *devolutif* , mais encore *ſuſpenſif.*

L'Aſſemblée Generale du Clergé qui ſe tenoit pour lors (1730.) en ayant porté ſes plaintes au Roy , & lui ayant repreſenté dans les termes les plus touchans & les plus reſpec-tueux , *qu'à moins d'un prompt reme-de , la Foi ſe perdoit , les Heretiques triomphoient ; que le Déiſme même & l'Athéiſme profitoient de cet eſprit d'in-dépendance , qui gagnoit chaque jour :*

& qu'en un mot il n'y avoit qu'un pas à faire pour embrasser le Calvinisme & pour sapper les fondemens de la Monarchie.

* En 1731. Le Roy par un * Arrêt de son Conseil d'Etat supprima ce Memoire, comme injurieux à son autorité, seditieux & tendant à troubler la tranquillité publique ; Sa Majesté Ordonna que ceux qui avoient signé, ou plûtôt qui paroissoient avoir signé ce Memoire, eussent dans un mois à le desavoüer, ou à se retracter. Faute de quoi ils demeureroient par provision interdits de leurs fonctions.

N o t a 2°. Que des 40. Avocats, dont le nom étoit au bas de leur Memoire, il n'y en avoit que treize qui l'eussent signé : & que la signature des vingt-sept autres étoit entiérement supposée ; Des treize même qui l'avoient signé, il n'y en avoit que deux qui en eussent fait ou entendu la lecture, & que de ces deux encore qui l'avoient souscrit avec connoissance de cause, le premier qui se trouvoit le Doyen de tous, étoit aveugle.

N o t a 3°. Que les 40. Avocats demanderent permission de s'expliquer :

quer : ce qui leur fut accordé. On
fut fatisfait de leurs explications rela-
tives à l'Autorité Monarchique , fur
laquelle ils ne laifferent rien à défi-
rer : mais les Evêques n'eurent pas
fujet d'être contens. On laiffa dans
le Mémoire des Propofitions qui an-
néantiffoient totalement leur Jurifdiction. Mr. l'Archevêque d'Embrun
parut le premier fur les rangs , &
après avoir donné une Inftruction
Paftorale contre un Ecrit de Mr.
de Montpellier , il condamna le
Mémoire par un Mandement , dans
lequel il établit folidement la diftinction des deux Puiffances , la différence de leurs fonctions , & ne laiffa
aucun fubterfuge à l'Erreur. Cette
même année 1731. Monfeigneur
l'Archevêque de Paris fit paroître
fon Mandement , dans lequel le
Mémoire des quarante Avocats eft
cenfuré & condamné , comme renfermant fur la Puiffance & la Jurifdiction Eccléfiaftique , & fur le
pouvoir des Clefs , plufieurs principes refpectivement faux , pernicieux ,
deftructifs de la Puiffance & de la Jurifdiction Eccléfiaftique , erronez &
même *Hérétiques*.

Tome I.

1731.

Cette derniere qualification offença les Avocats. Ils ne purent digerer qu'on les traitât d'Hérétiques, ils en appellerent comme d'abus, & ils furent reçûs en cette qualité.

1731. ☞ 4°. Le Roy prévint & empêcha les suites d'une pareille résolution. Il les arrêta par un Arrêt de son Conseil d'Etat du 10. Mars 1731. dans lequel, après avoir pleinement assuré à l'Eglise l'autorité qu'elle ne tient que de Dieu seul, il imposa sur cet article un silence absolu & général.

1731. Ce fut à cette occasion que M. l'Archevêque d'Embrun donna sur la Jurisdiction Ecclésiastique cette belle Instruction Pastorale qu'on regarde comme un morceau des plus achevez que nous ayons dans ce genre, & qui suffiroit seule pour donner une idée de l'étenduë & de la supériorité de ses connoissances.

XCIX. *CONSULTATION sur la Jurisdiction & sur l'Approbation nécessaire pour confesser, renfermée en sept Questions, l'an* 1734.

NOTA 1°. Que l'objet de cet Ouvrage Presbyterien est d'attribuer à tout simple Prêtre le pouvoir d'admi-

niftrer le Sacrement de Pénitence, indépendamment de l'Approbation Epifcopale.

☞ 2°. Cette Confultation fut
condamnée le 1. d'Octobre 1735.
& défenduë fous peine d'excommunication par M. l'Archevêque d'Embrun, comme contenant des Propofitions & des Maximes refpectivement fauffes, fcandaleufes, témeraires, captieufes, féditieufes, outrageantes au Concile de Trente; contraires à fon autorité; injurieufes aux premiers Pafteurs & au Roy; deftructives de la puiffance de lier & de délier.... tendantes au fchifme, fentant,
& favorifant l'héréfie, & même hérétiques.

CONVIVIUM Funebre.   C.

NOTA. Ce Feftin Funebre eft de
la façon de M. Gilles de Withe qui
s'eft rendu fi célebre par fes emportemens contre le Saint Siége, mais
qui s'eft toûjours piqué, du moins,
d'être un Janfenifte franc & de bonne foi. On verra par les deux Propofitions fuivantes combien peu il fe
déguife. Il foûtient 1°. que ces paroles de Jefus-Chrift: *Tu es Petrus
& fuper hanc petram ædificabo Eccle-*

I ij

ſtam meam, ont été dites perſonnelle-
ment & uniquement à Saint Pierre,
& non point à ſes Succeſſeurs. 2°. Il
ſoûtient que le Pape n'eſt que le premier des Evêques, & qu'il n'a pas
plus d'autorité ſur les autres Evêques
que le Curé de la premiere Paroiſſe
de Gand en a ſur les autres Curez
de la même Ville.

SECONDE CENTU-RIE. I.
*CORNELII Janſenii, Epiſcopi
Yprenſis Auguſtinus, ſeu Doctrina ſancti
Auguſtini de humanæ naturæ ſanitate,
ægritudine, medicinâ, adversùs Pela-
gianos & Maſſilienſis, tribus Tomis
comprehenſa*; c'eſt-à-dire, l'Auguſtin
de Cornelius Janſenius, Evêque d'Y-
pres; ou la Doctrine de S. Auguſtin,
ſur l'innocence, la corruption & la
guériſon de la nature humaine, contre les Pélagiens & les Marſeillois, en
1641.

NOTA. 1°. Que tout le ſyſtême de
cet Ouvrage ſe réduit à ce point capital, que depuis la chûte d'Adam, le
plaiſir eſt l'unique reſſort qui remuë
le cœur de l'homme; que ce plaiſir
eſt inévitable, quand il vient, &
invincible quand il eſt venu. Si ce
plaiſir inévitable eſt céleſte, il porte à
la vertu; s'il eſt terreſtre, il détermine

au vice, & la volonté fe trouve néceffairement entraînée par celui des
deux qui fe trouve actuellement plus
fort. Ces deux délectations font, dit
l'Auteur, comme les deux plats d'une
balance, l'un defquels ne peut monter, fans que l'autre defcende. Ainfi
l'homme fait invinciblement, quoique volontairement, le bien ou le mal,
felon qu'il eft dominé par la grace,
ou par la cupidité. Voilà le fonds de
l'Ouvrage, & tout le refte n'eft qu'une
fuite néceffaire.

☞ 2°. Que Janfenius prétend
qu'avant S. Auguftin, tout ce Syftême
de la Grace étoit enveloppé d'épaiffes
ténebres, & qu'il y eft de nouveau re-
tombé depuis cinq ou fix cens ans.
D'où, il s'enfuit vifiblement que felon
lui, l'ancienne Tradition fur un point
de Foy effentiel, s'eft perduë dans l'E-
glife depuis cinq à fix Siécles.

☞ 2°. Que ce Syftême du plaifir prédominant détruit vifiblement
tout mérite & tout démérite ; tout
vice & toute vertu ; qu'il livre l'homme à un libertinage affreux & à un
défefpoir certain ; enfin qu'il fait de
l'homme une bête, & de Dieu un
tyran.

☞ 4°. Que le fyftême de Janfenius eft le pur Calvinifme tant foit
peu déguifé ; que l'un & l'autre s'ap-
puyent fur les mêmes principes & fe
prouvent par les mêmes argumens, &
qu'on peut le définir en deux mots,
Le pur Huguenotifme, un peu mitigé.

I! mourut
en 1738.

☞ 5°. Que Janfenius avant que
de mourir, & dans fon dernier Teftament foumit & fa perfonne & fon Livre au jugement & aux décifions de
l'Eglife Romaine. Voici les propres
termes du Teftament qu'il dicta une
demi-heure avant que d'expirer : *Sen-*
tio aliquid difficulter mutari poffe. Si
tamen Romana Sedes aliquid mutari
velit, fum obediens filius, & illius
Ecclefiæ, in qua femper vixi, ufque
ad hunc lectum mortis obediens fum,
ita poftrema mea voluntas eft. Actum
fexta Maii 1638.

On voit par ces paroles que l'Eglife Gallicane dans une de fes Affemblées Générales, a eu raifon d'appliquer à l'Evêque d'Ypres, & à fes
Sectateurs moins dociles que lui, cette
belle parole de Vincent de Lerins à
l'occafion des profanes nouveautez de
fon tems. *Abfolvuntur Magiftri, con-*
demnantur Difcipuli.

☞ 6°. Que Janfenius preffé par les remords de fa confcience, peu de jours avant fa mort, ayant écrit au Pape Urbain VIII. qu'il foumettoit fincerement à fa décifion, & à fon autorité l'*Auguftinus* qu'il venoit de donner, & que fi le Saint Pere jugeoit qu'il fallût y faire quelques changemens, il y acquiefçoit avec une parfaite obéïffance : Les Executeurs Teftamentaires fupprimerent cette Lettre, & felon toutes les apparences on n'en auroit jamais eu aucune connoiffance, fi après la réduction d'Ypres, elle n'étoit tombée entre les mains du Grand Prince Loüis de Condé qui la rendit publique.

☞ 7°. On a fait trois Editions de l'Auguftin de Janfenius ; la premiere à Louvain, la feconde à Paris, & la troifiéme à Roüen.

☞ 8°. Que l'*Auguftinus* de l'Evêque d'Ypres fut condamné par une Bulle d'Urbain VIII. en 1641. L'Univerfité de Louvain réfifta huit à neuf ans, & depuis ce tems-là, elle a donné conftamment toutes les preuves de la Foy la plus foumife. L'Univerfité de Doüay a toûjours été iné-

I iiij

branlable , malgré tous les artifices qu'on a mis en œuvre pour la séduire. Douze années après , les V. Propofi-tions & le Livre d'où elles font extrai-tes, furent folemnellement condamnées par une Bulle d'Innocent X. avec les plus fortes qualifications.

☞ 9°. Que les cinq fameufes Propofitions de Janfenius font en pré-cis les fuivantes , 1°. Quelques Com-mandemens de Dieu , font impoffibles à des juftes , lors même qu'ils tâchent de les accomplir , felon les forces qu'ils ont alors , & la grace leur man-que par laquelle ils leur foient rendus poffibles.

2°. Dans l'état de la nature cor-rompuë , on ne réfifte jamais à la gra-ce intérieure.

3°. Pour mériter, & démériter dans l'état de la nature corrompuë , la liberté qui exclut la néceffité d'agir , n'eft pas néceffaire ; mais il fuffit d'avoir la liberté qui exclut la con-trainte.

4°. Les Sémipelagiens admettoient la néceffité de la Grace intérieure, prévenante pour chaque Acte en par-ticulier , même pour le commence-ment de la Foy ; & ils étoient Hérétiques, en ce qu'ils vouloient que cette Grace fût telle, que la volonté pût lui résister, ou lui obéïr.

5°. C'est une erreur des Sémi-Péla-giens de dire que J. C. soit mort, ou qu'il ait répandu son Sang pour tous les hommes sans exception.

☞ 10°. Que la premiere des cinq Propositions si souvent condamnées par l'Eglise se trouve en propres ter-mes dans le troisiéme Livre *de Gratia Christi Salvatoris*, chap. 13. Voici les paroles de Jansenius : *Hæc igitur omnia planissimè plenissiméque demonstrant nihil esse in sancti Augustini Doctrina certius ac fundatius quàm esse præcepta quædam quæ hominibus, non tantùm infidelibus, excæcatis obduratis, sed fidelibus quoque & justis, volentibus, conantibus, secundùm præsentes quas habent vires, sunt impossibilia ; deesse quoque Gratiam quâ fiant possibilia. Hoc enim sancti Petri exemplo aliis-que multis quotidie manifestum esse, qui tentantur ultra quam possint sustinere.*

☞ 11°. Le sens des autres quatre Propositions est si fort répandu dans tout le corps du Livre, qu'on peut dire avec Feu Mr. Bossuet, Evêque de

Meaux, qu'il en eſt tout paîtri & que
ſi on le mettoit dans un Alambic, il
n'en ſortiroit que le pur Janſeniſme.
Voici encore la ſeconde Propoſition
preſque en propres termes : *Auguſti-*
nus gratiam Dei ita victricem ſtatuit,
ut non rarò dicat hominem. OPERANTI
DEO PER GRATIAM NON POSSE RE-
SISTERE. *Lib. 2. de Gratia Chriſti. Salv.*
cap. 24.

On peut dire que la troiſiéme y eſt
auſſi preſque en termes formels. Car
voici comme parle nôtre Auteur dans
le ſixiéme Livre de Gratiâ Chriſti. Sal.
cap. 12. *Numquam interitum Liberta-*
ti timet (Chryſoſtomus) *niſi à neceſſi-*
tate violentiæ atque coactionis.

On trouvera la quatriéme Propoſition dans le chap. 6. du Livre de
l'Héréſie Pelagienne : *In hoc ergo pro-*
priè Maſſilienſium error ſitus eſt quod
aliquod primæva libertatis reliquum
putant, &c.

Enfin la cinquiéme Propoſition qui
nie la mort de Jeſus-Chriſt pour tous
les hommes, ſe trouve ſi clairement
& ſi nettement exprimée dans les paroles ſuivantes, qu'il ne faut qu'a-
voir des yeux pour en être convaincu :
Quæ ſané, dit nôtre Auteur, *cùm in*

Augustini doctrinâ perspicua certaque sint , nullo modo principiis ejus consentaneum est , ut Christus Dominus vel pro Infidelium in infidelitate morientium , vel pro justorum non perseverantium æternâ salute mortuus esse, sanguinem fudisse, semetipsum redemptionem dedisse , Patrem orasse sentiatur... ex quo factum est ut juxta Sanctissimum Doctorem, non magis Patrem pro æterna liberatione ipsorum, QUAM PRO DIABOLI DEPRECATUS FUERIT, Tom. 3. Lib. 5. de Gratia , cap. 21.

☞ 12°. Depuis que l'Augustin de Janfenius a été fi folemnellement condamné par fix Souverains Pontifes & par l'Eglife Univerfelle , on eft obligé indifpenfablement & fous peine d'encourir tous les anathêmes de l'Eglife , de croire quatre chofes à l'égard de cet Ouvrage : 1°. Que les cinq Propofitions font hérétiques. 2°. Qu'elles font dans le Livre de Janfenius. 3°. Qu'elles font condamnées & hérétiques dans le fens même de l'Auteur , c'eft-à-dire, dans le fens que le Livre tout entier préfente naturellement. 4°. Que le filence refpectueux ne fuffit pas ; mais qu'on eft obligé de croire fincerement , par

une foumiſſion intérieure d'eſprit &
de cœur, que les cinq Propoſitions
ſont hérétiques dans le ſens même de
leur Auteur.

I I.   *CONDUITE d'une Dame Chré-*
tienne, pour vivre ſaintement dans le
monde 3.ᵉ Edition revûë & corrigée ;
1730. A Paris chez Jacques Vincent.

    NOTA. Que l'Auteur de cet Ouvra-
ge rempli d'ailleurs de bonnes maximes, ſe décele un peu trop, lorſqu'il conſeille à ſa Pénitente de lire
les Lettres de l'Abbé de Saint Cyran.
C'eſt juſtement le cinquiéme Livre
dont nôtre Directeur lui conſeille la
lecture : *Liſez*, lui dit-il, *l'Evangi-*
le, l'Imitation de J. C. les Oeuvres
de Sainte Thereſe, les Lettres d'Avi-
la, & celles de M. de S. Cyran. Elles
* Page *ſont * écrites*, dit-il, *d'une maniere un*
•67.   *peu ſeche, mais les maximes en ſont*
admirables.

III.   *COURTE & néceſſaire Inſtruc-*
tion pour tous les Catholiques des Païs-
Bas, touchant la lecture de l'Ecriture
Sainte, par Corneille Vande-Velden.
A Cologne chez Nicolas Schouten
1690.

    NOTA. Que cet Ouvrage eſt en-
core de l'infatigable Pere Don Gerbe-

ron , & qu'il fut brûlé en Flandres , &
condamné à Rome.

CRITIQUE des préjugez de Mr. **IV.**
Jurieu , par l'Abbé Richard.

Nota. C'est toûjours le même Bénédictin , comme on le comprend
assez par le nom de l'Abbé Richard ,
qui étoit un de ses noms favoris.

D

DECLARATIO , seu professio **V.**
Fidei Cleri Hollandiæ. Déclaration ou profession de Foy du Clergé
de Hollande.

Nota. C'est encore ici un Ouvrage Manuscrit de Dom Gerberon , qui
le fabriqua pour soûtenir le Schisme
de plusieurs Ecclésiastiques de la Hollande , qui s'étoient ouvertement ré-
voltez contre le Saint Siége , pour s'attacher à Mr. l'Archevêque de Sebaste ,
dont nous parlerons bien-tôt.

DECRETUM Archiepiscopi **VI.**
Mechliniensis , notis illustratum. En
Latin & en François. Décret de l'Ar-
chevêque de Malines avec des Notes.

Nota 1°. Le P. Quesnel s'étant
échappé de la prison où il avoit été

mis par l'ordre du Roy d'Espagne, & par les soins de l'Archevêque de Malines, on instruisit son Procès par contumace ; & par Sentence renduë le 10. Novembre 1704. il fut déclaré excommunié, & condamné à faire pénitence dans un Monastere, jusqu'à ce qu'il eût satisfait au S. Siége, & qu'il en eût reçû l'absolution. Le Criminel refugié en Hollande, se vengea par des Libelles semez de torrens d'injures, qu'il y répand contre l'Archevêque & contre son Décret, qu'il appelle *Monstrum horrendum*, *informe*, *ingens*. Il l'attaqua par les Notes les plus insultantes, où il parle avec la derniere indignité des Papes, des Prélats, des Rois & de leurs Ministres.

☞ 2°. Cet Ouvrage hérétique & séditieux, digne de son Auteur Quesnel, a été condamné par le Saint Siége.

VII. *DE ECCLESIASTICA, & politicâ potestate*, Paris 1611.

Nota. 1°. L'Auteur de ce Livre, qui a fait tant de bruit dans l'Eglise & dans l'Etat, est Edmond Richer, Docteur de la Faculté de Paris, Grand Maître du Collège du Cardi-

nal Le Moine , & Syndic de Sorbon‑
ne , mort le 29. Nov. 1631. C'eſt ce
même Richer , qui étant encore jeune
Bachelier , oſa ſoûtenir publiquement
en Sorbonne que Henri III. comme
Tyran , diſoit-il , avoit été juſtement
tué , & donna dans ſa Theſe les plus
beaux éloges au ſcélerat qui avoit
commis ce déteſtable parricide. On a
pour garant de ce fait le Cardinal du
Perron , qui atteſte dans la *Relation*
de ſes Ambaſſades & Négociations ,
page 694. qu'il avoit l'Original de
cette Theſe. Voilà quel fut le Chef
des Richeriſtes , lequel ne pouvoit ſe
laſſer de prôner le Gouvernement
Ariſtocratique qu'il jugeoit égale‑
ment néceſſaire & dans l'Egliſe , &
dans l'Etat.

☞ 2°. Le pernicieux Syſtême de
Richer eſt que Jeſus-Chriſt a donné
la puiſſance des Clefs , non pas à Saint
Pierre , aux Apôtres , & aux Evêques ,
leurs Succeſſeurs , mais à la Commu‑
nauté des Fidelles , qui a droit immé‑
diatement & eſſentiellement de ſe
gouverner elle-même , & qui commu‑
nique cette puiſſance à qui & ſelon la
meſure qu'il lui plaît , & qu'ainſi les
Evêques ne ſont que des Chefs mini‑

steriels & de simples Executeurs des
volontez du corps des Laïques, au
nom de qui ils exercent, & non pas
en Chef. Voici les expressions de
Richer dans le premier Chapitre de
son pernicieux Ouvrage : *Jure Divino*
& naturali omnibus perfectis Communi-
tatibus & civili Societati priùs, imme-
diatiùs atque essentialiùs competit ut si
ipsam gubernet, quàm alicui homini sin-
gulari ut totam Societatem & Commu-
nitatem regat. Et il ajoûte dans le Chapitre suivant, qu'il n'y a ni Privilege, ni Dignité, ni Siége qui puisse
prescrire contre cette Loi divine & naturelle. *Cui Legi neque spatia tempo-*
rum, neque privilegia locorum, neque
dignitates personarum unquam præscri-
bere poterunt. Ibid.

NOTA 3°. Que ce système de Richer est le même que celui du Con-
sistoire de Genêve, le même que celui
de Marc-Antoine de Dominis. C'est-
là dit M. l'Evêque de Luçon, dans
son Ordonnance & Instruction Pastorale de 1728. c'est-là la Confession
d'Anne du Bourg, martyr du Calvinisme en 1559. Je crois, d soit-il, la
puissance de lier & de délier, qu'on appelle communément les Clefs de l'E-
glise,

glife, être donnée de Dieu, non point
à un homme ou deux, mains à toute
l'Eglife, c'est-à-dire, à tous les Fidéles, & Croyans en J. C.

☞ 4°. Les Janfeniftes ont adopté
& ouvertement renouvellé le Richerifme en France, & c'étoit-là ce qu'un
de leurs Partifans écrivoit & annon-
çoit par avance au Docteur de Saint-
Amour, qui défendoit au nom du
Parti les cinq Propofitions à Rome.
Souvenez-vous, lui écrivoit-il, *que je*
vous ai mandé, *il y a long tems*, *que*
de cette décifion dépendra le renouvelle-
ment du Richerifme en France.

☞ 5°. Les Janfeniftes ont fait
réimprimer à Paris les Ouvrages de
Richer en deux Volumes in 4°. &
leur chef le Pere Quefnel a femé en
cent endroits de fes Refléxions Morales, le grand principe de ce même
Richer : qui eft, *que par l'ordre établi*
de Dieu & par la Loi naturelle, toute
parfaite Communauté a droit de fe gou-
verner elle-même. Et que l'autorité &
la jurifdiction fur toute la Communauté
appartient à la Communauté même,
préferablement à tout homme particulier.
Ce malheureux Principe eft clairement enfeigné par Quefnel, fur tout

dans la quatre-vingt-dixiéme des cent
& une Propofitions condamnées, où
il dit, *que c'eft l'Eglife qui a l'autorité de l'excommunication pour l'exercer
par les premiers Pafteurs, du confentement, au moins prefumé, de tout le
Corps.* Ce même Syftême de Richer
vient d'être renouvellé plus que jamais dans le fameux Livre du Témoignage de la verité dans l'Eglife Catholique.

☞ 6°. Que le Livre de Richer
fut condamné en 1616. par le Concile
de Sens, comme contenant plufieurs
Propofitions fauffes, erronées, fcandaleufes, fchifmatiques, héretiques;
qu'il fut auffi condamné par l'Archevêque d'Aix, & par fes Suffragans, &
enfin profcrit à Rome, & que ce Docteur eut ordre de fupprimer, fur
peine de la vie, l'Apologie de fon
Livre qu'il avoit compofée. C'eft cette même Apologie que le Parti a fait
réimprimer, & elle fe vend aujour-
d'hui à Paris.

☞ 7°. Que le Docteur Richer fe
retracta en 1629. & declara par un
écrit figné de fa main, qu'il recon-
noiffoit l'Eglife Romaine pour Mere
& Maîtreffe de toutes les Eglifes, &

pour Juge infaillible de la verité.

☞ 8°. Que tout ce que le Parti a publié fur la prétenduë violence faite à Richer, pour l'obliger à fe retracter, n'eſt qu'une pure fiction qui ne merite aucune créance.

DEFENSE de la Conſtitution VIII. *du Pape Innocent X. & de la Foy de l'Egliſe, contre deux Livres, dont l'un a pour titre : Cavilli Janſenianorum; & l'autre,* Réponſe à quelques demandes &c. *à Paris* 1665.

NOTA. L'Abbé de Lalane qui a compoſé cette Defenſe, s'y déclare hautement contre la Grace ſuffiſante. Voici comme il en parle page 107. *Saint Auguſtin n'a jamais eu recours à une Grace ſuffiſante, qui donnât un pouvoir prochain pour ſoutenir contre Pelage & contre Celeſtius, que Dieu ne commande rien d'impoſſible.*

DEFENSE de la diſcipline qui IX. *s'obſerve dans le Dioceſe de Sens, pour la Penitence publique,* 1713. à Sens par Mr. Varet, mort en 1616.

NOTA- 1°. Que ce livre eſt de M. Varet, aidé, à ce qu'on croit, de M. Boileau, le Docteur.

☞ 2°. Que les Novateurs ayant voulu établir dans l'Egliſe de Sens l'obligation de la Pénitence publique, même pour les pechez secrets, le Saint Siége & plusieurs Evêques de France condamnérent les livres publiez par le parti, pour autoriser cette dangereuse Discipline que le Pape saint Leon avoit déja condamnée douze cens ans auparavant dans sa Lettre 48. *Removeatur*, dit-il, *tam improbabilis consuetudo, nè multi à pœnitentiæ remediis arceantur*; & que le Concile de Trente a si hautement désaprouvée dans la session 24. ch. 5. *Et si Christus non vetuerit quominùs aliquis in vindictam suorum scelerum & sui humiliationem.... Delicta sua publicè confiteri posset, non est tamen hoc Divino præcepto mandatum, nec satis consultè humanâ aliquâ Lege præciperetur ut delicta, præsertim secreta essent Confessione aperienda.*

X.

DEFENSE de la doctrine de saint Thomas touchant la Grace suffisante contre le Pere Nicolaï. Ouvrage Latin publié en 1656. sous ce titre: *vindiciæ S. Thomæ circa gratiam sufficientem, adversus Fratrem Joannem Nicolaï, Ordinis Fratrum Minorum.*

NOTA. Le Pere Nicolaï, estimé des Gens de Lettres pour son

erudition, fut un des zélez défenseurs de la Foi Orthodoxe, ce qui détermina un partisan de Jansenius, qu'on a crû être l'Abbé de Lalane, avec Mrs. Arnaud & Nicole à l'attaquer ouvertement dans l'Ouvrage en question.

DEFENSE de la Foi des Religieuses de Port-Royal en deux parties.   X I.

N O T A. Que cette Apologie vient encore de Mr. Nicole. 1664.

DEFENSE de la Grace efficace par elle-même, par feu Mr. l'Evêque de Mirepoix, Pierre de la Broüe, mort en 1720. à Paris 1720.   X I I.

N O T A 1°. Que ce Prelat nommé Pierre de la Broüe, mort en 1720. est un des quatre Evêques de France qui ont appellé publiquement de la Constitution *Unigenitus* au futur Concile général, & qu'il est mort sans avoir retracté son appel.

☞ 2°. Les deux Approbateurs de son Livre sont aussi deux Appellans: Mr. d'Arnaudin, & Mr. de la Coste.

☞ 3°. L'Auteur, *pag.* 255. y débite le plus pur Jansenisme: c'est-à-dire, le Système des deux délectations invincibles. Voici ses paroles: *Il s'ensuit manifestement que quand la*

Grace est plus forte que la delectation oppofée de la concupifcence , il arrive infailliblement qu'elle l'emporte. Item pag. 258. *La delectation victorieufe , eft au fentiment de faint Augustin , la Grace efficace.*

XIII. *DEFENSE de la Propofition de Mr. Arnaud , Docteur de Sorbonne touchant le Droit , contre la premiére Lettre de Mr. Chamillard.... par un Bachelier en Théologie de la Faculté de Paris.*

NOTA. Que l'Apologifte, qui eft le celebre. M. Nicole , rappelle plufieurs fois & foutient dans fon Livre cette fameufe Propofition héretique , qui fit chaffer Mr. Arnaud de la Sorbonne : *La Grace fans laquelle on ne peut rien , manque à quelques Juftes dans une occafion où il peche.*

XIV. *DEFENSE de la Traduction du Nouveau Teftament de Mons , contre les Sermons du Pere Maimbourg Jefuite , prêchez en 1667.* En fept parties imprimées plufieurs fois.

NOTA. L'aigreur, l'emportement & l'efprit de l'Auteur qui regnent dans ce livre d'un bout jufqu'à l'autre , nous apprennent affez qu'il vient de M. Arnaud , quand nous n'aurions pas d'ailleurs des preuves certaines qu'il eſt de lui.

DEFENSE de l'Egliſe Romaine X V. *contre les calomnies des Proteſtans.*

NOTA 1°. Que cet Ouvrage du P. Gerberon a été condamné à Rome par un Decret du 11. May 1704. On y avance ſans détour que J. C. n'a pas offert ſon Sang pour ceux qu'il ſçavoit que ſon Pere ne vouloit pas ſauver.

☞ 2°. Le deſſein de cet Ouvrage n'eſt autre que d'anéantir les Conſtitutions , les Decrets , & les Brefs des Souverains Pontiſes , & de prouver qu'ils n'ont jamais défini ce qu'on appelle le fait de Janſenius.

DEFENSE de Meſſire Pierre X V I. *Codde , Archevéque de Sebaſte , contre le Decret de Rome porté contre lui le 3. Avril* 1704.

Item. *REMARQUES ſur un Decret contre l'Archevéque de Sebaſte.*

NOTA 1°. Que Mr. Pierre Codde, autrefois Prêtre de l'Oratoire , mort à Utrecht en 1710. ayant été juridiquement depoſé de ſon Vicariat Apoſtolique de Hollande par le Pape Clement XI. le Pere Queſnel, le ſieur de Withe & le ſieur Van-

Efpen déciderent avec tout le Parti qu'il pouvoit continuer fes fonctions, en fe mettant fous la protection des Etats Generaux : ce qu'il fit, & ce fut à cette occafion que les Janfeniftes firent frapper une Médaille que nous avons vûë ici, & qui mit le fceau à leur revolte. D'un côté on voit le bufte de Mr. de Sebafte en Rochet & en Camail avec cette Infcription au bas : *Illuftriffimus ac Reverendiffimus D. Dominus Petrus Coddæus, Archiepifcopus Sebaftenus, per fœderatum Belgium Vicarius Apoftolicus.* L'Illuftriffime & Reverendiffime Seigneur Pierre Codde Archevêque de Sebafte, Vicaire Apoftolique en Hollande.

On a voulu marquer par cette Infcription que Mr. de Sebafte, malgré fa dépofition, eft toûjours regardé par le Parti comme legitime Vicaire Apoftolique, en vertu de la protection que lui donnent les Etats de Hollande ; mais on marque bien plus clairement cette penfée par ces paroles d'Horace qu'on voit dans la legende de la Medaille.

Od 2. lib. 3. Secures.

Non fumit aut ponit honores, Arbitrio popularis auræ.

Il ne reçoit ou ne quitte point les honneurs de la main d'une inconſtante populace.

Au revers de la Médaille eſt un Agneau couché, auprès duquel on voit le Lion Belgique debout, tenant d'une main l'épée haute, & de l'autre des javelots en action de défendre l'Agneau. On voit en l'air la foudre lancée, qui ſe détournant de deſſus l'Agneau, va tomber ſur le Vatican qu'elle met en feu; & enfin cette ſeconde legende acheve de nous dévoiler le myſtére : *Inſontem fruſtrà ferire parat.* Les choſes avoient été portées à un tel point, ſous le Vicariat Apoſtolique de M. Codde, que les Prêtres Janſeniſtes adminiſtroient les Sacremens en Langue vulgaire, & recitoient en Flamand toutes les Prieres du Rituel Romain. Mr. de Sébaſte étant mort dans ſon obſtination & dans ſes erreurs, le 18. Décembre 1710. le Pape défendit de prier pour lui.

☞ 2°. Les différentes Apologies qu'on a publiées en faveur de Mr. de Sebaſte, ont été défenduës ſous peine d'excommunication.

D E F E N S E des deux Brefs XVII.
Tome I.   L

d'Innocent XII. aux Evêques de Flan-
dres, par l'Abbé du Manoir. 1697.

Nota. C'est un des noms sous lesquels Quesnel s'est caché.

XVIII. *DEFENSE des Professeurs en Théo-*
logie de l'Université de Bourdeaux, con-
tre un Ecrit intitulé : Lettre d'un Théologien à un Officier du Parlement,
touchant la Question : Si le Livre de
Vendroc est hérétique. *En* 1660.

Nota. C'est Mr. Nicole qui est
certainement l'Auteur de cet Ouvrage.

XIX· *DEFENSE des Théologiens, & en*
particulier des Disciples de saint Au-
gustin, contre l'Ordonnance de Mr. l'E-
vêque de Chartres, portant condamna-
tion du Cas de Conscience ; avec une
réponse aux Remarques du même Pré-
lat sur les Déclarations de Mr. Coüet.
1706.

Nota 1°. Que cet Ouvrage est
un des derniers & des plus autorisés
dans le Parti, & nous en avons pour
fidéle garant Mr. le Cardinal de
Meaux dans son admirable Mandement contre la Théologie du Pere
Juenin.

☞ 2°. On attribuë cet Ouvrage
au sieur Fouilloux, Licentié de Sor-

bonne, qui eſt l'Eleve du Pere Queſnel & qui paſſe aujourd'hui pour une
des meilleures plumes du Parti. Le
grand objet de ce nouveau Queſnel
eſt de combattre de toutes ſes forces
dans ſon Livre l'infaillibilité de l'E-
gliſe à l'égard des faits dogmatiques.

DEFENSIO Belgarum contra evo-
cationes cauſarum & peregrina judicia.
Apologie des Flamands contre les
évocations des cauſes, & les jugemens étrangers.

NOTA. Que cette Apologie de la
Doctrine de Janſenius a été condam-
née à Rome, par un Decret du 23.
Avril 1654.

DE LA GRACE victorieuſe de J. C. X X.
ou Molina & ſes Diſciples convaincus
de l'erreur des Pelagiens & Semi-Pela-
giens. A Paris 1651.

NOTA. Cet Ouvrage a été proſcrit à Rome par un Decret du 23.
Avril 1654.

DENUNCIATIO Solemnis Bullæ X X I.
Clementinæ, quæ incipit, Vineam Domini Sabaoth, *facta univerſæ Ecclesiæ*
Catholicæ. Kalend. Junii 1709. c'eſt-
à-dire, dénonciation ſolemnelle de
la Bulle *Vineam Domini,* faite à toute
l'Egliſe Catholique.

Item. *PANEGYRIS Janseniana*;
le Panegyrique de Janfenius.

Item. *APOLOGIA ejufdem
Panegyreos.* Apologie de ce même Panegyrique.

NOTA. L'Auteur de cette étrange
dénonciation eft Mr. de With, déterminé Janfenifte, ancien & célebre
Docteur de Louvain, dont nous avons
déja fait le caractére. Il accufe dans
cette dénonciation le Pape Clement
XI. d'avoir reffufcité Pélage & ren-
verfé la grace de JESUS-CHRIST par
fa Conftitution, *Vineam Domini*, du
16. Juillet 1705. Il qualifie cette
Conftitution d'horrible, d'ennemie de
la grace de Dieu, de Tyrannique &
pleine de Calomnies contre le Saint
Evêque d'Ypres, de deftructrice de
tous biens, de fource inépuifable de
tous maux. Il la regarde comme un
Ouvrage de tenebres, digne que l'An-
techrift y mette le comble, en l'adop-
tant, & en la prêchant; ce font fes
paroles. Il appelle le Livre de Janfenius, *Librum Divinum & Aureum.*
Il accufe l'Eglife de Rome de s'être
montrée encore plus Pélagienne que
Julien, que Cæleftius & que Pélage
lui-même, en approuvant, *dit-il*, l'a-

bominable Livre du Cardinal Sfon-
drate, intitulé, *Nodus prædeſtinationis diſſolutus*, ou *le dénoüement de la
prédeſtination*. Enfin il conclut par
exhorter vivement tous les Evêques à
aſſembler au plûtôt & malgré le Pape
un Concile Œcumenique, pour condamner cette deteſtable Conſtitution,
& pour faire le procès au Pape lui-
même & le dépoſer, s'il refuſe de ſe
retracter. Cette étrange dénonciation
commence par ces paroles d'Iſaïe :
*Quaſi Tuba exalta vocem tuam ......
Rem magnam aggredior, ô Eccleſia
Catholica, & hac quidem ætate inſoli-
tam ; ſed, &c.*

DENONCIATION 1e. & 2e. de XXII.
l'Inſtruction Paſtorale de M. le Cardinal de Biſſy, l'année 1722.

NOTA. 1°. Sept Evêques, Opo-
ſans, dont nous ferons obligés de
parler bien-tôt, ayant écrit au Pape
Innocent XIII. une Lettre peu meſurée, dans laquelle ils ſe déchaînent
contre ſon Predeceſſeur Clement XI.
& contre ſa Conſtitution ; le Cardinal de Biſſy publia à cette occaſion
une Inſtruction Paſtorale dattée du
17. Juin 1722. dans laquelle il établit cinq verités principales. 1°. Que

la Bulle eſt Orthodoxe dans tous ſes points. 2°. Qu'elle n'eſt ni équivoque, ni ambiguë. 3°. Qu'elle eſt un Jugement irrefragable de l'Egliſe univerſelle. 4°. Qu'elle eſt Dogmatique. 5°. Que ſans ſe rendre criminel, on ne peut ſe diſpenſer de s'y ſoumettre d'eſprit & de cœur.

☞ 2°. Cette Lettre ayant été dénoncée par le Parti, comme bleſſant les droits de la Couronne & nos Libertés, le Roy évoqua cette cauſe à ſon Conſeil ; il nomma des Commiſſaires, pour examiner les Chefs d'accuſation. Les Commiſſaires aſſurerent S. M. que c'étoit une imputation calomnieuſe ; & les dénonciations dont ils parlerent comme d'un tiſſu de fauſſetés furent ſupprimées par le Roy, le 23. May 1723. avec les qualifications les plus fortes.

XXIII. *DEVOIRS de la Pieté Chrétienne.*

XXIV. *DISCOURS ſur les Nouvelles Eccleſiaſtiques, ſans nom d'Auteur, de Libraire, ni de Ville* ; in-quarto, le 7. Avril 1735.

NOTA. Que ce petit Ouvrage écrit avec uta nt d'eſprit, d'élegance, &

de feü, que d'emportement & de malignité, eft attribué à M. Le Gros, Chanoine & Doƈteur de Reims, refugié à Utrecht. On pourra fe former une jufte idée de cet Ouvrage fingulier par cet échantillon.

Page 2. *La Bulle confiderée par le fonds, fe décrie d'elle-même. L'autorité d'une prétenduë acceptation univerfelle dont on la pare, les Interprétations & les Commentaires dont on la couvre, ne font qu'augmenter fa difformité & fa laideur naturelle........ Le nom du Pape ne fait que lui imprimer une efficace d'erreur, qu'elle n'auroit point fans cela.*

Item page 2. *Mais à qui en veut ce monftrueux Decret (La Bulle Unigenitus) il va infulter le Tout-Puiffant, jufques dans fa redoutable fainteté.*

Toute la fuite de ce Difcours fait frémir d'horreur ; & néanmoins dans la même page ce même homme fi petulant, releve *la candeur, la fimplicité, la douceur, la patience des gens de fa Seƈte.*

Page 4. *Le nom de Janfenifte étoit un titre d'honneur..... On n'entendoit par-là qu'un homme de bien, qui fçavoit, & qui aimoit la Religion, &*

L iiij

qui réüniſſoit dans ſa perſonne, avec la foy & le mérite, la probité & la pieté. Voilà la modeſtie des nouveaux Diſciples de S. Auguſtin.

Page 5. *L'Epiſcopat étoit avili & rempli de ſujets, qui n'avoient d'autres lumieres que celles qu'ils avoient puiſées à Saint Sulpice, ou dans des Ecoles encore plus ſuſpectes..... Au milieu de la Capitale du Royaume, s'élevoient des Seminaires & des Ecoles publiques, où l'on faiſoit profeſſion d'enſeigner les Fables Ultramontaines avec le Moliniſme; & c'étoit dans ces ſources empoiſonnées, que la Nobleſſe Françoiſe, qui ſe deſtinoit à l'état Eccléſiaſtique, alloit puiſer, & c'eſt là que ſe formoient les Evêques.*

Item, page 5. *Clement XI. avoit été leur Diſciple,* (des Jeſuites.) *Dés ſa tendre jeuneſſe, il avoit aſpiré à l'honneur d'être membre de la Societé. Il y étoit admis, & il y ſeroit entré ſi ſon pere qui fondoit de grandes eſperances ſur un tel Fils, n'eût engagé le Cardinal Barberin à défendre aux Jeſuites de le recevoir.....* Il dépeint dans la même page le Saint & Sçavant Pape Clement XI. comme un homme toûjours tremblant pour ſon infaillibilité prétenduë. Page 17. il ose avancer , *que les violences , les injustices & les irrégularités continuoient sous le Ministére de M. le Cardinal de Fleury* ; Il ajoute, *que l'abdication volontaire de l'Evèque de S. Papoul est capable de consoler l'Eglise dans sa vieillesse.*

Page 46. Il recommande *la Boëte à Perrete* : Car la liberalité pour les interêts du Parti , est la vertu qu'on y recommande toûjours le plus.

DISCOURS mis à la tête du XXV. 33ᵉ. *Volume de la continuation de l'Histoire Ecclésiastique de Mr. l'Abbé Fleury , par le Pere Fabre de l'Oratoire,* 1734. *depuis l'an* 1562. *jusqu'à* 1563.

Nota 1°. On dit dans le discours , que dans le 14e. siécle *les Pasteurs de l'Eglise Romaine n'avoient ni régle sure , ni instruction solide pour se conduire.* Cette proposition est injurieuse à l'Eglise , & heurte de front la promesse que Jesus-Christ lui a faite , *que les portes de l'enfer ne prévaudront jamais contre elle.*

☞ 2°. Que dans ce même discours , on fait un précepte indispensable de raporter positivement à Dieu toutes nos actions , par le motif de l'amour Divin : ce qui eſt une des cent & une Propoſitions con-damnées.

XXVI. *DISCOURS ſur les Preuves des verités de la Foy , où l'on fait voir que ſur les Propoſitions qui regardent la Foi , il n'y a point d'autres verita-bles preuves que des paſſages de l'E-criture & de la Tradition , qui con-tiennent ces Propoſitions en termes ex-près , ou en termes équivalans,* in-douze diviſé en 4. livres. A Nancy , aux dé-pens de Joſeph Nicolas , 1738.

NOTA. L'Auteur ſe déclare d'a-bord Janſeniſte , quoiqu'il attaque dans cet Ecrit un ſentiment reçu par-mi les Théologiens de ſon Parti , à l'un deſquels il addreſſe toujours la parole , comme à un adverſaire qu'il s'eſt propoſé de combattre , & de ra-mener , s'il ſe peut , à la verité. La prétenduë erreur , contre laquelle ſon zele s'allume , & qu'il veut détruire par cet Ouvrage , c'eſt , comme il l'ex-poſe , *liv.* 1. *chap.* 3. de mettre parmi les lieux Théologiques , & parmi les preuves des vérités de la Foy , l'auto-rité des Théologiens ; erreur qui ſe trouve , ſelon lui , dans tous les Au-teurs , même Janſeniſtes , qui ont

traité cette matiere ; entre autres dans
M. Witaſſe.

Il déplore amérement dès l'entrée ,
& dans toute la ſuite de ſon Ouvrage ,
l'état où l'Egliſe ſe trouve réduite à
preſent. *Cette malheureuſe erreur ,* ſelon lui, liv. 1. chap. 1. *eſt la premiere
& la principale cauſe des malheurs
préſens de l'Egliſe ..... Il eſt triſte,* ajoute-t'il *, de ſe voir réſervé à ſoutenir les
interêts de l'Egliſe , en un tems où l'on
ne peut parler d'elle que la larme à l'œil.*

Il oſe même *, l. 1. chap.* 11. accu-
ſer S. Auguſtin d'avoir été cauſe de
l'égarement des Demi-Pelagiens , par
une opinion qu'il avança d'abord , &
qu'il retracta dans la ſuite ; héréſie qui, ſelon lui, *ſubſiſte encore ,
quoique deguiſée ſous de plus belles apparences & accompagnée de circonſtances nouvelles , qui ſans la rendre plus
innocente, la rendent plus dangereuſe.* Il
l'accuſe encore d'avoir hazardé une
autre opinion qui n'a pas été moins
pernicieuſe , ſçavoir : *Que les hommes
dans l'état d'innocence , avoient une
grace intérieure tellement ſoumiſe à leur
Libre-Arbitre , qu'ils pouvoient à leur
gré la rendre efficace, ou inefficace, c'eſt-
à-dire , lui faire produire ſes effets par*

leur acquiescement volontaire, ou la pri-
ver de ces mêmes effets par l'opposition
de leur volonté.... Grace, ajoute-t'il peu
après, *que ce Pere opose à celle de J. C.*
qui soumet la volonté sans la contrain-
dre, & qui opere infailliblement en nous
le vouloir & l'action. S. Augustin a
donc donné le premier l'idée d'une
grace dépendante du Libre-Arbitre de
l'homme, qui peut s'en servir ou la rejetter & la rendre inutile, selon qu'il
lui plaît d'y consentir ou d'y résister.

C'est-là, selon l'Auteur, une Proposition visiblement erronée. . . . *Cet-*
te idée d'une grace dépendante de l'hom-
me, d'une grace soumise à notre volonté,
qui lui donne le branle .... a été suivie
par les Théologiens & répanduë dans
toute la terre. Ce qui a été, selon lui,
la source d'une infinité de maux, qu'il
décrit de la maniere la plus pathéti-
que. *Quels orages,* dit-il, *quelles tempê-*
tes excitées dans l'Eglise! Quels ravages
parmi les Fidéles! Que de Saints traités
en Impies ! Que d'erreurs élevées sur
celle-là, par la politique & par la pré-
varication ! Que de millions d'Ames
précipitées dans l'Enfer! &c.

Dans le chap. 13. du même livre, il suppose que l'erreur peut

prévaloir dans l'Eglise, que la Foi actuelle de l'Eglise présente n'est pas une regle sûre de ce qu'il faut croire ; & qu'elle peut n'être pas d'accord avec l'Ecriture & la Tradition. C'est pour cela qu'il rejette comme impie & détestable, une Doctrine, *qui érigeroit en Dogmes toutes les héréfies, qui dans l'Eglife auroient été embraffées par le plus grand nombre, comme il arrive fi fouvent, & qui feroit paffer pour des héréfies les véritez contraires a ces erreurs trop répanduës.* Dans le liv. 2. chap. 1. il se déchaîne contre les Théologiens de l'Ecôle, avec tout l'emportement ordinaire aux Hérétiques. *Le commun de ces Docteurs, je vous l'avouë*, dit-il, *c'est pour moi quelque chofe au-deffous du rien.* Plus bas il met de niveau les Janfeniftes, avec les autres Théologiens des Ecôles Catholiques. *Aufquels des Scholaftiques*, dit-il, *voudriez-vous me renvoyer? eft-ce aux Janfeniftes? eft-ce aux Thomiftes? eft-ce aux Moliniftes? eft-ce aux Scotiftes ; car toutes ces Ecôles s'accufent mutuellement d'erreur,* &c.

Dans le chap. 3. il joint aux Evêques les Pafteurs du fecond ordre comme participans au privilege de l'infaillibité des décisions ; *& même, dit-il, lorsque la plûpart des particuliers de ces deux corps viennent à s'égarer, la pureté de la Foi se conserve toûjours dans les Ordres mêmes, qui ne peuvent jamais tomber tout entiers dans l'erreur.* Voilà un siftéme bien commode pour tous les Hérétiques, qui prétendent toujours que la pureté de la Foi se conserve dans leur petit nombre.

Dans le ch. 5. il prétend qu'il y a dans l'*Eglise des particuliers qui ont reçu par la grace la perséverance invariable ou l'indefectibilité dans la Foi.* Et il infinuë à toute occafion, que c'eft au Concile feul qu'apartient l'autorité. Les Apôtres S. Paul & S. Barnabé, ainfi que les autres Apôtres, avoient, felon lui, cette indefectibilité, mais ils n'avoient pas l'autorité infaillible de juger, & c'eft pour cela qu'ils ne voulurent rien décider, & qu'ils eurent recours au Concile.

Dans le chap. 6. Outre les invectives les plus indécentes, & empruntées des feuls Hérétiques contre les Théologiens de l'Ecole, l'Auteur prétend comme Janfenius & fes Dif-

ciples, que dans la défection generale de toutes les Ecoles, l'Eglife ne
laiffoit pas de conferver & de profef-
fer la véritable Foi par fes prieres,
fes cérémonies, & par la lecture des
faintes Ecritures. Il ofe avancer que
la défection fut prefque generale du
tems des Arriens, fans que Dieu eût
pour cela abandonné l'Eglife. *N'a-t'il
pas fouffert, dit-il, que les Empe-
reurs, & prefque tous les Evêques fui-
viffent publiquement l'impieté d'A-
rius, &c.*

Dans le Chap. 11. il prétend que
les Laïques fufcités de Dieu, font
des témoins néceffaires, & ont place en cette qualité dans les Conci-
es Generaux. Il infinuë que dans
les difputes qui s'élevent dans l'E-
glife, c'eft une néceffité d'affem-
bler un Concile pour la décifion,
& même que la décifion ne peut faire Loi, fi les fuffrages ne font pas
parfaitement unanimes.

Dans le livre 3. chap. 9. *Les Evêques difperfés prétendent depuis peu,
qu'en cet état, ils ont non feulement l'infaillibilité ou la perfeverance invariable
dans la Foy, mais l'autorité infaillible.*
Ces paroles de l'Auteur font claires :

felon lui, le feul Concile peut décider. Il ajoûte plus bas un nouvel
éclaircifement, & une nouvelle erreur. *De même, dit-il, que le corps
humain, quoique préfent en toutes fes
parties, ne peut néanmoins agir &
parler que par fes mains & par fa bouche; de même l'Eglife ne peut exercer
cette Autorité que par fes Miniftres;
c'eft ce que Dieu lui a donné exprès
pour cela. . . . .* C'eft ainfi, que lorf-
qu'elle eft affemblée & réellement préfente dans un Concile Général, elle
parle, entend, délibére, agit, décide & prononce par les Evêques & par
les Pafteurs, qui font alors à la tête.
*Le Richerifme eft bien dévoilé dans cet
endroit.*

Dans le Liv. 4. Chap. 7. *J'ai juré
trois fois publiquement fur les Saints
Evangiles, de défendre les véritez de
la Foy, & fur tout celles qu'on renverfe
aujourd'hui, & dont il s'agit entre
vous & moi. Je vois que les plus importantes de ces véritez font détruites, ou
abandonnées par tous les Théologiens;
que les erreurs contraires font prefque
généralement érigées en Dogme; que fi
on ne défend celles-là, & qu'on ne ruïne
celles-ci, il faut que la Religion périffe
dans*

dans l'Europe , & qu'elle en sorte tôt ou tard , comme elle est sortie de l'Asie & de l'Afrique.... Quoi , je verrai l'Eglise dans la plus funeste situation....ses Dogmes renversez par une horrible multitude d'héresies ; je ne verrai pas un Livre où je ne trouve un affreux mélange de Veritez & d'erreurs , devenuës plus pernicieuses par ce mélange même..... & je garderai un lâche silence ? Je suis Chrêtien , & j'abandonnerai des Veritez capitales , qui n'ont point aujourd'hui d'autre Défenseur ? &c.

Dans le Chap. 8. Voici comme il parle des Théologiens de l'Ecole. *L'Esprit de Dieu s'est retiré de ceux qui ont voulu parler par leur propre esprit. Ils ont abandonné l'Ecriture & la Tradition..... Dès-lors la simplicité noble & majestueuse de la Religion a disparu. Ce n'a plus été que vaines subtilitez.... qu'opinions absurdes , qu'erreurs funestes , qui ont ruiné la Foy , armé les Héretiques , & jetté parmi les Fidéles ces cruelles divisions , qui les déchirent. Plût-à-Dieu , que leur hérésie (des Scholastiques) sur ce point à present demontrée , vous rendît suspect le reste de leur doctrine , & vous conduisît insensiblement à recconoître , que c'est eux*

Tome I.   M

qui par leur ignorance des choses Divines, par leurs diverses erreurs, par leurs dissensions scandaleuses ont precipité l'Eglise dans l'abîme où elle est aujourd'hui. Enfin il conclut, & c'est le le précis de tout l'Ouvrage, que sur les matiéres de Religion & principalement sur le Dogme, il n'y a de veritables preuves, que des Autoritez de l'Ecriture & de la Tradition, qui contiennent en termes exprès ou équivalans les Propositions qu'on avance.

XXVII. DENONCIATION des Jesuites, & de leur Doctrine à Nosseigneurs les Plenipotentiaires du Congrez assemblez à Soissons.

NOTA. Que ce Libelle, où l'Hérésie ne se cache point, a été laceré & brûlé par l'Executeur de la Haute Justice, par Arrêt du Parlement du 8. Mars 1729.

XXVIII. DE LA DEVOTION à la sainte Vierge, & du culte qui lui est dû. A Paris 1693.

NOTA 1°. Que l'Auteur de cet impertinent Ouvrage est ce même Mr. Adrien Baillet, Prêtre de Beauvais, qui a composé les Vies des Saints & le Livre qui a pour titre: *Les Jugemens des Sçavans.*

☞ 2°. Ce Livre de la Devotion à la fainte Vierge a été condamné par un Decret d'Innocent XII. du 17. Septembre 1695. *Donec corrigatur:* l'Auteur y dit que la fainte Vierge *a vêcu toute fa vie dans une bienheureufe incertitude.* Il en parle avec fort peu de refpect ; il change le nom d'*Immaculée Conception*, en celui de *Sanctification*, contre la défenfe de trois Papes. Il prétend que le culte que l'Eglife rend à Marie, eft fort inutile ; il affure qu'elle ne prie que pour les Elûs : ce n'eft pas là le fentiment de S. Bernard & de S. Auguftin, qui en fçavoient plus que ce Compilateur peu fenfé. Il ajoûte que la plûpart des titres d'honneur qu'on donne à la Mere de Dieu, font nouveaux, outrez, plein d'hiperboles, & que l'Eglife ne fait que les tolerer. Enfin il pouffe l'impertinence jufqu'à faire un long parallele de la Mere de Dieu & du Philofophe Des-Cartes, dont il avoit écrit la vie, & ce beau parallele tient près de trois pages entiéres. M. Hideux, grand Approbateur des plus mauvais Ouvrages, nous dit de celui-ci qu'il peut être d'un grand ufage pour défendre l'Eglise contre les faux reproches des Pretendus-Reformez ; il a en effet l'Approbation de M. Bayle : Il faut voir là-deſſus ce qu'il en dit dans ſon Dictionnaire , à l'Article de *Neſtorius*.

XXIX. *DIALOGUES entre deux Paroiſ-ſiens de ſaint Hilaire du Mont , ſur les Ordonnances contre la Traduction du Nouveau Teſtament de Mons , en* 1667.

N o t a 1°. Ces trois Dialogues ſont de la façon de l'Abbé Girard , un des plus ſubtils Ecrivains du Parti.

☞ 2°. Les Interlocuteurs de ces Dialogues s'efforcent d'y tourner en ridicule les Mandemens de Mr. l'Ar-chevêque de Paris , & de deux autres Grand Prélats , contre l'infidéle Ver-ſion de Mons.

XXX. *DIFFICULTEZ addreſſées à Mr. de Hornes , Evêque de Gand , par les Catholiques de ſon Diocéſe.* 1691.

N o t a. Le Pere Gerberon y parle à ce Grand Prélat avec toute l'inſo-lence qu'inſpire ordinairement l'eſ-prit d'Héreſie.

XXXI. *DIFFICULTEZ propoſées à M. Steayert en onze parties , dont les trois premiéres ſont pour la juſtifica-tion des Peres de l'Oratoire de Mons,* 1694.

141

Nota 1°. Que ce M. Steayert si connu par la vaste étenduë de son érudition, & dont nous avons déja dit quelque chose, étoit un Docteur de Louvain, qui de Janseniste déclaré devint un zelé Catholique, depuis la condamnation des cinq Propositions, & ce fut là ce qui détermina l'impetueux Mr. Arnaud à publier contre lui *les Steyardes*.

☞ 2°. L'Auteur de ces difficultez dit dans la page 287. & dans les suivantes, que la Bulle *in Eminenti*, publiée par le Pape Urbain VIII. est *subreptice & clandestinement fabriquée; qu'on y a mal pris l'esprit du Pape; qu'on ne fait pas grand cas de cette Bulle à Rome même ; que le Decret d'Alexandre VIII. contre les 31. Propositions extraites des Auteurs Jansenistes, est aussi subreptice.*

' *DIFFICULTATES Sacerdotum Ecclesiæ Gandavensis.* Difficultez des Prêtres de l'Eglise de Gand.

Nota. C'est le même esprit & les mêmes erreurs que nous avons remarquées dans les deux Ouvrages précedens.

DIFFICULTEZ sur la Bul- XXXII. *le qui porte défense de lire Jansenius.* A Paris. 1644.

N o t a. Vous y trouverez, page 3. cette Proposition injurieuse à l'Eglise : *La Bulle contre Janfenius eft une Piéce informe.*

XXXIII. *D I G N U M patellâ operculum.*

N o t a. Cet Ouvrage de tenebres eft digne de fon titre & de fon Auteur, qui eft un Janfenifte des Païs-Bas.

XXXIV. *D I L E M M A T A Theologica Molinistis & Janfeniftis mitigatis propofita.*

N o t a. Ces Dilemmes propofez aux Janfeniftes & aux Moliniftes mitigés, comme nôtre Auteur le prétend, ont été condamnez par Mr. l'Archevêque de Cologne & par Mr. l'Archevêque de Malines, en 1704.

L E D I R E C T E U R Spirituel pour ceux qui n'en ont point. A Paris & à Lyon.

N o t a 1°. Que ce Livre dont on a fait depuis 40. ans un grand nombre d'éditions, n'a jamais été condamné, que je fache ; qu'il n'y a point d'Hérefie formelle.

N o t a 2°. Qu'on ne doit pas néanmoins le confeiller pour les raifons fuivantes. 1°. L'Auteur de ce Livre, qui eft M. Treuvé, Chanoine & Théo-

logal de Meaux, marche volontiers
fur les bords des précipices où les fimples Fidéles ne peuvent le fuivre fans
peril. 2°. Mr. Treuvé recommande
fort la lecture de plufieurs Livres condamnez : tels font par exemple , le
Pfeautier avec des Notes courtes ; l'Inftruction fur les difpofitions qu'on
doit apporter aux Sacremens de Penitence & d'Euchariftie, dont il eft lui-
même l'Auteur. 3°. Il débite dans les
Chapitres de la Meffe & de la Priére
certaines chofes hardies ou fufpectes.
Où a-t-il trouvé , par exemple , qu'il
faut une pureté auffi grande pour affifter à la Meffe, que pour Communier ; que durant la Meffe il ne faut
ni dire fon Chapelet , ni reciter des
Pfeaumes , ni même méditer ; que
les anciens Chrêtiens ne prioient pas
long-tems , & n'avoient point de tems
fixe pour la Priére , &c.

Nota 3°. Que ce Livre eft fort
recommandé par M. de Montpellier ,
ce qui devroit fuffire pour le rendre
fufpect.

DISCERNEMENT entre la **XXXV.**
*Créance des Catholiques & les Opinions
des Proteftans , touchant la Prédeftination & la Grace.*

N o t a. Que ce Livre eſt une maniére de nouvelle édition du fameux
Ecrit à trois colonnes dont nous parlerons dans la Lettre ſuivante.

XXXVI. *DISCORDIÆ Janſenianæ enarrator.*
Narrateur des Diſcordes Janſeniſtes.
Item. *AD ERUDITISSIMUM D.*
Opſtraët fraterna admonitio. Admoni-
tion fraternelle au très-ſçavant Mr.
Opſtraet.

N o t a 1°. Que cet ouvrage fut
compoſé par le P. Gerberon, à l'occaſion d'un Schiſme qui ſe forma entre les Janſeniſtes des Païs-Bas. Le
plus grand nombre ſoûtenoit avec
le Pere Queſnel, & avec le Sieur Hennebel, qu'on pouvoit ſigner le Formulaire ſans diſtinction & ſans re-
ſtriction, quoiqu'on ne crût pas im-
terieurement le fait qui y eſt énoncé.
Les autres ſoutenoient au contraire
que cette ſouſcription étoit un vrai
parjure, & le Pere Gerberon avec le
ſieur de Withe étoient à la tête de
ces Janſeniſtes rigides. Ce fut pour
encourager les Janſeniſtes que nôtre
Benedictin publia les deux Ecrits en
queſtion ; il les y exhorte vivement à
lever le maſque & à prêcher le pur
dogme, *ſelon lui*, de la Prédeſtination & de la Grace.   2°.

☞ 2°. Voici en quel termes &
avec quel air de confiance nôtre Auteur soutient la cinquiéme Proposition
de Janfenius : *Ad cor redeant*, dit-il,
*timidiores Augustini discipuli...... Di-
cant utrùm & ubi Augustinus asserue-
rit quòd Deus velit singulos homines
salvos fieri & ad agnitionem veritatis
venire, an non potiùs oppositum di-
sertis verbis docuerit pluribus in locis*,
page 4.

☞ 3°. Cet Ouvrage de Gerberon
a encore été proscrit par les Archevêques de Malines & de Cologne.

DISQUISITIO de mente Do- XXVI.
mini Steayert. Recherches sur le sentiment de M. Steayert.

Nota. Que dans la page cinquiéme on y débite cette horrible Proposition : *Ecclesia non potest infallibiliter
definire quod Doctrina sana contineatur
in aliquo Canone Concilii œcumenici*,
v. g. Tridentini. Et Voici la belle raison qu'on ose en apporter : *Quia est
quæstio facti non revelati.*

DISQUISITIONES duæ de gratui- XXVIII.
*ta prædestinatione & de Gratia per se
ipsam efficaci.* Deux Disquisitions sur
la prédestination gratuite & sur la
grace efficace par elle-même.

Tome I.   N

No T A. Ces deux difquifitions font une maniere de nouvelle Apologie du Baïanifme & du Janfenifme, laquelle fut condamnée par le Saint Siége le 8. May en 1697. Ce fut le Pere Gerberon qui compofa & qui publia ces Difquifitions durant le long féjour qu'il fit à Roterdam ; & c'eft à caufe de ce long féjour que le Pere Quefnel dans les Lettres le défignoit quelquefois par le nom de *Cucullatus Civis Roterodamenfis* ; Le Citoyen de Roterdam qui porte un Capuchon.

XXIX.   *DISQUISITIONES Pauli Irenæi,* No T A. Que l'Auteur mafqué fous le nom de Paul Irenée, eft Mr. Pierre Nicole, Bachelier en Théologie, mort en 1695. Ses Difquifitions font au nombre de fix ; il y en a trois qui ont été imprimées à la fin du Journal de S. Amour, & les trois autres ont été imprimées féparément. L'Auteur y foutient ouvertement les cinq Propofitions condamnées.

XXX.   *DISSERTATION contre Mr. l'Evêque de Soiffons fur le fait d'Honorius, dans laquelle on démontre que le fait d'Honorius étoit une décifion folemnelle.*

XXXI.   Item. *DISSERTATION contre Mr.*

de Soiſſons touchant le Concile de Rimi-
ni, où l'on prétend faire voir qu'en ce
tems-là il n'y avoit dans l'Egliſe qu'un
fort petit nombre d'Evêques.

NOTA. Que ces deux Diſſertations
hérétiques ne ſont autre choſe qu'un
mauvais rechauffé de vingt objections
uſées que les Janſeniſtes ne ſe laſſent
point de tirer du Concile de Rimini,
& ſur tout du Pape Honorius, comme
Mr. Racine s'en plaignoit déja, il y a
plus de cinquante ans, durant ſes dé-
mêlez avec le Port-Royal.

DISSERTATION ſur la vali- XXXII.
dité des Ordinations des Anglois, par
le Pere le Courrayer, Chanoine Regulier
de l'Abbaye de ſainte Généviéve de Pa-
ris, à Bruxelles, chez Simon Herſte-
vens, 1723.

Item. *DE'FENSE de cette Diſſer-* XXXIII.
tation par le même P. Le Courrayer,
là-même, 1726.

NOTA 1°. Que ces deux Ouvrages
ayant été dénoncez aux Evêques de
France par Mr. Claude le Pelletier,
Chanoine de l'Egliſe de Reims, Mgr.
l'Evêque de Marſeille, Henri François
Xavier de Belzunce de Caſtel-Moron,
les condamna dans uue Iuſtruction

Paſtorale , publié le Jeudi Saint 1727.

☞ 2°. Que le Roi ayant trouvé à propos de faire remettre ces deux Livres entre les mains des Eyêques, que les interêts de leurs Dioceſes avoient appellez auprès de S. M. les Evêques ont vû avec douleur, diſent-ils , que l'Auteur de ces deux Ouvrages y avoit avancé un grand nombre de Propoſitions contraires à la pureté du Dogme ſur pluſieurs points eſſentiels de la Religion ; contraires à la diſcipline, auſſi-bien qu'à l'Autorité de l'Egliſe , & à la Primauté du Pape : ce qui leur a donné lieu de les condamner comme reſpectivement fauſſes , témeraires , captieuſes , malſonantes , ſcandaleuſes , injurieuſes à l'Egliſe , au Saint Siége , favoriſant le Schiſme & l'Héréſie , erronées , condamnées par le Saint Concile de Trente , & Hérétiques. Et en conſequence le Roy a ordonné que les deux Livres ſoient ſupprimez & lacerez , à peine de 3000. liv. d'amende , & de plus grande punition , s'il échet. *Fait au Conſeil d'Etat du Roy , S. M. y étant. Verſailles , 7. Septembre* 1727.

☞ 3°. Que les deux Livres du P. le Courrayer ayant été dénoncés le 18. Sept. 1728. au Concile d'Embrun, par le Promoteur du Concile Monſieur Gaſpard d'Hugues, Mgr. l'Evêque de Marſeille fit là-deſſus ſon raport, & il dit 1°. Que l'Auteur entreprend de juſtifier la Religion des Anglois aux dépens de la Foi Catholique ; & que ſon ſecond Livre mille fois plus pernicieux que le premier, attaque de front & à découvert l'Egliſe Catholique dans ſon Auguſte Sacrifice de la Meſſe, dans ſon Sacerdoce, dans la forme de ſes Ordinations, dans la Primatie de ſon Chef. 2°. Que tout le livre du P. le Courrayer renferme un ſiſtéme formé & ſuivi, non pas pour ramener l'Egliſe de Londres à celle de Rome, mais pour ramener l'Egliſe de Rome à celle de Londres, & que c'eſt une ſuite du malheureux projet d'union que le Docteur Dupin avoit fait avec l'Egliſe Anglicane. Il dit que les Rois d'Angleterre, qui ſe diſent aujourd'hui Chefs de l'Egliſe, ne joüiſſent d'aucun droit dont nos anciens Rois n'ayent autrefois joüi. Il enſeigne que nos Cérémonies ne ſont propres qu'à nourrir la ſu-

perſtition. Il ſoutient en propres termes que le Sacrifice de la Meſſe n'eſt
que figuratif & que commémoratif,
ſans aucune immolation réelle. Il ſoutient ſans pudeur que l'Euchariſtie eſt
chez les Anglois tout ce qu'elle eſt
dans l'Egliſe Romaine. Il avance que
la queſtion qui eſt entre nous & les
Anglois ſur le Sacrifice & le Sacerdoce, ſe réduit à une pure queſtion de
nom... Il dit que l'Angleterre, en ſubſti-
tuant au Pontifical Romain le Rituel
d'Edoüard, n'a fait autre choſe que de
revenir à la ſimplicité & à la pureté
du Rit ancien. Il dit que l'Ordination des Prêtres n'eſt pas un uſage de
la premiere inſtitution, &c.

En conſéquence de ce raport de
M. de Marſeille, le Concile d'Embrun
dans la 28. & derniere Congrégation
célébrée le 26. Sept. 1727. a condamné les deux Livres en queſtion comme
renouvellant des Dogmes Hérétiques,
ſous une fauſſe couleur de concilier
les Dogmes Catholiques avec ceux
des Anglois; comme combattant la
Primauté de la Chaire de S. Pierre, &
l'Autorité des Evêques, comme combattant la Doctrine Catholique ſur le
Caractére imprimé par les Sacremens;

comme foutenant fur l'Euchariftie les erreurs des Anglois, condamnées par le faint Concile de Trente ; comme foutenant que le Sacrifice de la Meffe n'eft point réel ; mais qu'il n'eft qu'une pure figure & une fimple reprefentation ; comme rendant fufpecte la Foy de l'Auteur, fur la prefence réelle de J. C. dans l'Euchariftie, & fur un grand nombre d'autres Dogmes Catholiques, &c.

☞ 4°. Les gens de probité furent étrangement furpris, que le Pere le Courrayer s'étant depuis plus de trois ans déclaré l'Auteur d'un fi pernicieux Ouvrage, M. le Cardinal de Noailles ne l'eût pas pourfuivi par les Cenfures : qu'il fouffrit qu'au milieu de Paris, on vît ce Prêtre monter à l'Autel, & célébrer tous les jours nos faints Myfteres après avoir publiquement dogmatifé contre la Tranfubftantiation, & la Prefence réelle dans l'Augufte Sacrifice de nos Autels ; contre la forme de nos faintes Ordinations, contre nos faintes Cérémonies, & contre la Primauté & l'Autorité de fon Chef vifible.

DISSERTATION fur la guerifon XXXIV. *dune Fille aveugle à la fin d'une Neu-*
N iiij

vaine, faite fur le Tombeau du Diacre Paris.

NOTA 1°. Cette impofture fut fi artificieufement colorée, munie de tant de certificats, que la crédulité d'un nombre infini de perfonnes y fut furprife. Mr. l'Archevêque, fur la Requête de fon Promoteur, ordonna une information Juridique, & fur la dépofition d'un grand nombre de témoins entendus fous la religion du ferment, on trouva que tout étoit artifice pour impofer au public; qu'on avoit falfifié ou alteré toutes les atteftations, & que la prétenduë aveugle née ne l'avoit jamais été.

En 1731 ☞ 2°. M. l'Archevêque de Paris déclara le miracle faux & fuppofé; il condamna la Differtation comme remplie de fuppofitions & d'impoftures, tendante à féduire les Fidéles, injurieufe au Pape, & au Corps des premiers Pafteurs, & favorifant des erreurs condamnées par l'Eglife.

XXXV. *DIVERS fujets de Méditations fur les moyens de bien prendre l'efprit de fa vocation, & pour fe bien gouverner dans fon état, tirées de diverfes Lettres d'un Serviteur de Dieu. A Pa-*

ris chez Jacques de l'Aile de Brefche, rüe S. Jacques , 1678.

N o t a. On débite dans la page 262. de ce Livre , cette étrange Propofition toute propre à faire des libertins & des fcelerats. *Rien ne manque au foin que Dieu prend de nous. Pourquoi y mêler le nôtre ?* Voilà qui indique que les bonnes œuvres que Jesus-Christ nous recommande fi inftamment, font inutiles ; Et voilà une conféquence naturelle de la douziéme Propofition de Quefnel : *Quand Dieu veut fauver l'ame ; en tout tems , en tout lieu , l'indubitable effet fuit le vouloir d'un Dieu.* C'eft auffi ce qu'on enfeigne dans la 30e. Propofition. ,, Tous ceux que Dieu veut fauver , ,, le font infailliblement.

DISSONANTIA Confonan- XXXVI. *tiarum.* 1650.

Nota. Cette *Difcorde Concordante* eft un Ouvrage fabriqué en Flandres par le Docteur Sinnich , & condamné par quelques Evêques.

DISTINTION du fens des cinq XXXVII. *Propofitions.*

Nota. Mr. de Lalane eft l'Auteur de cet Ouvrage condamné par l'Eglife.

DIVERS écrits touchant la signa-
ture du Formulaire par raport a la
Conſtitution de N. S. P. le Pape Cle-
ment XI. de 1705.

NOTA. Que ce Recuëil contient
quatre differens Ecrits du Parti, tous
plus empoiſonnés les uns que les autres. 1°. Un Recuëil de differentes
réflexions ſur le Formulaire. 2°. Un
petit Traité de la faillibilité de l'E-
gliſe ſur les faits Dogmatiques. 3°.
Une Lettre ſur le même ſujet. 4°. Un
petit Traité de la ſoumiſſion à l'Egliſe.

XXXVIII. *DIX MEMOIRES ſur la Cauſe des*
Evêques qui ont diſtingué le Fait du
Droit, à Paris 1666.

NOTA. Mr. Arnaud & Mr. de
Lalane ont travaillé en commun à ces
dix Memoires, qui ont été envelop-
pés dans la même condamnation que
l'Héréſie de la diſtinction du Fait &
du Droit.

XXXIX. *DOCTRINE Auguſtinienne de l'E-*
gliſe Romaine débarraſſée du neud du
Cardinal Sfrondat par pluſieurs Diſ-
ciples de ſaint Auguſtin, dédiée à
l'Aſſemblée generale du Clergé de Fran-
ce, qui doit ſe tenir bien-tôt au Châ-
teau S. Germain, 1697.

XL. Item. *LETTRE de Mr. l'Abbé*

le Boſſu à un de ſes amis ſur le livre du Cardinal Sfrondat , intitulé Nodus pœtestinationis diſſolutus. *Le Neud de la prédeſtination délié.* A Paris chez Boudot.

Nota. Le Cardinal Sfrondat , Benedictin Milanois , mort à Rome en 1696. en odeur de ſainteté , compoſa un Livre poſthume , intitulé *Nodus prædeſtinationis diſſolutus* , dans lequel il ſoutient fortement celui de tous les ſiſtémes Catholiques qui eſt le plus diamétralement opoſé au ſiſtéme de Janſenius. Il prétend dans ſon Livre que les enfans morts ſans Baptême joüiront d'une ſorte de félicité naturelle , quoiqu'ils ſoient exclus du Paradis. Le Parti appuyé de deux Archevêques & de trois Évéques , fit une dénonciation ſolemnelle de ce Livre poſthume au Pape , & puis au Clergé de France. Le ſuccès de tout cela fut que la dénonciation fut condamnée par l'Aſſemblée du Clergé le 4. Sept. 1697. comme contenant des Propoſitions fauſſes , témeraires, ſcandaleuſes..... ſchiſmatiques , & renouvellant les erreurs condamnées.

DOCTRINE de l'Egliſe ſur la Grace , &c. A Cologne , chez Pierre Marteau , 1700. XLI.

Item. *INSTRUCTION sur la doctri-*
ne de la Grace.

NOTA 1°. Que ces deux Livres
disent tous deux la même chose, &
contiennent les mêmes erreurs sur la
Grace, presque dans les mêmes termes;
& c'est-là un des Articles des Novateurs de multiplier leurs Livres à l'infini, en ne faisant presque que changer les titres.

2°. Ces deux Ouvrages ont été
foudroyés trois fois par le Saint Siége, & Mr. le Cardinal de Noailles les
a condamnés tous deux en condamnant *l'Exposition de la Foi.*

3°. On y a semé par-tout cette
impie Doctrine : *Afin que la volonté*
soit libre, il suffit qu'elle n'agisse point
par contrainte ou par une nécessité invo-
lontaire. On y enseigne *pag.* 186. &
suiv. que les Justes même sont quelquefois dans l'impuissance d'accomplir les Commandemens de Dieu.

XLI. *DOGMES de la Discipline & de la*
Morale de l'Eglise en 1676.

NOTA. Que l'Hérésie favorite des
deux Chefs qui n'en font qu'un, est
renouvellée dans cet Ouvrage de
Quesnel.

E

ECLAIRCISSEMENT du Fait & du Sens de Janfenius, en quatre Parties, avec un Parallele de la Doctrine du P. Amelote avec celle de Janfenius, & une deuxiéme édition de la Réfutation du livre de Dom Pierre de Saint Jofeph, Feüillant, par Denis Raymond. En 1660,

LII.

NOTA 1°. Que ce Denis Raymond dont il eſt tant parlé dans les Ecrits des Janfeniſtes & qui a ſi bien ſervi le Parti, n'eſt autre que M. l'Abbé Girard, Licentié de Sorbonne, qui dès le commencement des troubles fut député à Rome avec Meſſieurs de Saint Amour, Brouſſe & Angran. M. Girard, autre Docteur Janfeniſte, a auſſi beaucoup de part à cet *Eclairciſſement.*

☞ 2°. Denys Raymond, *page* 280. ſe révolte ouvertement contre les Conſtitutions Apoſtoliques, en proteſtant que ni lui, ni ſes Confreres ne croyent point que les cinq Propoſitions ſoient dans Janfenius. *J'eſpere, dit-il, que le Lecteur demeurera*

pleinement convaincu..... que les Disci-
ples de Saint Augustin ont toûjours
traité les cinq Propositions de faites à
plaisir , AD LIBITUM FICTÆ *, de fa-*
briquées , FABRICAIÆ *, d'obscures ,*
d'ambiguës & d'équivoques..... On ne
peut pas dire , poursuit-il page 231.
que Jansenius ait enseigné le sens parti-
culier que le Pape a ajoûté a la censu-
re de cette cinquiéme Proposition , qui
est qu'elle est hérétique & blasphematoi-
re. Voilà l'Hérésie du fait bien clairement énoncée.

☞ 3°. Tout le Systême de Denis
Raymond & de son Maître Jansenius
sur la mort de Jesus-Christ pour tous
les hommes , est admirablement bien
dévoilé par Mr. le Cardinal de Bissy ,
dans son Mandement contre les Insti-
tutions Théologiques du P. Juenin.
Voici comme il parle , pag. 376. *Selon*
Denis Raymond , Jansenius réduit toute
la volonté que Jesus-Christ a euë de
sauver les Réprouvez , même baptisez ,
à trois choses. La premiere , à avoir
voulu leur donner des graces passageres:
La seconde , à leur avoir fait proposer
l'usage des Sacremens établis pour le
Salut des hommes : La troisiéme , à
avoir eu quelque penchant naturel à les

sauver, considerez en tant qu'Hommes. Et comme il est certain que ces trois choses jointes ensemble ne forment aucune volonté actuelle, positive & effective en Jesus-Christ de sauver ces hommes, il est constant que cet Auteur établit par ces Textes que Jansenius n'a reconnu en Jesus-Christ aucune volonté de sauver les Réprouvez, même baptisez.

ECLAIRCISSEMENT *sur quelques difficultez touchant la signature du fait.* En 1664. par le même M. Girard, masqué sous le nom de Denis Raymond.　L III.

ECCLESIÆ Romanæ, Catholicæque veritate de gratia adversùs Joannis Leydeckeri, in sua Historia Jansenismi hallucinationes, injustasque criminationes defensio, Vindice Ignatio Eyckenboom Theologo, 1696. Défense de l'Eglise Romaine & du Dogme Catholique sur la Grace, contre les erreurs, & les injustes accusations de Jean Leidecker dans son Histoire du Jansenisme ; par Ignace Eyckenboom Théologien.　L I V.

N o t a. Que cette prétenduë Apologie de l'Eglise Romaine que le P. Gerberon, travesti sous un nom emprunté , publia contre l'Hiſtoire du Janſeniſme de Lideᴋer , a été condamnée à Rome en 1696.

LV.   *ECRIT à trois Colonnes* , en 1653.

NOTA. Que le fameux *Ecrit à trois Colonnes* , *ou de la diſtinction des ſens* , eſt un Ecrit que les Députez des Janſeniſtes de France préſenterent en 1653. au Pape Innocent X. & que l'Abbé de Lalane , un des quatre Députez , lût mot à mot à Sa Sainteté , qui eut la patience d'en écouter la lecture avant que de publier ſa Conſtitution , qui commence par ces mots : *Cum occaſione.* On donna à cet Ouvrage le nom d'*Ecrit à trois Colonnes* , parce que les Députez y diſtinguoient en peu de mots , par trois Colonnes , les divers ſens qu'on pouvoit donner aux cinq Propoſitions. La premiere Colonne contient le ſens reconnu pour hérétique par ceux même qui préſentoient l'Ecrit. La ſeconde Colonne contient le ſens dans lequel ils prétendoient ſoutenir les cinq Propoſitions. Et la troiſiéme Colonne contenoit le ſens qu'ils attribuoient & qu'ils attribuent encore aujourd'hui à leurs Adverſaires , c'eſt-à-dire , aux Catholiques.

EGLISE

EGLISE de France affligée. Par François Poitevin.

NOTA. Que ce faux François Poitevin eſt Don Gabriël Gerberon, qui dans cet Ouvrage ſéditieux ſe déchaîne avec ſa fureur ordinaire contre le Roi Loüis le Grand, & exhorte de toutes ſes forces les Evéques de France de s'opoſer à la prétenduë perſécution qu'on fait aux Janſeniſtes.

ELEVATIONS à Jeſus-Chriſt LVII. *ſur ſa Paſſion & ſur ſa Mort.* A Paris, 1688.

NOTA. Que ces *Elevations* qu'on a fort répanduës dans le Public ſont de Queſnel, & ainſi on doit les regarder comme fort ſuſpectes.

EMUNCTORIUM Lucernæ Auguſtinianæ, quo fuligines à quibuſdam aſperſa emunguntur : C'eſt-à-dire à la lettre, mouchettes de la lampe de S. Auguſtin, pour empêcher la fumée dont certaines gens tâchent de l'obſcurcir ; Ouvrage condamné à Rome en *1651.* LVIII.

ENLUMINURES du fameux Almanach des Jeſuites, intitulé, La déroute & la confuſion des Janſeniſtes. LIX.

NOTA. C'eſt Monſieur Iſaac Le-

Maître de Sacy , un des neveux de M.
Arnaud qui a fait ces *Enluminures* en
1654. & la même année elles furent
condamnées par un Decret du Saint
Siége.

LX. *ENTRETIENS d'Eusebe & de
Theotime sur la Constitution* Unigenitus , *in* 12.

Nota. Que ce petit Livre , que le
Parti distribuë fort , a pour objet d'an-
néantir la Constitution, & d'autoriser l'Apel schismatique à un futur
Concile general.

LXI. *ENTRETIENS sur le Decret de
Rome , contre le Nouveau Testament
de Châlons.* 1710. par le P. Quesnel.

Nota. L'Auteur de ces Entretiens
a sçu si bien s'envelopper, qu'on a
eu beaucoup de peine à le démasquer:
mais s'il a sçu cacher son nom , il n'a
gueres songé à déguiser ses erreurs,
sur-tout *dans les pages* 158. *&* 160. il
dit qu'on se trompe en croyant que
condamner le sens de Calvin & de
Luther sur la Grace, c'est condamner
le sens des cinq Propositions. *C'est ,*
ajoûte-t'il , *une chose ridicule de vouloir sérieusement attribuer aux cinq
Propositions le sens de ces Hérésiarques.
Il paroît bien par le silence de Rome sur*

ce sens & sur ces explications con-
traires les unes aux autres, qu'on ne
s'y soucie gueres qui sur cela a tort ou
raison.

ECRIT second à trois colomnes, com- LXII.
posé en 1616.

Nota. 1°. Il y avoit près de 80. ans
que les Sectaires avoient presenté au
Pape Innocent X. * un premier Ecrit   * En
à trois colomnes, ou de la distinc- 1673.
tion des sens. Les Défenseurs de
Quesnel s'aviserent de faire la même
chose en 1726. Ils exposerent dans
la colomne du milieu, les 101. Propositions condamnées. Dans la premiere colomne, ils marquerent le
sens propre & naturel de ces Propositions ; mais dans la troisiéme colonne, ils donnerent à ces Propositions un sens favorable, à l'ombre
duquel on pouvoit se sauver.

☞ 2°. Que cet Ecrit a 3. colomnes attribué à MMrs Brisacier &
Thiberge, l'un Supérieur, l'autre
Directeur du Séminaire des Missions
étrangeres, fut rejetté par les Evêques de France, comme insuffisant
& favorisant l'Héréfie.

ECRIT du P. Hilaire Triperet Be- LXIII.
nedictin. 1711. à la Charité sur Loire.

NOTA 1°. Que le Benedictin dé-
bitoit publiquement dans ſes Ecrits
& dans ſes Ouvrages, que les Payens
ne faiſoient & ne pouvoient faire au-
cunes œuvres moralement bonnes, &
que ſans la Grace, toutes leurs actions
étoient des pechés.

☞ 2°. Que M. l'Evêque d'Auxerre cenſure cette Propoſition du
Benedictin, comme contenant la
pure doctrine de Baïus. Il exigea de
lui une retractation dans les formes.
Il l'obligea de ſigner, *que ſans un
commencement de foy & de charité,
on peut faire quelques œuvres moralement bonnes d'un ordre naturel, leſquelles ne ſont pas un peché.*

☞ 3°. Que c'eſt cette même Propoſition que M. d'Auxerre qualifie
aujourd'hui d'erreur dans ſon Metropolitain, * bien mieux inſtruit que
lui de la doctrine de l'Egliſe. C'eſt
ainſi que l'Héréſie ſe dément elle-mê-
mé. *Mentita eſt iniquitas ſibi.*

*ENTRETIEN troiſiéme ſur les
Miracles de M. Paris.*

NOTA. L'Auteur de cet Entretien
s'y étend aſſez au long ſur les changemens arrivés à la jambe de l'Abbé de Becherand. Et après avoir eu-

* M. l'Ar-
chevêque
de Sens.

tretenu le Public fur cette impertinence , il ofe dire , page 110. *Que
la jambe de cet Abbé s'alongea de cinq
pouces.* Un Auteur qui conte ferieu-
fement de pareilles fatuités , méri-
te-t'il quelque créance ? Qui ne fçait
que cet Abbé , après s'être donné fi
long-tems en fpectacle , & donné au
Public tant de fcenes ridicules , a la
jambe auffi defectueufe qu'il l'avoit il
y a vingt ans.

ENTRETIEN avec Jesus-Christ LXV.
*dans le trés-faint Sacrement de l'Autel,
contenant divers exercices de pieté, pour
bonorer ce divin Myftere , & pour s'en
approcher dignement , par un Religieux
Benedictin de la Congrégation de S.
Maur. Nouvelle édition plus ample
& plus correcte que les précédentes ; à
Touloufe chez J. Guillemette , Impri-
meur-Libraire , 1728. in 12.*

Nota 1°. L'Auteur de cet Ouvrage eft Dom Morel, né à la Chaife-Dieu
en Auvergne en l'année 1653. & mort
à S. Denis en France.

C'eft ce même Dom Morel qui a
donné au Public une douzaine de Livres de pieté tous anonimes. Voici les
plus connus.

1. *Effufions de cœur , ou Entretiens*

Spirituels fur chaque verfet des Pfeau-
mes. Paris 1716.

2. *Entretiens Spirituels en forme de*
Prieres fur les Evangiles des Diman-
ches & des Myfteres de toute l'année
fur la Paffion de N. S. J. C. &c. 4.
vol. in 12.

3. *Imitation de N. S. J. C. traduc-*
tion nouvelle, avec une priere affective,
ou effufion de cœur, à la fin de chaque
Chapitre, in 12.

4. *Méditations Chrêtiennes fur les*
Evangiles de toute l'année, 2. vol.
in 12.

5. *Entretien Spirituel pour fervir*
de préparation à la mort, un vol. in 12.

6. *Retraite de dix jours fur les prin-*
cipaux devoirs de la vie Religieufe,
avec une paraphrafe fur la Profe du
Saint Efprit, 1. vol. in 12.

7. *L'Office de la Semaine Sainte &*
de celle de Pâques en Latin & en Fran-
çois, avec des Méditations fur chaque
jour de la quinzaine, &c. 1. vol. in 12.

☞ 2°. Que le livre des Entretiens avec J. C. dans le Très-Saint
Sacrement a été réimprimé un très-
grand nombre de fois, & qu'il y a
peu d'Editions qui fe reffemblent.
On y a ajouté, retranché, changé,

rectifié plusieurs endroits, plusieurs choses suspectes ou fausses, dans la vûë de sauver l'Ouvrage.

☞ 3°. On y trouve encore cependant plusieurs Propositions qui sentent & favorisent ouvertement le Quenelisme. En voici un leger échantillon.

Page 304. *Combien de millions d'hommes que je laisse croupir dans les tenebres* (c'est Dieu qui parle à l'ame fidéle) *de leur erreur & de leur ignorance, sans leur offrir la Grace que je vous presente.*

L'Auteur prononce un blasphême, en insinuant qu'il y a une infinité de personnes à qui il n'offre point les moyens necessaires pour faire son salut: *Vult homines salvos fieri & ad agnitionem veritatis venire*, nous dit S. Paul.

Page 101. *Ah! mon Dieu, vous êtes mon unique ressource : je ne veux point d'autre Protecteur que vous, d'autre Avocat auprès de votre Pere.*

Les Calvinistes qui veulent anéantir l'invocation des Saints, & sur-tout de la Mere de Dieu, parleroient-ils autrement ? JESUS-CHRIST est notre seul Médiateur par Office & par juſtice; mais Marie eſt nôtre Avocate auprès de lui, *Advocata noſtra, intercede pro nobis ad Dominum.... Ora pro nobis peccatoribus*, lui dit l'Egliſe dans preſque toutes ſes prieres.

Page 221. *Venez, ô Verité éternelle m'inſtruire de vos voyes, il n'y a que vous qui puiſſiés me les aprendre.* Dom Morel veut donc démentir J. C. qui envoye ſes Apôtres enſeigner tous les hommes, *Ite, docete omnes gentes,* qui envoye Saul à Ananias, & qui a établi ſon Egliſe viſible & ſur le haut de la montagne, pour nous enſeigner toutes ſes voyes.

Page 36. *Il inculque en cent façons que la rechûte eſt une marque d'une communion ſacrilége* L'Egliſe nous enſeigne que les Sacremens ne nous rendent pas impéccables.

☞ 4°. Que tout le ſiſtéme Janſeniſte eſt renfermé dans ces Entretiens; mais qu'il eſt répandu avec beaucoup d'artifice. Tout le Livre eſt farci d'expreſſions équivoques, de phraſes Queneliſtes: par exemple, pag. 306. *Je vous ſoulagerai du poids de votre cupidité, aux mouvemens de laquelle vous n'avez pas la force de réſiſter.*

On

On insinuë dans une infinité d'endroits : *que la concupiscence doit être entierement éteinte, que la charité doit être portée au plus haut degré de perfection, qu'il faut être exempt de la moindre tache, pour ne pas communier indignement.*

Voilà qui anéantit le précepte de la Communion Paschale : car comment pouvoir se persuader qu'on est exempt de la moindre tache, & que la concupiscence est entierement éteinte dans nous, & que nôtre charité est portée au plus haut degré de perfection ?

EPISTOLA ad Amicum Academicum de Hymnis Marianis Belgico carmine translatis. Lettre à un Ami Academicien, au sujet des Hymnes de la Sainte Vierge, traduites en vers Flamands. **LXVI.**

NOTA. Que Messieurs les Archevêques de Cologne & de Malines ont défendu la lecture de cette Epître sous peine d'excommunication.

EPISTOLA Liberti Fromondi, & Henrici Caleni. Lovanii 16. Junii 1641. *quæ incipit,* Theses vestras. Lettre de Fromond à Henri Calenus. **LXVII.**

Tome I.　　　　　P

NOTA. Que cette Lettre Latine fut condamnée à Rome le 15. Avril 1654.

LXVIII. *EPISTOLA sub nomine Cardinalis Bona.* Epître sous le nom du Cardinal Bona.

NOTA. Que cette Lettre, qui a paru sous le nom du Cardinal Bona, a été condamnée par un Décret du Saint Siége. Est-elle véritablement de ce sçavant Cardinal ? C'est un Problême dont nous n'avons pas encore trouvé la solution.

LXIX. *EPITOME Doctrinæ Christianæ quoad Prædestinationem & Gratiam.* Abregé de la Doctrine Chrétienne sur la prédestination & la grace.

Ce nouvel Ouvrage de Dom Gabriël Gerberon est une maniere de Catechisme Janseniste, un peu plus étendu que le Catechisme de la grace dont nous avons déja parlé, & que les Calvinistes ont adopté sans y rien changer ; mais d'autre part un peu moins ample que l'exposition de la Foy que Mr. le Cardinal de Noailles a censurée.

EPITRES & Evangiles pour toute l'année, &c. A Paris chez André Pralard. 1705.

NOTA. Que cet Ouvrage a été condamné par Mr. Henri François Xavier de Belsunce, Evêque de Marseille, par son Mandement de 1714. *pag.* 16. dans lequel cet illustre & saint Prélat nous apprend que ces *Epîtres & ces Evangiles sont un précis de presque tout ce qu'il y a de plus mauvais dans les Réflexions Morales du Pere Quesnel, condamnées par la Constitution* Unigenitus.

ESPRIT de *Gerson.* En 1692. sans nom d'Auteur, ni de Libraire, ni de Ville.

LXXI.

NOTA. Que l'Auteur de ce pernicieux Livre a emprunté le nom respectable du saint & sçavant Gerson, pour faire illusion à ses Lecteurs & pour mieux autoriser par-là le Systême de Richer & de Marc-Antoine de Dominis, qu'il favorise ouvertement. Il soutient avec les Richeristes, *que le gouvernement de l'Eglise est purement Aristocratique; que le pouvoir des Clefs a été donné non pas à Saint Pierre & à ses Successeurs, mais à l'Eglise en general, & que le Pape n'en est que le Chef Ministeriel,* c'est-à-dire, *un Ministre subdelegué & subordonné, qui n'a de pouvoir qu'autant qu'on veut*

P ij

bien lui en donner. Il autorife ouvertement les Appels au futur Concile, & il enfeigne avec Luther, *que le Pape n'eft pas plus Vicaire de Jefus-Chrift & dépofitaire des Clefs, que les autres Evêques,* page 234.

LXXII. *ESSAI de la Théologie morale, par le R. P. Gilles Gabrielis, Licentié de l'Univerfité de Louvain, Prêtre Religieux du Tiers-Ordre, &c.* En 1682.

N O T A 1°. Que c'eft le Pere Gerberon qui s'étant refugié en Hollande en 1682. travailla d'abord à traduire en François ces Effais de la Théologie Morale, comme il l'a avoüé lui-même dans fes interrogatoires, quoique ces Effais euffent été condamnez déja deux fois, 1°. à Rome en 1679. *comme un Livre capable d'infeéter les Fidelles,* & qu'ils euffent été défendus *en quelque Langue qu'ils puffent être traduits dans la fuite.* 2°. Par l'Inquifition de Tolede, *comme contenant les Propofitions hérétiques de Baïus & de Janfexius.*

Procès, chap. 2. pag. 10.

☞ 2°. Que la Traduétion des Effais faite par Dom Gerberon fut condamnée l'année d'après par un Décret du faint Office, avec la feconde Edition qu'on fit de l'Original Latin ;

& cela malgré tous les efforts du Parti,
qui employa les perfonnes les plus
puiffantes pour empêcher cette condamnation ; & malgré tout ce que pût
alleguer pour fa juftification le P.
Gilles Gabrielis lui-même, qui fut
écouté en perfonne. Ce Fait anecdote
fe trouve dans une Lettre du 19. Novembre 1683. que le fieur du Vaucel ou Walloni, Agent du Parti à
Rome durant plus de vingt-ans, écrivoit là deffus à fes amis des Païs-Bas.

☞ 3°. Les Peres du Tiers-Ordre
toujours inviolablement attachés à
l'ancienne Foi & au Saint Siége, furent eux-mémes les premiers & les
plus ardens à travailler à cette condamnation des *Effais* tant Latins que
François.

ESSAI du nouveau conte de ma LXXIII.
mere l'Oye, ou les ENLUMINURES *du*
Jeu de la Conftitution. Ut pictura Poë-
fis erit. 1722. in 8°. fans nom d'Auteur & de Ville.

NOTA. 1°. Que par ce titre bizarre,
l'Auteur de cette Satyre homme hardi
s'il en fût jamais un, annonce ef-
frontément au Public qu'avant la fin
du fiécle, la Conftitution *Unigenitus*
ne fera plus regardée que comme un

vrai petit conte de ma mere l'Oye , &
il nous garantit fa Prophétie en Profe
Page 4. & en Vers. * *Ce n'eft point* , dit-il , *ou-*
trer le préfage de dire qu'un jour la Conf-
titution fera le fujet d'un de ces fortes
de contes de ma mere l'Oye , & qu'avant
la fin du fiécle le Janfenifme fera le ti-
tre de quelque Roman.

   Tous les rapports en font heu-
    reux ,
   Et la Bulle pour nos neveux
   Ne fera plus , s'il faut que l'on
    m'en croye ,
   Qu'un conte de ma mere l'Oye.

 N o t a. 2°. Que l'Auteur prétend
juftifier par l'exemple , dit-il , des Ire-
nées , des Juftins , des Tertuliens , des
Bafiles , & de Dieu lui-même , les
mauvaifes plaifanteries dont fon Libelle eft femé d'un bout à l'autre , *Un*
Gregoire de Nazianze , dit-il , dans fon
Epître préliminaire à Madame D * *.
vous fçauroit bon gré d'avoir ainfi fait
mettre l'Hiftoire de la Bulle en Jeu de
l'Oye , lui qui nommoit les Evêques de
fon tems des Gruës & des Oyfons. Il
ajoute que dans la Conftitution , il
n'y eut jamais rien de ferieux que
pour les Jefuites & pour quelques petits efprits élevés dans les Seminaires
ignorans.

☞ 3°. Que jamais ni Luther, ni Calvin, n'ont parlé des Evêques avec un plus infolent mépris que le fait ici cet Auteur fans caractere & fans nom. Que les Evêques, dit-il, fe deshonorent tant qu'ils voudront par des mœurs toutes mondaines, nous leur ferons éprouver fi nous fçavons nous taire. Puifque la lâcheté, l'interêt, l'ambition, le faux honneur & l'entêtement leur font facrifier les anciens Dogmes de l'Eglife & les plus faintes Loix, nous ne croirons pas les refpecter trop peu fi nous revelons toute leur turpitude. Je ne dois pas, dit-il, conferver l'honneur des Evêques, tandis qu'eux-mêmes le ménagent fi peu ; & que leurs fauffes démarches ne vont rien moins qu'à renverfer la Religion. *Voilà le refpect qu'ont pour les plus grands & les plus faints Evêques, ces grands Défenfeurs de l'Epifcopat.*

☞ 4°. Monfeigneur l'Evêque * de Soiffons eft le grand objet de la Satyre de notre faifeur de Jeu de l'Oye. Ce Prélat lui a coûté lui feul plus de mille Vers. *Il falloit*, dit-il, *un nouvel Homere à cet Ulyffe* ; & c'eft notre Verfificateur qui nous aprend qu'il

* 1. En'u-minure.

P iiij

eſt ce nouvel Homére. L'impatience *m'a pris*, ajoûte-t'il, *en le ſuivant dans ſes égaremens*, *& je n'ai preſque eu de courage que pour lui dire des injures.* Il a fallu en effet beaucoup de courage pour pouvoir dire des injures ſi groſſieres à un Prélat ſi illuſtre & ſi reſpectable. Cependant il ne le tient pas quitte à ſi bon marché ; il lui promet des injures encore plus fortes dans un ſecond Libelle. * *Je lui promets*, dit-il fort poliment, *que nous nous retrouverons ; & ſi j'ai du loiſir & de la ſanté, je lui tiendrai parole.*

☞ 5°. Que dans la 2e. & 3e. Enluminure, on traite la Bulle *Unigenitus de monſtrueuſe & de ridicule.*

Ciel, que vient-on de m'annoncer !

Je vois la monſtrueuſe Bulle.

Ma Muſe ici d'effroi recule,

Et pour ſortir d'étonnement,

Va ſe repoſer un moment.

Ce n'eſt pas dans les Ouvrages de M. de Soiſſons que l'Auteur du Jeu de l'Oye a puiſé cette belle expreſſion, *ſortir d'étonnement.* *

Egayons un peu nos eſprits,

Pour raconter combien la Bulle

Réjoüit par ſon ridicule.

1. Enluminure.

* Enluminure.

On prit la plume , on fit des
Vers ;

On la chanta fur tous les airs ,
Faridondon faridondenne ,
Moi-même j'exerçai ma veine
A la façon de Barbari.

L'Auteur a grand fujet de craindre
qu'on ne fe réjoüiffe ici à fes dépens ,
& non pas aux dépens de la Conftitution.

Dans la 4. Enluminure , page 88.
on franchit toutes les bornes du refpect & de la pudeur , en parlant de
Loüis le Grand, qui peu de jours
avant fa mort devoit aller au Parlement faire enrégiftrer une Déclaration contre les Evêques non-accep-
tans. Voici comme on ofe s'expliquer
là-deffus. *Le trait eft remarquable.*

Rapellez en votre mémoire ,
Ce grand jour que le Seigneur
fit.

Deja tout gronde & tout fremit ;
Les plus effroyables tempêtes
Sont près de fondre fur nos têtes ;
Mais fon bras n'eft point ra-
courci.

Tu ne viendras que jufqu'ici ,
Dit-il à la Mer courroucée ,
Loüis meurs ; à cette penfée

Tout respire, on suspend les
  pleurs;

L'espoir renaît dans tous les
  cœurs.

 * Page On dit dans la XI. Enluminure, *
152. que Loüis XIV. persecuta durant plus
de soixante ans le phantôme du Jansenisme.... que la Constitution ne doit
 * Page ses progrès qu'à la * violence; que la
149. consternation de Paris, au bruit de
l'acceptation du Cardinal de Noailles, égala celle de la Ville de Troye
prise par les Grecs. *Hæc facies Trojæ
dum caperetur, erat.* On lance les traits
les plus piquans contre Mr. le Cardinal de Noailles, en disant, *qu'il avoit
appellé en vrai Nicodéme; qu'il n'avoit
que des volontés ambulantes; que sa
bonté dégeneroit en foiblesse;* en l'appellant, par une assez mauvaise plaisanterie, *la reculante Eminence.* On
porte l'impudence jusques à nommer
 * 16. En- Clement XI. *Jean des Vignes,* * par
luminure. une grossiere allusion à la Bulle *Vineam Domini Sabaoth.*

  ☞ 6°. Qu'après avoir lancé
anathême sur anathême contre Clement XI.

  Cent fois vous direz Anathéme,
  Tant à la Bulle, qu'à l'Auteur,

A Clement prévaricateur ,
Anathême donc Anathême.

On va jufques * à attaquer l'Au- 　* xv. En-
gufte & Sacrée Perfonne du Roy Re- 　lum. pag.
gnant lui-même. *Le commencement de* 　180,
fon Regne promettoit , dit notre Auteur, *la paix à l'Eglife ; mais le pré-*
fage change , & nous donne de juftes
allarmes pour l'avenir.

> Qu'entends-je , helas ! qui l'eût
> pû croire ?
> Quel Démon jaloux de la gloire
> Cherche à borner fi-tôt le cours
> De l'innocence de fes jours !
> Faut-il que pour guide on lui
> donne
> Un ennemi de fa Couronne ?

Il annonce au Public que fi les Lettres de Cachet fubfiftent encore quelque tems ,

> Rome publiera fans obftacle
> Mille Decrets Antichrétiens.

E S S AY d'un Paralelle du tems de LXXIV.
J. C. & des nôtres, pour fervir d'inf-
truction & de confolation dans les gran-
des épreuves, au milieu defquelles nous
vivons, in 12. par un Anonyme.

N o t a. Les fautes dont cet indigne Ouvrage fourmille , ne font
pas ce qui revolte le plus les perfon-

nes bien intentionnées ; ce qu'il y a de plus réprehenſible , c'eſt l'indecent & l'impie paralléle qu'on oſe y faire des miracles de J. C. avec ceux du Diacre Paris , qui eſt aujourd'hui l'Idole du Parti.

LXXV. *ESSAIS de Morale , contenus en divers Traités , ſur pluſieurs devoirs importans.* 1°. en quatre volumes in 12. chez Guillaume Deſprez , 1681. 3ᵉ. Edition revûë & corrigée. 2°. augmentés ſucceſſivement juſqu'à treize volumes in 12. & réimprimés pluſieurs fois en divers endroits.

NOTA. 1°. L'Auteur de ces Eſſais eſt M. Pierre Nicole , né à Chartres en 1625. & mort à Paris en 1695.

☞ 2°. Qu'il eſt auſſi l'Auteur de la continuation de ces mêmes Eſſais en 5. volumes, des ſept volumes des Inſtructions Theologiques , & des deux volumes qui portent pour titre *Traité de la Priere ,* ce qui fait en tout 22. vol.

☞ 3°. On trouve dans le 9e. volume une erreur capitale ; c'eſt dans l'Evangile de la Meſſe de Minuit : *Je viens vous apprendre ,* dit l'Ange, *une nouvelle qui ſera pour tout le peuple le ſujet d'une grande joyo.... Mais c'eſt*

pour tout le peuple des juftes. Nul au-
tre qu'eux n'y a part.

☞ 4°. On avance cette étrange
Propofition dans le tome 7. des Effais
de Morale, Lettre 17. *On peut fe fanc-*
tifier dans les Monafteres , fans fe con-
feffer…… Dans les premiers fiécles de
l'Eglife , les Religieufes n'avoient point
de Confeffeur. On avance dans le 2. volume de la charité envers foi-même :
Jefus-Chrift eft le feul qui ait fouffert
comme innocent. Veut-il prouver par-
là que la Mere de Dieu , n'étoit point
innocente , ou qu'elle n'a rien fouffert. Voilà la 70. Propofition de Quefnel : *Dieu n'afflige jamais des innocens.*
L'onziéme volume fur l'Epitre du 4ᵉ.
Dimanche du Carême nous apprend
que la Synagogue n'étoit qu'un peuple
d'efclaves. Voilà précifément la 65.
Propofition condamnée dans Quefnel :
Moyfe & les Prophetes , les Prêtres
& les Docteurs de la Loy font morts
fans donner d'enfans à Dieu, N'AYANT
FAIT QUE DES ESCLAVES , par la
crainte.

Toutes les Propofitions fur la Charité qui ont été cenfurées par l'Eglife , font répanduës dans prefque tous
les Effais & les Inftructions de M.
Nicole.

La septiéme Instruction sur l'Oraison
Dominicale , nous apprend cet étrange Dogme ; *Si les dévotions des Pécheurs envers la Sainte Vierge n'ont
point la charité pour principe , elles sont
mauvaises.* Ce sera donc un péché
d'honorer la Sainte Vierge , d'invo-
quer le Nom de Dieu , & de re-
clamer son secours , par le motif de
l'Esperance Chrétienne ou de la Foi.
*Il n'y a que l'amour qui appartienne à
la Loy nouvelle* , nous dit M. Nicole
dans son Instruction sur les Sacremens,
Tom. 1. Chap. 12.

D'où il faut conclurre que la crainte de Dieu que l'Evangile nous recommande si fort , que la patience,
l'humilité, la pénitence, la foi, &
l'espérance ne seront point du res-
sort de la Loi Nouvelle : *On péche
en allant au Sacrifice de la Messe ,
sans les dispositions qui y sont essentielles , qui consistent dans l'amour* , nous
dit-on dans le tome onziéme des Essais de Morale sur l'Epître du Dim.
de la Passion. Voilà la Proposition
condamnée dans Baïus , & la 69.
Proposition de Quesnel : *La priere des
impies est un nouveau peché , & ce que
Dieu leur accorde , un nouveau jugement sur eux.*

183

*Les hommes avant J. C. n'avoient
point la science du salut* : Eſſais ue Morale , Tom. 4. Liv. 3. du Paradis.
Quoi donc ! le Saint Roi David , le
chaſte Joſeph , le fidelle Abraham ,
le juſte Enoch , &c. ignoroient les
voyes du ſalut : *l'Egliſe n'eſt preſque
plus compoſée que de monceaux de ſa-
ble* , c'eſt-à-aire , *de membres ſecs.*
Voilà l'impie dogme de l'Abbé ue S.
Cyran , & de tous les nouveaux Sectaires ſur la vieilleſſe , la décadence
ou même l'entiere deſtruction de l'E-
gliſe.

Les huit Propoſitions de Queſnel
ſur la néceſſité , pour toute ſorte de
perſonnes , de lire l'Ecriture Sainte ,
ſont renfermées dans la 8ᵉ. Inſtruction du 2. tome ſur la Charité envers
ſoi-même : *Oter aux enfans le pain de
la parole* , dit nôtre Auteur , *c'eſt-à-
dire , la Lecture de l'Ecriture Sainte ,
& exiger que les inferieurs y déferent ,
c'eſt vouloir dominer ſur leur foi , & ſe
ſervir de leur déférence pour leur ruine.*

Le 13. tome nous enſeigne dans le
29. Dimanche après la Pentecôte cette
Héréſie de Baïus , renouvllée par Queſnel : *Que toutes les actions du vieil
homme ſont mauvaiſes.*

On pourroit ajoûter ici plus de 90. autres Propositions pernicieuses, suspectes d'Hérésies, ou mêmes Hérétiques, & souvent condamnées par l'Eglise.

LXXVI. *ETAT présent de la Faculté de Louvain, en trois Lettres.* A Trevoux 1701.

NOTA. Que c'est à Bruxelles, & non pas à Trevoux, qu'on a imprimé ce Livre qui a été condamné par Clement XI. On s'y déchaîne avec fureur contre l'Eglise ; on lui ravit le pouvoir d'exiger la créance d'un fait doctrinal, & on y traite le Jansenisme de vain phantôme, d'imagination & de pure chimere.

LXXVII. *ETHICA Amoris, sive Thelogia Sanctorum.* La Morale de la Charité ou la Théologie des Saints, *par le Pere Henri de Saint Ignace, Exprovincial des Grands Carmes.* A Liége 1709. trois vol. in fol.

NOTA 1º. Que ce Livre, que le Parti prône fort, quoi qu'il soit écrit fort grossierement, a été dénoncé par les Peres Carmes eux-mêmes, qui n'ont pû le voir sans horreur, disent-ils dans leur dénonciation, & qui l'ont fait refuter par un sçavant Auteur de leur Ordre. ☞ 2º.

☞ 2°. Ce Livre a été condamné par le Saint Siége , par l'Archevêque de Cologne , & il a été fuprimé par le Parlement de Paris , comme injurieux à l'Etat & au Souverain.

☞ 3°. Le Pere Henri de faint Ignace renouvelle le Baïanifme & le Janfenifme dans *fa Théologie des Saints.* Il y débite cette Propofition condamnée dans Baïus : *Philofopho-rum virtutes funt vitia.* Dans tout le fecond volume il établit la compati-bilité de la neceffité volontaire avec le libre arbitre. Il fe déclare haute-ment pour la Propofition héretique de Mr. Arnaud , il dit qu'on a vû dans faint Pierre un jufte à qui la Grace a manqué. Il cite avec éloge les Réflexions Morales de Quefnel , il ofe dire , *que la condamnation de ces mêmes Reflexions a été l'effet d'une Cabale.*

ETRENNES & avis charitables à LXXVII*ᵉ Mrs les Inquifiteurs pour l'Année* 1700.

N o t a. Ces Etrennes & ces avis ont été défendus , fous les peines de droit , par Meffieurs les Archevéques de Cologne & de Malines.

EXAMEN des préjugez de Mr. LXXIX*. Jurieu , par l'Abbé Richard.*

Tome I.   Q

NOTA. On reconnoît à ce nom de guerre le Pere Gerberon, dont l'Ouvrage eſt tout ſemé d'erreur capitales, ſans compter les traits injurieux qu'il y lance contre l'Egliſe, & contre le Saint Siége.

LXXX. *EXAMEN Libelli, cui titulus eſt: Propoſitiones excerptæ ex Auguſtino Rev. D. Cornelii Epiſcopi Yprenſis, quæ in ſpecimen exhibentur ſuæ Sanctitati.* Examen du Libelle intitulé Propoſitions extraites de l'Auguſtin du Janſenius. A Louvain 1646.

NOTA. Que cet examen a été condamné par un Decret de Rome, 1654.

LXXXI. *EXERCICES de Pieté pour le renouvellement annuel des trois conſecrations du Baptême, de la Profeſſion Religieuſe & du Sacerdoce.* A Paris 1694.

NOTA. C'eſt ici un des Ouvrages favoris de Queſnel & du Parti; pour peu qu'on le liſe, on y reconnoît les Maximes de l'Abbé de ſaint Cyran, que perſonne n'a peut-être mieux adoptée & plus fidélement ſuivies que Queſnel.

LXXXII. *EXERCITATIONES hiſtoricæ, criticæ, polemicæ, de Chriſto ejuſque Virgi-*

*ne Matre, in quibus Judæorum errores de
promisso sibi Liberatore , novâ methodo
refelluntur ; Christianæ Religionis My-
steria omnia ad certam historiæ fidem
exiguntur, explicantur, definiuntur, ha-
bitæ in Academia Patavina à Fratre
Hyacintho Serry.* Diſſertations hiſtoriques, critiques, & polemiques ſur
J. C. & la Sainte Vierge ſa Mere ,
où l'on refute avec une nouvelle
methode les erreurs des Juifs , au
ſujet du Liberateur promis, où l'on explique & l'on éclaircit conformément à l'Hiſtoire tous les Myſteres de
nôtre Religion : prononcées dans
l'Univerſité de Padouë , par le Frere Hyacinthe Serry. *Venetiis* 1719.
apud Joan. Malachinum.

N o t a. Que ces Diſſertations Hiſtoriques & Critiques du Pere Serry ,
Jacobin , né à Toulon , & Profeſſeur dans l'Univerſité de Padouë , ont
été condamnées par un Decret du S.
Siége , du XI. Mars 1722. comme
contenant pluſieurs choſes témeraires ,
ſcandaleuſes , pernicieuſes , injurieuſes aux plus ſaints & plus celebres
Ecrivains de l'Egliſe , comme offen-
ſant les oreilles pieuſes , & tendant à
pervertir les ſimples Fidéles.

Q ij

LXXXIII. *EXPLICATION de Nôtre S. Pere le Pape Innocent XIII. sur la Bulle* Unigenitus.

NOTA. Que cette prétenduë Explication qu'un esprit d'artifice & de mensonge a fait prêter à un Souverain Pontife, a été suprimée par l'Autorité Royale, après avoir été condamnée par plusieurs Evêques.

LXXXIV. *EXPLICATION de l'Oraison Dominicale, composée des pensées & des paroles même de S. Augustin.*

NOTA 1°. Que ce Livre dangereux a été approuvé par Mrs. Boileau & Rouland, comme contenant, disent-ils, la pure Doctrine de S. Augustin, quoiqu'on y trouve, *page* 176. & 177. cette Proposition héretique : *Lorsque nous entendons & que nous lisons dans l'Ecriture sainte, que Dieu veut que tous les hommes soient sauvez....* Vult omnes homines salvos fieri. 1. ad Tim. c. 2. *C'est, comme s'il avoit dit, que nul homme n'est sauvé que celui que Dieu veut qu'il soit sauvé.*

NOTA 2°. On affecte d'y dire, *pag.* 520. au mépris de l'Eglise & de ses Anathêmes, que ceux dont la Doctrine est la plus pure, & la Vie

‛ plus fainte , font fouvent condamnez ‛ & chaffez de l'Eglife ; & que le nom- ‛ bre en eft plus grand qu'on ne fçau- ‛ roit dire.

EXPLICATION *du premier Pre-* LXXXVI. *cepte du Decalogue.*

Nota. Qu'on y debite cette Pro- pofition condamnée par le Pape Ale- xandre VIII. & fort autorifée aujour- d'hui dans le Parti : *Qu'il n'eft pas permis de placer dans nos Eglifes l'Ima- ge de Dieu le Pere.*

EXPLICATION *fimple ,* Litterale LXXXVII. *& Hiftorique des Céremonies de la Mef- fe, par Dom Claude de Vert , Benedic- tin de Clugni.* 1697. 1698. & 1713.

Nota 1°. Que les deux grands objets de cet Ouvrage fort fufpect , font d'établir premiérement que le Canon de la Meffe doit fe dire tout haut , & qu'il faut abolir l'ufage des Secretes , ce qui eft une maxime Jan- fenienne. 2°. Que les Céremonies de la Meffe n'ont rien de Myfterieux , mais qu'il faut les prendre toutes à la lettre.

☞ 2°. Que le Pere le Brun , fça- vant Oratorien , a prouvé que toutes les Eglifes Chrétiennes , dans tous les Siécles ont recité le Canon tout bas.

LXXXVIII. *EXPLICATION des caracteres de la Charité.* A Bruxelles, fans nom d'Auteur & d'Imprimeur.

N o t a. Que ce Livre depuis le commencement jafques à la fin, contient le Quenellifme le plus pur.

LXXXIX. *EXPLICATION Litterale de l'Ou-vrage des fix jours, mêlée de Reflexions Morales par M..... à Bruxelles chez Foppens.*

N o t a. On infinuë dans cet Ouvrage le dogme impie de la Reprobation de Calvin & de Pierre du Moulin; on y enfeigne que le Jufte ne contribuë en rien à fa fanctification; & que fi l'Impie fe damne, c'eft que Dieu a voulu le laiffer dans la maffe de corruption. *Mais, Seigneur, ofe-ront-ils vous demander,* dit-on, *dans la page* 113. 114. 115. Ouvrage du 4. jour, *Pourquoi vous avez preferé certains jours à tous les autres, & pourquoi vous avez difcerné les mois & les années, en laiffant les autres dans l'obfcurité & dans l'oubli? Y a-t-il eû du côté des jours, des mois & des années, quelque merite particulier..... C'eft moi feul qui les ai feparez depuis la création du Soleil. C'eft ma feule faveur qui a fait le merite & la gloire des uns , sans que les autres ayent droit de se plaindre. Mon dessein a été......Je discernerai mes Elûs pour me les consacrer d'une maniere particuliére , & je laisserai les autres dans l'état profane où je les trouve.*

EXPOSITION *de la Foi Catholique* XC.
touchant la Grace & la Predestination , avec un Recüeil des Passages les plus précis & les plus forts de l'Ecriture Sainte , sur lesquels est fondée cette Doctrine , à Mons chez Gaspard Migeot. 1696.

Nota. 1°. Que cette Exposition qui a fait tant de bruit , & dont la condamnation produisit *le fameux Problême Ecclesiastique* , est l'Ouvrage de M. de Barcos , Neveu de l'Abbé de S. Cyran. C'est un fait dont nous avons pour garand , le Sieur du Vaucel , si celebre dans le Parti , dans une de ses Lettres à l'Archevêque de Sebaste , dattée du 7. Juin 1698. M. Jurieu dans son Traité Historique sur la Théologie Mystique , p. 343. attribuë par erreur cette Exposition à M. Pavillon , Evêque d'Alet.

☞ 2°. Que cette Exposition contient tout le venin du Dogme de Jansenius: Que la 1e. Proposition qui est

comme la source & le fondement de
toutes les autres y est donné pour une
verité de Foi ; qu'on y dit pag. 239.
& 240. que *J. C. n'est pas mort pour
tous, qu'il n'a pas eu dessein de procu-
rer des Graces à tous, & d'offrir son
Sang à son Pere pour le salut de tous ;*
que cette Exposition est un extrait
& un précis fidéle des Reflexions
Morales du Pere Quesnel, & que toute
la difference qu'il y a entre ces deux
Ouvrages, c'est que l'Exposition est
en forme de Catechime par demandes & par réponses ; au lieu que dans
les Reflexions du P. Quesnel les erreurs sur la Grace sont tournées en
forme de Considerations spirituelles.

☞ 3°. Que cette Exposition de
la Foi Catholique par de Barcos, ayant
été renduë publique, Mr. le Cardinal
de Noailles, par un Mandement du
20. Août 1696. la condamna comme contenant une Doctrine fausse,
temeraire, scandaleuse, impie, blas-
phematoire, injurieuse à Dieu, frappée d'Anathême & h006etique ; enfin
comme renouvellant la Doctrine des
cinq Propositions de Jansenius, avec
une temerité d'autant plus insupor-
table, que l'Auteur ose donner comme

me étant de Foi, non-feulement ce qui n'en eft pas, mais même ce que la Foy abhorre, & ce qui eft detefté par toute l'Eglife.

☞ 4°. Que cette jufte condamnation ayant irrité le Parti, on vit paroître le fameux Libelle qui porte pour titre : *Probléme Eccléfiaftique, propofé à M. l'Abbé Boileau de l'Archevêché de Paris : à qui l'on doit croire, de M. Loüis Antoine de Noailles Evêque de Châlons en 1695. ou de M. Loüis Antoine de Noailles, Archevêque de Paris en 1696.* Dans ce Libelle on fait un parallele des Reflexions morales & de l'expofition ; on montre clairement que la Doctrine en eft la même ; on prétend qu'il n'eft pas poffible d'accorder enfemble l'Evêque & l'Archevêque, puifque ces deux Ouvrages font fi femblables, qu'on ne peut approuver ou cenfurer l'un, que l'Approbation ou la Cenfure ne retombe fur l'autre.

☞ 5°. Que le Probléme Ecclefiaftique fut déferé au Parlement par M. Daguefleau, alors Avocat General, & depuis Procureur General, aujourd'hui Chancelier de France. Il en parla avec autant de force que d'é-

Tome I.   R

legance, comme d'un Libelle diffamatoire, dont l'Auteur appelloit en
Jugement, non-feulement la Foy &
la Religion, mais la raifon même &
la fageffe du Prélat, qu'il accufoit
tantôt d'Héréfie, & tantôt de varia-
tion ; qu'il le reprefentoit comme un
Prélat d'une Doctrine chancellante,
incertaine, contraire à elle - même ;
comme un Juge qui approuve ce qu'il
doit condamner, & qui condamne
ce qu'il a aprouvé : Hérétique quand
il approuve, temeraire quand il condamne ; également incapable de conftance dans le Parti de l'erreur, & dans
celui de la verité. Ce fut fur ce Re-
quifitoire que le Probléme Eccléfiaftique fut condamné à être laceré &
brûlé ; ce qui fut executé.

☞ 6°. Que le Probléme Eccléfiaftique eſt l'Ouvrage, non pas d'un ✳
Jefuite, comme l'a prétendu l'Auteur
de la Solution de divers Problémes
très-importans, & comme l'ont publié divers autres petits Auteurs du
Parti ; mais que ç'eſt l'Ouvrage d'un
Janfenifte des plus accrédités & des
plus forts ; & on croit pouvoir l'attribuer à ce même D. Thierry de Viaixnes, dont nous avons déja parlé.

✳ Du Pere
Daniel.

EXTRAIT d'un Livre intitulé : XCI.
Les bons mots du petit Pere André.

No**ta**. Que les Janfeniftes qui
fçavent tirer avantage de tout , &
tout mettre à profit , jufques aux
Almanachs , Vaudevilles & aux Chan-
fons , ont prêté au fameux petit Pere
André des plaifanteries & de bons
contes , pour faire rire le Public
aux dépens de la Religion & de
l'Eglife.

EXTRAIT du Témoignage de l'E- XCII.
*glife Univerfelle , qui démontre que
l'acceptation des Evêques étrangers eft
fondée fur le faux principe de l'infaillibilité du Pape.*

No**ta**. L'Auteur de ce miferable
Libelle s'y tourne de tous les côtés,
pour répondre à l'invincible argu-
ment que les Catholiques ont tiré de
l'adhefion du Corps Epifcopal de toute l'Eglife Catholique à la Conftitution de N. S. P. le Pape Clement XI.

EXPLICATION des caracteres de XCIII.
la Charité. A Bruxelles , fans nom
d'Auteur.

No**ta**. Que ce Livre contient le
Janfenifme le plus pur.

F

XCIV. **F**ABLE *du tems ; un Coq noir qui*
bat deux Renards.

NOTA 1°. Que Dom Gerberon a
reçonnu dans fes interrogatoires qu'il
eft l'Auteur de cette Fable Allegori-
que ; mais il nie qu'il l'ait fait imprimer. Par les deux Renards il vouloit defigner Monfieur l'Archevêque
de Roüen & Mr. l'Evêque de Seez,
& le Coq noir defigne le fameux Mr.
le Noir, Theologal de Seez, Auteur
de tant de fanglantes Satyres contre
tout le Corps Epifcopal, pour lefquelles il fut enfermé par ordre du
Roi pour le refte de fes jours.

☞ 2°. Les 3. Ecrits fatyriques
qui portent pour titre : *L'Evêque de*
Cour . . . . *Les Lumieres du nouvel*
Evangile du Cardinal Palavicin . . . . . .
Lettre fur l'Héréfie de la Domination
Epifcopale, font de la façon de ce même Mr. Jean-Baptifte le Noir, qui
publia auffi quelques autres Ecrits en
faveur du Janfenifme. Il rend lui-même compte de fes avantures dans
une Lettre imprimée qu'il écrivit à

Madame la Duchesse de Guise.

FACTUM pour les Religieuses XCV.
de Port-Royal, à Paris 1664.

Item. *EXAMEN de la conduite
des Religieuses de Port-Royal, touchant
la signature du Fait de Janfenius, felon les régles de l'Eglife & de la Morale Chrétienne*, à Paris 1664.

Item. *JUGEMENT équitable fur
les conteftations préfentes, pour éviter
les Jugemens témeraires & criminels,
tiré de S. Auguftin*, à Paris, Novembre 1664.

Item. *LETTRE d'un Théologien
fur le Livre de M. Chamillard*, à Paris
1665.

Item. *MEMOIRES pour les
Religieuses de Port-Royal.*

Item. *REFLEXIONS, fur
une Déclaration de M. de Paris aux
Religieuses de P. R. 1664.*

NOTA 1°. Que ces fix Ouvrages,
auffi-bien que les Apologies dont
nous avons parlé ci-deffus dans la
lettre A, ont pour Auteurs Mrs.
Arnaud & Nicole, avec quelques autres Chefs du Parti. Le grand objet
de toutes ces Apologies, c'eft de
prouver qu'on ne peut fans injuftice
obliger des Vierges confacrées à Dieu.

R iij

de figner qu'elles croyent que les cinq
Propofitions condamnées font dans
un Livre Latin qu'elles n'entendent
pas. Mais bien loin que leur prétenduë ignorance fût pour elles un tître
légitime pour ne pas figner, elle devoit les rendre encore plus foumifes
à la voix de leur Pafteur. Il n'eft pas
néceffaire d'être fçavant, & d'entendre le Latin pour obéïr à l'Eglife ; il
ne faut qu'être docile : Ce n'eft pas
par leurs lumieres perfonnelles, c'eft
fur la foi de leurs Pafteurs que les
perfonnes du fexe croyent que Calvin,
Luther, Neftorius & Arius ont enfeigné des Héréfies, comme les Conciles
l'ont décidé.

☞ 2°. Que les Filles de Port-
Royal n'étoient pour leur malheur
que trop inftruites des dogmes de S.
Cyran, & de M. Arnaud fon difciple. Elles ne refufoient de figner purement & fimplement le Formulaire,
que parce qu'elles fçavoient bien
qu'en le fignant elles abjuroient la
Doctrine de Janfenius. On leur avoit
appris à fe moquer des décifions des
Papes, parce qu'ils font faillibles ; à
compter pour rien une Conftitution
Dogmatique acceptée par le Corps

des Pasteurs, parce que le Grand-
Prêtre Caïphe, les Scribes & les Docteurs de la Loi avoient crucifié Jesus-
Christ ; à ne pas suivre l'exemple
du reste des fidelles, parce que la foi
ne se conservoit plus que dans le petit
troupeau, dont elles étoient l'élite ; à
ne pas s'embarrasser de la privation
des Sacremens, parce que le juste vit
de la Foi, que la chair ne sert à rien,
& parce que Ste. Marie Egyptienne,
& plusieurs autres SS. Anachorêtes s'é-
toient passez des Sacremens ; à ne pas
craindre une excommunication injuste, parce que c'est-là une espece de
martyre très-méritoire. Trois ou quatre d'entre-elles ayant enfin obéï à
l'Eglise, vous êtes bien simples &
peu instruites, leur disoient les autres, de croire que Jesus-Christ
soit mort pour Caïn & pour Judas.
Ces Reprouvez n'ont pas plus de part
à la Redemption * que les Démons. * Janse-
Devez-vous être surprises, après l'éxem- nius.
ples & la chûte de Liberius, & d'Ho- tom. 3.
norius, si de nos jours deux Papes Lib. 5.
ont injustement condamné les cinq c. 22.
Propositions ?

☞ 3°. Que les Religieuses de
Port-Royal des Champs ayant enfin

été transferées & difperfées en divers Monafteres Catholiques, l'an 1709. en vertu d'une Bulle du Pape & d'un ordre du Roy, elles fe foumirent infenfiblement toutes ; & quatre ans après cette difperfion, il n'en reftoit plus qu'une feule qui n'eût point abjuré fes erreurs.

XCVI. *LE FANTOME du Janfenifme, ou juftification des prétendus Janfeniftes,* Cologne 1686. 1688. & 1714.

Item. *LES HERESIES imaginaires.*

Item. *LA CHIMERE du Janfenifme.*

Item. *LETTRE à un Député du fecond ordre, fur le même fujet.*

NOTA 1°. Que tous ces Ouvrages ont été condamnez par l'Affemblée du Clergé de France de 1700. & depuis par la Bulle, *Vineam Domini,* donnée par Clement XI. le 16. Juillet 1705.

☞ 2°. Que l'Héréfie de Janfenius ayant été folemnellement condamnée par l'Eglife Univerfelle, tout le Parti, pour éluder cette condamnation, publia que cette prétenduë héréfie n'étoit qu'un pur fantôme & qu'une héréfie chimérique, fans réalité. M. Arnaud publia *Le Fantôme du Janſeniſme* : Livre le plus néceſſaire aujourd'hui aux Evêques, aux Princes & aux Magiſtrats, dit l'Auteur de * la queſtion curieuſe, pour les détromper une bonne fois de toutes les fauſſes idées, qu'on leur a fait prendre de ce fantôme. M. Nicole mit au jour *les héréſies imaginaires*. Le Pere Queſnel ſoutint dans ſa Lettre à un Député du ſecond ordre, que le Janſeniſme ne ſe trouve que dans des cervelles bleſſées, qu'on le traite de fantôme à Rome même dans des Ecrits imprimez avec la permiſſion du Maître du Sacré Palais ; que la chimérique inſéparabilité du Fait & du Droit ſera éternellement la honte des Aſſemblées du Clergé de France. *C'eſt*, dit M. Godeau, Evêque de Vence, dans une Lettre au Pape du 9. Août 1661. *un monſtre que l'on ſe forme à plaiſir pour le combattre.* Et dans une autre Lettre au Roi de la même année, SIRE, dit-il, *au nom de Dieu par qui vous regnez, & par qui vous voulez regner, que Votre Majeſté ſe ſerve de ſes lumieres en cette grande occaſion ; qu'elle éloigne un peu de ſon eſprit cette chimére dont on lui fait tant de peur.* M. de Choizeul

* Queſtion curieuſe, ſi Mr. Arnaud eſt Hérétique, pag. 139.

du Pleſſis-Pralin , Evêque de Tournay, écrivant à Innocent XI. lui déclara , *qu'il ne regardoit plus le Janſeniſme que comme un fantôme & comme un maſque à faire peur aux petits enfans ,* depuis qu'il avoit reconnu que les Janſeniſtes n'avoient point d'autre Doctrine que les Thomiſtes. Mais l'Aſſembiée du Clergé condamna toutes ces Propoſitions , comme fauſſes , téméraires , ſcandaleuſes , injurieuſes au Clergé de France , aux Souverains Pontifes , à l'Egliſe Univerſelle , ſchiſmatiques & favoriſant les erreurs condamnées.

☞ 3°. Que rien n'a mieux réaliſé ce prétendu fantôme que les deux Faits ſuivans , qu'on auroit de la peine à croire , ſi l'on n'en avoit des preuves inconteſtables.

Le premier Fait eſt la Lettre que les Chefs du Parti dreſſerent en commun , en 1684. & qui fut adreſſée à Mr. d'Avaux , Plénipotentiaire de France à Ratisbonne , pour ſe faire comprendre dans la Trêve qui fut faite avec l'Eſpagne , après le Siége de Luxembourg. Cette Lettre , qui eſt un morceau des plus curieux , avoit été dictée par l'Abbé de l'Ordre ,

c'eſt-à-dire , par M. Arnaud ; tranſ-
crite par le Sous-Prieur , c'eſt-à-dire ,
par Mr. Erneſt , & apoſtillée par le P.
Prieur , c'eſt-à-dire , par le Pere Queſnel. Car , on ſçait aſſez aujourd'hui
que ces Meſſieurs , pour ſe mieux
cacher , ſe déſignent myſterieuſement
dans leurs Lettres , ſous l'idée d'un
Ordre Religieux dont les Monaſteres
ſont répandus par tout. On y voit un
Abbé , un Prieur, des Peres, des Freres,
des Sœurs , des Hoſpices , des Viſites
du Prieur , & les fonctions de chaque
Particulier. Les uns écrivent , les autres prêchent , les autres confeſſent &
dirigent. Il y en a qui ſont chargez de
faire imprimer les Livres du Parti ,
ou de les imprimer même chez eux
en ſecret. D'autres les revoient & les
retouchent , d'autres les diſtribuent.
Il y en a qui font les collectes des Fi-
nances du Parti, & qui les diſtribuent.
La Lettre à Mr. d'Avaux commençoit
par ces termes , Monſeigneur , *le pouvoir ſi ample , &c.* & elle eſt ſignée ,
*vos très-humbles & très-obéiſſans ſervi-
teurs , les Diſciples de Saint Auguſtin.*
Cette Lettre qui fut trouvée en original parmi les papiers du P. Queſnel ,
quand il fut arrêté à Bruxelles , exiſte

encore aujourd'hui , & on l'a inferée toute entiere dans le Procès du Pere Quefnel, imprimé par l'ordre de Mgr. l'Archevêque de Malines en 1604. Le Pere Quefnel n'a eu garde de traiter cette Lettre de fuppofition & de calomnie , parce qu'il fçavoit qu'on étoit en état de prouver le Fait. Mais il fe contente de dire dans l'Anatomie de la Sentence de M. de Malines , pag. 134. *qu'on n'avoit jamais eu deffein de publier cette Lettre , que ce n'eft , dit-il , dans le fond qu'une pure badinerie , qui n'a jamais été faite que pour fe divertir.* Ce font là fes propres termes , & cette maniere de juftification eft plaifante & digne de remarque. Dans cette Lettre à Mr. d'Avaux , les Difciples de S. Auguftin , lui marquent les huit conditions auxquelles ils fouhaitent , & efperent d'être compris dans la Trêve generale. La 1e. condition eft qu'il leur fera permis de fe juftifier par de bonnes Apologies. La 2e. que S. M. fera fuppliée de faire ceffer les voyes de Fait , & l'ufage des Lettres de cachet , qui décrient fa Juftice. La 3e. qu'il leur accordera une amniftie generale. La 4e. que les Difciples de S. Auguftin ne lui demande-

* Page 256.

ront jamais aucun Benefice. La 5e.
qu'ils travailleront à convertir les Hérétiques par de bons Livres qu'ils
composeront. La 6e. qu'ils soutien-
dront de toutes leurs forces la Grace
de J. C. prêchée par S. Paul , & expliquée par S. Augustin. La 7e. qu'ils
s'oposeront au cours de la mauvaise
Doctrine. La 8e. que Sa Majesté leur
permettra de se bien défendre , &
qu'elle s'obligera à punir leurs Ca-
lomniateurs.

Nota. Que cette Lettre à M. d'A-
vaux étoit adressée à Ratisbonne , &
non pas à Nimegue , comme l'a dit
un celebre Ecrivain.

Le second Fait curieux & juridiquement constaté, est la transmigra-
tion dans l'Isle de Nord-Strand , petite
Isle du Dannemark , où les Jansenistes
de France & des Païs-Bas , avoient
unanimement resolu d'aller s'établir
pour y trouver un azyle contre la
persécution du Pape , du Roy & des
Evêques : car c'est ainsi qu'ils par-
loient. La plus grande partie de cette
Isle avoit été achetée par le Pere de
Cort , Superieur de l'Oratoire de
Malines, & un des enfans spirituels
de la fameuse Fanatique Antoinette

Bourignon. C'étoit pour ménager une retraite à la nation Janséniste, que cet achat avoit été fait, afin qu'elle pût y pratiquer sans obstacle le nouvel Evangile. Mais les grands inconveniens qu'on trouva dans l'exécution de ce projet, en empêcherent la réüssite. Les Terres achetées à frais communs, & les deniers levés sur tout le Parti, furent en 1678. revenduës au Duc de Holstein pour la somme de cinquante mille écus, & l'on a encore le Contrat de cette revente. Mais comme elles avoient beaucoup plus coûté, & que le Duc de Holstein ne paya pas argent comptant, il fallut faire la repartition de la perte commune entre tous les Particuliers qui avoient contribué à l'acquisition. Mr. Nicole ne voulut point que sa famille profitât de ce qui pouvoit lui revenir de cette vente. Il le legua, par forme de Codicile, à Madame de Fontpertuis, qui étoit une des principales *Dames de la Grace* ; & qui étoit parmi les femmes du Parti, ce que Mr. Arnaud étoit parmi les hommes. Voici les termes du Codicile qui a été imprimé, & qui est du 4. Juin 1695. *Je donne à Madame de*

Fontpertuis , tout ce qui pourra me re-
venir tant en principal qu'en interêt
de Monsieur le Duc de Holstein , pour
l'acquisition qu'il a faite des Terres que
nous lui avons vendues en commun dans
l'Isle de Nort-Strand , par Contrat passé
pardevant Boucher & Lorimier , No-
taires au Châtelet de Paris , le 18. ou
20. *Novembre* 1678. Le voilà bien
& juridiquement réalisé ce vain Fantôme du Jansenisme.

PHANTASMA Baïanismi , c'est XCVII,
à-dire , *le fantôme , ou la chimére du*
Baïanisme.

NOTA. Que ce Manuscrit dont il
est parlé dans le Procès du P. Gerberon , *chap.* 4. *p.* 4. a été trouvé parmi
ses papiers, & que ce Pere a avoué qu'il
étoit de sa façon ; il étoit tout prêt
pour l'impression , & il porte à sa tête
l'approbation du P. Blanquaert. Le P.
Gerberon veut persuader au Public
dans cet Ouvrage, que les prétenduës
erreurs de Baïus sont des erreurs chi-
mériques , qui n'ont jamais existé
que dans la tête de ceux qui les ont
condamnées : c'est-à-dire , dans la tête du S. Pape Pie V. & dans celle de
Gregoire XIII. Mais ce qui est encore plus curieux , c'est que le P. Ger-

beron dit fort férieufement qu'il ne démafque ce Fantôme que pour foutenir l'honneur de l'Eglife Romaine.

XCVIII. *LA FOY ET L'INNOCENCE du Clergé de Hollande, deffenduës contre un Libelle diffamatoire intitulé*, Memoire touchant le progiès du Janfenifme en Hollande, par M. Du Bois Prêtre, *à Delft, chez Henri Van-Rhin, Libraire.*, 1700.

N o t a 1°. Que ce prétendu Prêtre Du Bois eft le Pere Quefnel lui-même, qui dans l'Anatomie * de la *Sentence portée contre lui, reconnoît cet Ouvrage *pour fien* ; il prétend que M. de Malines n'a pû le condamner fans injuftice, & il fe recrie contre ce qu'on dit dans le Procès que ce Livre a contribué à foulever le Clergé de Hollande contre fon Archevêque & contre l'Eglife.

* Page 109.

☞ 2°. Que le P. Quefnel y foutient de toutes fes forces l'Héréfie du Fantôme du Janfenifme. Voici comme il parle dans la page 26. *Je le dis donc encore une fois, le Janfenifme confifte dans l'erreur des cinq Propofitions. Et comme il n'y a perfonne dans l'Eglife qui les foutient, la Secte du Janfenifme eft une chimére ; un Janfenifte ſeniſte eſt un fantôme que l'on dit qui apparoît par tout , & que perſonne n'a encore rencontré.*

☞ 3°. Que dans les pages 109. & 110. on débite ſans détour cette erreur condamnée : *La doctrine qui enſeigne que Dieu veut ſauver tous les hommes , a été la Doctrine de tous les Herétiques... Tous les hommes n'ont pas La Grace neceſſaire pour faire leur ſalut.*

L A F O Y H U M A I N E , XCIX. *à Paris* 1664.

N o t a. Que ce Livre que le Pere Gerberon qualifie d'excellent & qui vient de la plume de Mr. Nicole, eſt un des plus envenimez & des plus ſéduiſans qui ayent paru juſqu'ici. On y débite *pag.* 57. cette Propoſition ſi ſouvent anathematiſée : *Par le moyen du Formulaire l'iniquité triomphe , la calomnie eſt à couvert , & l'innocence opprimée.* On y enſeigne ouvertement que l'Egliſe n'a pû exiger la créance d'un fait dogmatique , qui eſt incertain , tel que celui de Janſenius , & que cette créance entraîne mille inconveniens.

F R A N C I S C I Van - Vianen C. *Theſes Theologica.* Theſes de Theologie de François Van-Vianen.

Tome I. S

NOTA. Qu'on lit dans les Théses de ce Janseniste Flamand , cette Proposition Calviniste : *La liberalité qu'on nou fait en nous accordant des indulgences , est une liberalité tout-à-fait chimerique....* Merè commentitia est Indulgentiarum liberalitas.

TROISIÉ ME CENTURIE. I.

FRATRIS Joannis Nicolaï , Doctoris Parisiensis , & apud Fratres Prædicatores primarii Regentis Molinisticæ Theses , Thomisticis Notis expunctæ , c'est-a-dire , Theses Molinistes du P. Nicolaï... effacées par des notes Thomistiques , *avec une addition contenant un essai des Calomnies du même Pere Nicolaï , en* 1656.

NOTA. Le Pere Jean Nicolaï , sçavant Dominicain , estimé dans la Republique des Lettres par ses notes sur la Somme de saint Thomas , par sa Dissertation sur le Concile Plenier dont parle saint Augustin à l'occasion de la réiteration du Baptême & par quelques autres Ouvrages pleins d'érudition , fut vers le milieu du siécle passé un des plus zelez Défenseurs de la Religion. Il se broüilla avec tout le Parti en portant en Sorbonne son suffrage contre Mr. Arnaud & en le publiant même par un petit Ecrit imprimé , & ce fut là ce qui détermina Mr. Nicole à attaquer les Thefes Catholiques du Pere Nicolaï , par des notes remplies d'erreurs & de malignité.

DE LA FREQUENTE Commu- **I I.**
nion, ou les fentimens des Saints Peres, des Papes & des Conciles Generaux , touchant l'ufage des Sacremens de Penitence , & d'Euchariftie , par Monfieur Arnaud , Prêtre Docteur en Théologie de la Maifon de Sorbonne , à Paris 1643.

Nota. 1°. Que l'Auteur de ce Livre qui a fait tant de bruit , n'eft pas encore bien demafqué , & que c'eft là un Problême Litteraire , indécis jufqu'à prefent. Plufieurs Ecrivains ont donné cet Ouvrage à l'Abbé de S. Cyran , veritable Fondateur du Janfenifme en France , quoique le nom de Mr Arnaud foit à la tête du Livre. On autorife ce fentiment par trois preuves qui paroiffent folides. La premiére eft le témoignage de Mr. de Raconis , Evêque de Lavaur , qui l'afsûre ainfi dans la refutation qu'il a faite de ce Livre. La feconde raifon eft la dépofition des RR. Peres Minimes de Paris , qui ont entre les mains

S ij

l'aveu par écrit que l'Abbé de S. Cyran fit de ce Livre dans le tems de
fa Prifon à Vincennes. La 3e. preuve eft que la longue Préface de 260.
pages qui eft à la tête du Livre, a été
compofée, ou plûtôt retouchée par
l'Abbé de Barcos Neveu de S. Cyran.

☞ 2°. Qu'on peut décider le
Problême & concilier les divers fentimens, en difant avec un exact &
habile * Critique, que le Livre de la
Frequente Communion a paffé par
differentes mains. L'Abbé de S. Cyran en forma le projet & le deffein
en 1641. & s'en referva la principale
direction. Ses principaux Difciples,
qui étoient Mrs. le Maiftre & de
Sacy fon Frere, Mrs. Lancelot de
Barcos, qu'on nommoit les Hermi-
tes de Port-Royal, en fournirent les
materiaux. Mr. Arnaud qui étoit le
plus fort Théologien, & la meilleure
plume du Parti, fut chargé de retoucher l'Ouvrage & d'y mettre la derniére main. Et voilà pourquoi le Public l'a attribué à ce dernier, qui s'en
eft fait honneur en toute occafion, &
dont on y reconnoît le ftile. On peut
autorifer ce Fait Litteraire par une

* L'Auteur de la Bibliothêque de Richelet.

Lettre que M. l'Abbé de S. Cyran écrivit en 1640. à Mr. Arnaud. Il lui dit qu'il a formé l'idée d'un Ouvrage important qu'il a toûjours eu dans l'esprit ; mais que la Providence l'a fait naître (*Arnaud*) pour en être le principal inſtrument.

☞ 3°. Que le Livre de la Frequente Communion, malgré toutes les dénonciations & les refutations qu'on en fit, n'a jamais été nommément condamné par aucun Decret particulier du Saint Siége, à cauſe des égards qu'on eut aux preſſantes ſollicitations des ſeize Evêques ðu Archevêques, dont on avoit ſurpris l'Approbation, ſans leur faire voir la longue Préface. qui contient le principal venin.

☞ 4°. Qu'une des raiſons qui empêcha Rome de cenſurer ce Livre, ce furent des explications que Mr. Arnaud & Mr. le Maître donnerent l'année d'après dans le Livre qui porte pour titre, *Tradition de l'Egliſe ſur le ſujet de la Penitence & de la Communion*, &c. Mr. Arnaud proteſte dans la longue Préface qui eſt de lui, que tout ce qu'il prétend dans le Livre de la frequente Communion, c'eſt d'ar-

rêter le débordement des mœurs cor-
rompuës ; mais qu'il n'a jamais eu ,
comme on le lui reproche , le deſſein
de combattre la frequente participation de la ſainte Euchariſtie ; qu'il
n'en condamne que le mauvais uſage ;
qu'il ſoûtient qu'on peut & qu'on doit
quelquefois differer l'Abſolution , mais
non pas qu'on doive la differer toûjours ; qu'il n'a jamais penſé à rétablir
l'ancienne Penitence publique , quoiqu'il la reconnoiſſe pour bonne & utile : Enfin qu'il n'a jamais condamné
la pratique preſente de l'Egliſe de
donner l'Abſolution avant l'accompliſſement de la Penitence.

☞ 5°. Que le Livre de la Frequente Communion , malgré tous ces
adouciſſemens de l'Auteur , & malgré
toutes les Approbations reſpectables ,
dont il eſt revêtu , a été condamné en
general par la Bulle d'Innocent X.
qui condamne comme héretiques tous
les Livres où ſe trouve la Propoſition *des deux Chefs de l'Egliſe qui n'en
font qu'un* , & qui eſt dans la Preface
de celui-ci , *pag.* 27. de la premiére
édition , & dans la table des matiéres
de la 5e. édition , *chez Vitré* , où elle
eſt prouvée plus au long à la lettre *P...*

215

Item. Alexandre VIII. par son Decret du 7. Decembre 1690. a condamné les principales erreurs contenuës dans ce Livre , sans le nommer néanmoins.

Item. Un grand nombre d'Evêques , avant & après Mr. l'Archevêque de Malines , ont proscrit & condamné , nommément le Livre de la frequente Communion , & ils en ont sur tout défendu la lecture dans tous les Monastéres de Filles , où il ne pouvoit que produire de pernicieux effets. Enfin la Faculté de Louvain se déclara contre ce Livre en 1705.

☞ 6°. Voici en general les principales erreurs répanduës dans tout le Livre de la Frequente Communion. On y soutient fortement que la pratique autorisée par l'Eglise dans le Sacrement de Penitence , *est un abus , une corruption , un desordre , & un dereglement* ; que celui qui a commis un peché mortel , de quelque nature qu'il soit , doit accomplir la penitence qu'on lui impose , avant que de recevoir l'absolution , & que cet ordre est immuable & indispensable , sinon dans l'impossibilité de l'observer , c'est-à-dire , à l'article de la mort. Tout le Systême du Livre va à abolir l'usage de la Communion , puisqu'il en prive ceux *qui n'ont pas encore l'Amour Divin , pur* * *& sans aucun mélange ; ceux qui ne sont pas encore parfaitement unis à Dieu seul , & entiérement irreprochables.* Ce fut sur. tout la lecture de ce Livre qui tranquilisa si fort à Port-Royal la Mere Agnès , sœur de Mr. Arnaud , & qui lui fit dire après qu'elle eut passé cinq mois sans Communier, *qu'elle n'avoit aucun sentiment de contrition , ni d'humiliation , de se voir privée des Sacremens , & qu'elle passeroit bien sa vie comme cela , sans s'en mettre en peine.*

* Chap. 4.
2. Part.

☞ 7°. Voici en détail quelques-unes des erreurs répanduës dans la Preface & dans le corps du Livre. *S. Pierre & S. Paul font les deux Chefs de l'Eglise qui n'en font qu'un* , pag. 27. ou 25. de la Preface.... le tems present est le tems de l'alteration & de la *vieillesse de l'Eglise.... le tems de sa défaillance & de son couchant* , pag. 105. de la Preface. Et dans la pag. 123. & 124. il fait une comparaison outrageante & injurieuse à l'Eglise , en disant qu'il en est d'Elle , comme de ces anciens Ordres Religieux

gieux qui ont déchû dans la suite des
tems. L'Auteur devoit se souvenir que
l'Eglise a seule des promesses d'indefectibilité, d'infaillibilité & de sainteté ; *Janfenius*, *Evêque d'Ypres*, *l'un
des plus fçavans Prélats de ce fiécle*,
*& des mieux instruits dans la fcience
de l'Eglise*, page 349. & 623. du
corps du Livre. C'est condamner
l'Eglise elle-même, que de parler de
la forte. *La pratique que fuit aujour-
d'hui l'Eglise au Sacrement de Penitence, favorise l'impenitence*, pag. 628..
*La pratique de l'Eglise n'est pas ni la
plus excellente, ni la plus fûre*, p. 628.
Il faut être Hérétique déclaré pour
parler de l'Eglise avec fi peu de respect, & fur-tout en matiére de Sacremens. *La Grace est inseparable de
l'exercice des bonnes œuvres*, pag. 489.
C'est dire avec Calvin, qu'il n'y a
point de Grace fuffifante. *Ces paroles*
in quacumque horâ ingemuerit pec-
cator, falvus erit, *ne font point de l'E-
criture, & on ne les trouvera jamais
ni dans notre Edition Vulgate, ni dans
l'Original Hebreu, ni dans la Verfion
des Septante, ni dans la Paraphrase
Caldaïque, ni dans aucune autre Verfion foit nouvelle, foit ancienne*, pag.

Tome I.   T

562. C'eft-là ce qui s'apelle nier le
fens de l'Ecriture, en chicanant fur
les paroles : puifqu'on lit dans Eze-
chiel, chap. 33. v. 12. *Impietas impii
non nocebit ei, in quacumque die con-
verfus fuerit ab impietate fuâ.* Et nous
lifons dans Ifaïe, chap. 30. v. 15. felon la Verfion des Septante, *cùm con-
verfus ingemueris, falvus eris.*

G

III. **G**AUDINETTES, *ou Lettres
à M. Gaudin, Official de Paris
fur la fignature du Formulaire,* 1666.

NOTA. 1°. Que ces deux Lettres
font l'Ouvrage de M. Barbier d'Aucourt, né à Langres, & mort à Paris
en 1694. & qui onze années auparavant avoit été reçu dans l'Academie
Françoife.

☞ 2°. On attribuë à M. d'Aucourt plufieurs petits Ouvrages bien
écrits, en faveur du Janfenifme, &
contre les Jefuites. Les principaux
font trois Lettres à M. de Chamillard, pour les Religieufes de P. R.
& contre le Formulaire ; une Lettre
en Vers libres, contre M. de Pere,

fixe Archevêque de Paris, fur la oon-
damnation du Nouveau Teftament de
Mons; Ongent pour la brûlure en
Vers burlefques 1664. Une petite
avanture qui lui arriva dans l'Eglife
du College des Jefuites de Paris, le
broüilla pour toujours avec ces Peres,
M. d'Aucourt ayant laiffé échaper
quelques termes peu modeftes en
voulant expliquer l'Enigme propofée,
ces Peres l'ayant averti qu'il étoit
dans un lieu facré, il répondit bruf-
quement : *Si locus eft facrus, quare
exponitis* ; toute l'Affemblée ayant rit
de ce barbarifme, le fobriquet de l'A-
vocat *Sacrus* lui en demeura. *M.
l'Abbé d'Olivet Hiftoire de l'Académie
Françoife.*

GEMISSEMENS fur la deftruc- I V.
tion du Monaftere de Port-Royal, fans
nom d'Imprimeur, en 1709.

NOTA. 1°. Madame la Ducheffe
de Longueville, grande Protectrice
du Parti, & qui s'étoit retirée à Port-
Royal, étant morte en 1679. M.
de Harlay, Archevêque de Paris,
s'y tranfporta, il en fit fortir les
Poftulantes, les Penfionnaires, &
les Ecclefiaftiques, & il défendit aux
Religieufes, de la part du Roy, de recevoir des Novices.   T ij

☞ 2°. Que trente ans après, c'eſt-à-dire en 1709. les Religieuſes de Port - Royal des Champs furent diſperſées, & conduites en diverſes Maiſons Religieuſes bien Orthodoxes ; les murailles du Monaſtere furent renverſées , & tout fut détruit juſques aux fondemens. Voilà le ſujet du Livre des *Gemiſſemens* , qui eſt bien écrit ; mais qui porte avec lui ſa condamnation.

V.   *GERBERONIANA.*

N o t a. On voit dans cet Ecrit le portrait d'un Janſeniſte au naturel , & l'Auteur y dévoile , ſans le vouloir , ſes mauvais ſentimens ſur la Grace , ſes emportemens contre les Puiſſances , & ſa double apoſtaſie : & c'étoit là les trois grands chefs d'accuſation dont on le chargeoit.

V I.   *GILBERTI Tractatus de Gratiâ.*

N o t a. 1°. Le Sieur Gilbert Profeſſeur en Theologie de l'Univerſité de Doüay , dicta en 1686. un *Traité de la Grace* , tout paîtri du plus pur Janſeniſme , tout ſemé d'expreſſions injurieuſes aux Catholiques , & même aux Souverains Pontifes , qui avoient condamné le Livre de Janſenius. Ce Traité de la Grace ayant été cenſuré

par fix Docteurs Catholiques nom-
mez par le Roy , & enfuite condamné en 1687. comme Hérétique , par
Mr. l'Evêque d'Arras lui-même ;
Evêque Diocefain , le Sieur Gilbert
parut retracter fes erreurs ; mais ce
fut de fort mauvaife foi , & il conti-
nua d'infinuer fes erreurs & de gâter
l'Univerfité de Doüay. Il a paru fe
retracter une feconde fois avant fa
mort , arrivée à Lyon dans le Château
de Pierre-Encife , où il fut enfermé
par les Ordres du Roi. Mais les bons
Catholiques n'ont pas été contens de
fa retractation prétenduë , qui fut plûtôt une Apologie qu'une humble retractation de fes erreurs.

☞ 2°. Le Sieur Gilbert , dans un
gros Ouvrage manufcrit qui fut fup-
primé par les Ordres du Roy , a ofé
enfeigner que depuis le Concordat
paffé l'an 1516. entre le Pape Leon X.
& le Roy François Premier , il n'y
avoit plus en France de véritable Evêque , & il n'a point rougi d'y compa-
rer les quarante Docteurs , qui figne-
rent le fameux Cas de Confcience ,
avec les quarante Martyrs , qui fous
l'Empire de Licinius moururent à Sebafte pour la confeffion de la Foi de
T iij

JESUS-CHRIST : *mais avec cette diffe-rence* , dit-il , *que les quarante Martyrs du troisiéme siécle persevererent tous , excepté un seul : au lieu que les quarante Confesseurs de nos jours ont tous enfin prévariqué , excepté le seul Petit-Pied,* DEMPTO UNO PARVO-PEDE , *qu'on n'a jamais pû ébranler. Ce manuscrit de M. Gilbert , dont j'ai été le dépositaire, est encore entre mes mains.*

VII.   *GODEFREDI Hermanni Theses pro quarta Sorbonica.*

NOTA 1°. Que l'Auteur de ces Theses y soûtient cette Proposition blas-phematoire : *Que Dieu avoit donné l'Ancienne Loi aux Juifs pour les por-ter au peché* : LEX DATA EST UT REOS FACERET.

☞ 2°. C'est ce même Mr. Her-mant qui a composé l'Apologie de Mr. Arnaud & les cinq Vies des Saints dont nous avons déja parlé , & un grand nombre d'autres Ouvrages du Parti.

VIII.   *GOLIASTISMUS Profligatus* ou *LE GOLIATISME vaincu* , 1661.

NOTA 1°. Que cet Ouvrage sin-gulier a pour Auteur M. Sinnich, Docteur Irlandois , mort en 1666. & Professeur dans l'Université de

Louvain. Les titres extraordinaires étoient fort de son goût. On en jugera par les titres suivans : *Disso-nantia Consonantiarum* , ou la Disso-nance des Consonances . . . . . . Saül Ex rex. . . . *Vulpes Ripaldæ capta à Theologis Lovaniensibus :* c'est-à-aire , *le Renard de Ripalda* (Jésuite) *pris par les Théologiens de Louvain* . . . . . *Paulus Erinachus.* . . . L'*Homologie ou la* Concorde *de l'Augustin d'Hippone , avec celui d'Ypres :* Homologia Augus-tini Hipponensis & Augustini Ypren-sis , &c.

Nota 2°. Que M. Sinnich refu-sa de se soumettre à la Bulle d'Ur-bain VIII. contre le Livre de Jan-senius publiée en 1643. & que ses Ouvrages sont infectez des erreurs Jansenistes.

DE LA GRACE victorieuse de IX. Jesus-Christ *, ou Molina & ses Disciples convaincus de l'erreur des Pe-lagiens & des Semi-Pelagiens , sur le point de la grace suffisante soumise au Libre-Arbitre. . . . . pour l'explica-tion des cinq Propositions , par M. de Bonlieu , Docteur en Théologie.* En 1650.

Nota. Que c'est l'Abbé de Lalane

qui s'eſt caché ſous le nom de l'Abbé de Bonlieu. Vous trouverez dans la *page 55.* de ſon Livre, cette Propoſition hérétique, qui eſt la quatriéme de Janſenius : *Gennade, un des Chefs des Semi-Pelagiens, a reconnu la grace ſuffiſante interieure, & il a reconnu qu'il eſt en nôtre pouvoir d'y acquieſcer ou d'y reſiſter.* Le même Abbé de Lalane avouë dans la *page 369.* que ſon Maître Janſenius a enſeigné que la grace manque au juſte qui peche. *Ce Prélat, dit-il, n'entend point qu'il y ait d'autre impuiſſance dans le Juſte qui peche, que celle qui procede de l'abſence de la grace néceſſaire pour ne point pecher.* C'eſt ce qui lui fait ajoûter en expliquant cette impuiſſance, NON POTEST PROXIMÈ, NON POTEST COMPLETISSIMÈ. Enfin dans la *page 410.* du même Ouvrage, il traite le Janſeniſme d'imagination & de fantôme, & voici en quels termes il parle de la quatriéme Propoſition. *Les Fabricateurs de cette Proposition ont eu deſſein de déſigner la Doctrine de Mr. d'Ypres, & ils l'ont fait en des termes non ſeulement équivoques & ambigus, mais tout-à-fait faux & calomnieux.*

X.   *LA GRANDEUR de l'Egliſe Ro-*

maine , établie fur l'autorité de Saint
Pierre & de Saint Paul , & juſtifiée
par la Doctrine des Papes en 1645. par
de Barcos.

Item. *DE L'AUTORITE' de Saint*   XI.
Pierre & de Saint Paul, qui réſide dans
le Pape, Succeſſeur de ces deux Apô-
tres , ſans nom d'Auteur & de Ville.

NOTA 1°. Que ces deux Livres ,
dont le premier enſeigne toute autre
choſe que ce que le titre ſemble annoncer , ſont deux des premiers Ouvrages de l'Abbé de Barcos , un des
héros du Parti, le plus cher neveu de
Monſieur l'Abbé de Saint Cyran , élevé à Louvain par Janſenius lui-même ,
dans le Collège de Sainte Pulcherie ,
dont il étoit alors Directeur , & enfin
Abbé de Saint Cyran lui-même après
ſon oncle.

☞ 2°. Ces deux dangereux Livres parurent la même année 1645.
pour établir la nouvelle héréſie des
deux Chefs qui n'en font qu'un , qui
eſt une des erreurs favorites du Parti.
L'objet de ces deux Ouvrages eſt de
prouver avec Saint Cyran , dont Barcos avoit parfaitement pris l'eſprit,
que Saint Paul avoit été auſſi-bien
que Saint Pierre , le Chef viſible de

l'Eglife ; & par-là on vouloit anéantir le Dogme fondamental de la primauté de Saint Pierre & de fes Suc-
cefleurs , Vicaires de JESUS-CHRIST
après lui.

☞ 3°. Que le Pape Innocent X.
par un Décret du vingt-quatriéme
Janvier 1647. condamna ces deux
Livres à la fois , & que dans la *page*
76. du premier , on y trouve l'héréfie
de la décadence & de la vieillefle de
l'Eglife. *Il y a* , dit Bercos , *des véritez très-importantes pour la Doctrine &
pour les mœurs , qui ne font pas maintenant connuës dans l'Eglife , quoiqu'elles fuffent indubitables dans l'antiquité.*
Dans le quatriéme Chapitre du premier Livre on débite fans ménagement l'héréfie *des deux Chefs qui n'en
font qu'un.*

☞ 4°. Il paroît évident que Barcos en travaillant les deux Livres en
queftion , avoit devant les yeux le
Livre de la République Eccléfiaftique , compofé par l'Archevêque de
Spalatro , Marc Antoine de Dominis :
tant il y a de conformité entre les rai-
fonnemens , les preuves , la doctrine
& les citations.

XII.   *GRATIA triumphans de novis Li-*

beri arbitrii decomptoribus, inflatori-
bus, deceptoribus, &c. per Vincenti-
num Palæophilum Delphis, 1699.

Nota. Que cet Ouvrage Flamand dont le bizarre titre est si digne de Nerveze, ou de l'Avent Victorieux, a été condamné par les Archevêques de Cologne & de Malines.

H

HERESIES *depuis Jesus-Christ* XIII. *jusqu'à nos jours.* A Paris chez Boudot.

Nota. Qu'on n'y dit pas un seul mot de l'Hérésie de Jansenius, quoi qu'on y parle de celle de Michel Molinos qui est fort posterieure. Ce silence affecté suffit pour rendre ce Livre très-suspect, sur tout dans les conjonctures présentes.

HERESIE *imaginaire par le sieur* XIV. *de Damvilliers.* A Liège 1677.

Nota 1°. Ce prétendu *Damvilliers* est le véritable Nicole qui croit de faire disparoître le Jansenisme & de le faire passer pour Fantôme, en plaisantant dès l'entrée de son Livre sur le Capuchon des Cordeliers. Le pre-

mier Volume de cet Ouvrage cont-
tient dix Lettres qu'on a nommé *les*
Imaginaires ou *Lettres sur l'hérésie*
imaginaire. Le second Volume renferme dix Lettres qu'on a nommé *les Vi-*
sionnaires.

NOTA 2°. Que le Livre de l'hérésie imaginaire a été condamné par le
S. Siége, en 1666.

X V.   *HERESIE de la Domination Epis-*
copale, ou *Lettre de Monsieur le Noir*,
Théologal de Séez, *à son Altesse Royale*
Madame la Duchesse de Guise. 1682.
in 12. sans nom de Ville.

*NOTA 1°. Que jamais peut-être
Hérétique n'a parlé des Evêques d'une
maniere plus injurieuse & plus outrageante, que l'a fait le Sieur le Noir
dans ce Libelle, où il franchit toutes
les bornes de la pudeur, non seulement à l'égard de son Evêque & de
son Metropolitain, mais encore à l'é-
gard de tout le Corps Episcopal, &
de l'Eglise elle-même. On en jugera
par ce petit échantillon qui se présente
dans la *page* 152. presque sans que
j'aye eû besoin de le chercher. Les
Hérétiques nous demandent tous les
jours, Madame, où est donc nôtre
Eglise ; nous ne sçaurions leur en

montrer d'autre qu'une déchirée & deshonorée par ſes propres enfans. Il y a plus de 200. ans que l'Egliſe a été réduite en un ſi pitoyable état par la domination Epiſcopale , que ce Proverbe eſt devenu commun dans la bouche de tout le monde ; *que l'Egliſe ne pouvoit plus être gouvernée par des réprouvés.*

☞ 2°. Que les emportemens de M. le Noir ayant enfin obligé le Roy à le faire enfermer dans une rude priſon , où il languit long-tems , & qui le changea & l'abattit beaucoup ; un de ſes * bons amis fit graver ces quatre Vers ſous ſon Portrait.

* L'Abbé Bertin.

> *Il eut juſqu'à la mort l'invincible*
> *courage ,*
> *Qui fait dans ſes Ecrits parler la*
> *verité.*
> *Une longue priſon a changé ſon*
> *viſage.*
> *Voici ce qu'il en eſt reſté.*

HEURES de M. le Cardinal de **XVI.** *Noailles , Archevêque de Paris ,* dont on a fait un fort grand nombre d'E-ditions à Paris & ailleurs.

NOTA 1°. On trouve dans ces Heures, répanduës par tout , un grand nombre de Propoſitions Quenelliſtes :

Par exemple, page 303. *On n'adore Dieu qu'en l'aimant*. L'Eglife nous apprend qu'on adore auffi Dieu par la Foy, par l'Efperance, par les actes d'Humilité & des autres vertus Chrétiennes. On avance hardiment au fujet de la Confeffion, que rien ne peut fuppléer *au défaut de la Contrition*....... fans elle *perfonne n'a jamais la remiffion de fes pechés*. Mais le Concile Romain affemblé par le faint Pape Benoît XIII. au mois de May 1725. Guide plus fûr que le Cardinal de Noailles, nous apprend dans le Catechifme joint à ce Concile par ordre du Pape & du Concile, que l'Attrition feule ne juftifie pas hors du Sacrement de Penitence : mais qu'elle juftifie quand elle y eft jointe.

XVII.   *HEURES de Port-Royal, ou Heures à la Janfenifte, ou l'Office de l'Eglife & de la Vierge en Latin & en François, avec les Hymnes traduites en François, & dediées au Roi par Mr. Du Mont*, & dans plufieurs exemplaires de ces mêmes Heures, *par Mr. Laval*.

NOTA 1°. Que ce Monfieur Du Mont & ce Monfieur Laval font le même homme travesti , & c'est Mr. Isaac le Maître de Sacy , neveu de Mr. Arnaud. Le nom de *Sacy* qu'il prend toûjours, n'est qu'un nom emprunté , & c'est l'Anagrame du mot *Isac* , qui étoit son nom de Baptême.

☞ 2°. Le Parti a fait une infinité d'éditions de ces Heures , quoiqu'elles ayent été condamnées par Innocent X. malgré les mouvemens extraordinaires que les Jansenistes se donnerent pour empêcher cette condamnation , comme on le voit fort au long dans les *pages* 100. *& suivantes* , du Journal de Monsieur de Saint-Amour, qui étoit lui-même le premier Acteur dans cette affaire.

☞ 3°. Les principaux motifs de cette condamnation , selon le fidéle rapport de Mr. de Saint-Amour lui-même , furent , 1°. parce que dans le Calendrier de ces Heures on y avoit placé , en qualité de Bienheureux , le Cardinal de Berulle , Instituteur de la Congregation de l'Oratoire , comme on le voit encore dans les premieres éditions de ces Heures. 2°. Dans la traduction du Décalogue , on a affecté de suivre la version de Genêve , & de dire avec Calvin , avec Beze , & avec

Marot : *Vous ne vous ferez point d'I-mages* , au lieu de dire avec l'Eglise , *Vous ne vous ferez point d'Idoles*. 3°. Dans la Priere pour l'élevation de la sainte Hostie , on y dit : *Je vous adore , au Jugement general , & à la droite du Pere Eternel*. On affecte de n'y pas dire un seul mot de la Realité , comme l'a remarqué le Calviniste Leidecker dans son Histoire Latine du Janse-nisme , *page 615.* où il dit que Cal-vin lui-même n'auroit eu nulle peine de dire avec M. de Sacy ; *Adoro te elevatum in Cruce , in extremo Judicio & ad dexteram Patris Æterni* : puis-qu'il n'y a rien dans cette Priere qui marque le moins du monde la presen-ce réelle de J. C. dans le Très-Saint Sacrement de l'Autel.

☞ 4°. Outre les infidélités que nous avons relevées dans l'article du Breviaire Romain de Mr. le Tour-neux , nous en ferons encore remar-quer ici deux autres. 1°. Dans l'Hym-ne de Noël , ces paroles :

CHRISTE REDEMPTOR OMNIUM , sont ainsi traduites de mauvaise foi :

Jesus égal au Pere , & le même en substance..... 2°. Dans l'Hymne de la Toussaints ,

233

Toussaints, on les traduit ainsi avec aussi peu de fidelité.

Dieu qui t'es fait ce que nous sommes.

☞ 5°. Dans l'Oraison qui se trouve *page 332.* de la seconde édition, on insinuë ainsi avec Jansenius l'Hérésie de la Grace irrésistible : *Seigneur, nous vous offrons nos priéres pour...... afin que vous les convertissiez par la force invincible de vôtre esprit, à qui nulle liberté de l'homme ne résiste, lorsque vous voulez les sauver.* Enfin dans le Pseaume 138. *Domine probasti me,* en traduisant ces paroles : *mihi autem nimis honorificati sunt amici tui Deus, nimis confortatus est principatus eorum,* au lieu de dire avec les Catholiques, *Vous comblez, ô mon Dieu, vos amis de gloire, & vous affermissez leur puissance,* on s'enveloppe dans un affreux galimatias pour ne point autoriser par une fidéle Version le culte que l'Eglise rend aux Saints, & on va dire avec Beze & avec Marot : *O Dieu que la sublimité de vos œuvres & de de vos pensées m'est précieuse,* ce qui n'a nul rapport avec le texte, que l'on falsifie visiblement.

☞ 6°. Que le pur Baïanisme est

Tome I.   V

debité dans la Profe *Veni fanĉte Spiritus*, pour le jour de la Pentecôte. Voici comme on y parle avec Baïus.

> *Flambeau de Splendeurs immortelles,*
> *Rempli du cœur de tes Fidéles*
> *L'abîme profond & caché.*
> *Toi feul nous fais ce que nous fommes,*
> *Sans toi rien n'eſt bon dans les hommes;*
> *Tout eſt impur, tout eſt peché.*

• ☞ 7°. Que la Faculté de Theologie de Paris, par un avis Doĉtrinal, cenſura le 4. Janvier 1661. ces Heures à la Janſenifte, publiées fous ce tître, *Priéres pour faire en commun dans les Familles Chrêtiennes.* Elles y trouva *pluſieurs choſes traduites de mauvaiſe foi, fauſſes, qui reſſentent l'Héreſic, & y portent ceux qui les liſent, touchant la Doĉtrine des Sacremens & qui renouvellent les opinions condamnées depuis peu ſur la Grace, ſur le libre-arbitre & ſur les aĉtions humaines.*

XVIII.   *HEURES Chrêtiennes,* ou *Paradis de l'ame, contenant divers Exercices de pieté, tirez de l'Ecriture Sainte & des*

235

*Saints Peres, traduits du Latin, inti-
tulé,* Paradiſus animæ Chriſtianæ, *composé par M. Horſtius, Docteur de
l'Université de Cologne, & Curé dans
la même Ville, nouvelle édition revûë,
corrigée & augmentée,* à Paris 1685.
& 1715. 2. vol. in 12.

NOTA. Que cette Traduction Françoiſe du Paradis de l'ame d'Horſtius
faite par Mr. Fontaine, a eu en partie
le même ſort que la Traduction des
Homelies de S. Chryſoſtome faite par
le même Auteur. Elle a été condamnée par pluſieurs Evêques, comme
favoriſant en bien des endroits les
nouvelles erreurs. On affecte d'y
inſinuer à toute occaſion que J. C.
n'eſt mort que pour les élûs. Et dans
les Priéres qu'on doit faire avant &
après l'élevation de la ſainte Hoſtie,
on n'y regarde jamais que JESUS-
CHRIST aſſis à la droite du Pere,
ou mourant ſur la Croix, & jamais
J. C. preſent réellement ſur nos Autels. Il eſt viſible que le Traducteur
a pris pour ſon modéle les Heures de
Port-Royal.

HEURES Dediées à la Nobleſſe, XIX.
*contenant les Offices, Vêpres, Complies,
Hymnes de l'Egliſe, avec la Methode ai-*

V ij

ſée pour ſe bien Confeſſer & Communier, & autres Priéres & Exercices d'un Chrêtien. A Paris, chez Carrouge, Ruë des Marmouſets 1733. & à Lyon chez Claude Journet au pied du Pont de Pierre du côté de ſaint Nizier in 24.

N O T A 1°. Qu'on trouve dans la page 33. de ces petites Heures un Exercice pour entendre la Sainte Meſſe, dans lequel on debite (peut-être par ignorance) une des plus monſtrueuſes erreurs des Janſeniſtes, & des Wicleſiſtes. C'eſt qu'un Laïque qui entend la Meſſe en état de Grace, la dit & l'offre tout comme le Prêtre lui-même : Et ſi le Prêtre eſt en peché mortel, il ceſſe d'être Prêtre, & c'eſt l'homme ou la femme Laïque, qui dans ce cas offrent le Sacrifice de la Meſſe à la place du Prêtre.

Voici comme l'on parle, page 33. „ Mon Seigneur & mon Dieu, proſ-„terné devant vôtre Souveraine Ma-„jeſté, je crois que vous êtes preſent „dans cette Egliſe, où les Anges „aſſiſtent avec un profond reſpect. „Je vous y adore & veux entendre „ ET DIRE cette Meſſe pour les mê-

„ mes motifs que Jefus-Chrift a eu de
„ s'immoler fur la Croix, & pour
„ les fins que l'Eglife fe propofe, &c.

Cette même Herefie eft encore plus
clairement exprimée dans cette autre
Priére dont on accompagne l'*Orate
Fratres*, " Puifque vôtre Prêtre m'ap-
„ prend, ô mon Dieu, que JE SUIS
„ PRESTRE AVEC LUI PAR MA RE-
„ GENERATION, je me joins à lui,
„ ou plûtôt à J. C. *qui nous a fait
„ part de fon Sacerdoce éternel*, pour
„ vous prier de recevoir nôtre Sa-
„ crifice, comme vous reçûtes celui
„ d'Abel , &c.

La Priére dont on accompagne *le
Memento des vivans*, eft encore infe-
ctée de ce même Dogme impie. Voici les propres paroles. " Rempliffez,
„ mon Seigneur, de vôtre Grace. . . .
„ *nos parens, amis & ennemis*, les
„ habitans de ce Lieu, tous ceux Page 42.
„ qui ENTENDENT, OU DI- Page 15.
„ SENT CETTE MESSE.

☞ 2°. C'eft pour autorifer &
pour favorifer ce prétendu Sacerdoce des Laïques que les Prêtres
Janfeniftes affectent de prononcer le
Canon, & les paroles de l'Offertoire
à haute voix, afin que le Peuple

qui affiste à la Meffe puiffe les prononcer avec eux. Madame Mol, une
des plus illuftres Dames de la Grace,
étoit charmée de voir la devotion &
le recueillement de Mademoifelle. ...
dans le tems qu'elle celebroit les
Saints Myfteres. Tout le monde a
fçû que le Roy Loüis le Grand
donna ordre à Feu Mgr. l'Evêque
de Toulon de retourner prompte-
ment dans fon Diocefe pour y re-
primer le Fanatifme des Femmes du
Parti qui prononçoient à haute voix
les Paroles de la Confecration avec
le Prêtre; il l'avertit qu'une Païo
fane des environs de Toulon, difoit
tout-haut en fon Provençal *Eyffo es
mon Corps*, tandis que le Prêtre difoit la même chofe en Latin.

☞ 3°. Que c'étoit un des principaux Dogmes de Wiclef, qu'un
Prêtre ou un Evêque même qui étoit
en peché mortel ne confacroit point
en celebrant la Meffe, & qu'en con-
fequence ce droit & ce pouvoir étoient
dévolus au Laïque prefent qui étoit
en état de Grace; *Si Epifcopus vel Sa-
cerdos eft in peccato mortali, non or-
dinat, non conficit, non confecrat.*

C'eft la quatriéme des 45. Propofitions de Wiclef condamnées par le Concile de Conftance.

Page 87. Examen des principaux pechez..... *Pour bien faire connoître fon peché :* c'eft-à-dire, *pour faire une bonne Confeffion, on doit expofer les occafions, les commencemens & tout ce qui y a conduit. Il faut qu'il le faffe voir dans tout fon jour, & qu'il marque les circonftances du lieu, du tems, des complices & des témoins.*

NOTA. Que ce long détail de pechez qu'on trouve dans ces Heures, & dans les *Inftructions de M. Treuvé, fur les difpofitions qu'on doit apporter au Sacrement de Penitence,* eft fort dangereux, fur tout pour les perfonnes du fexe; qu'il jette des fcrupules & des peines dans l'efprit de bien des perfonnes; qu'il les éloigne des années entiéres de la Frequentation des Sacremens, & que c'eft fur tout pour cette raifon que plufieurs grands Prélats de France, & en particulier feu Mr l'Archevêque de Vienne, Mr. de S. George, Archevêque de Lyon, Mr. l'Evêque de S. Pons aujourd'hui Archevêque de Touloufe, employerent il y a quelques années, leur autorité, pour faire difparoître les exemplaires de ce dernier Livre.

X X. *HEXAPLES , ou Livres à fix Colonnes , fur la Conftitution* Unigenitus. 1715.

NOTA 1°. Que le fameux Livre des Hexaples a pour Auteur M. Foüilloux , Auteur de l'Hiftoire du Cas de confcience , & un des meilleurs Ecrivains du Parti. C'eft ce même Mr. Foüilloux qu'on a vû fi long - tems relegué par Lettre de Cachet dans le Seminaire de Mâcon.

☞ 2°. Que les Hexaples font un amas prodigieux de textes tirez de l'Ecriture & des Peres , tronquez , ou falfifiez pour la plûpart & dont on abufe indignement , pour affoiblir dans l'efprit des Fidéles la foûmiffion qu'ils doivent aux décifions de l'Eglife & pour s'en faire un rempart contre la Conftitution.

☞ 3°. Que M. Foüilloux , comme l'a remarqué l'Auteur des Memoires Chronologiques & Dogmatiques , a commis dans fon recüeil tout ce qu'on peut imaginer d'infidélitez plus criantes : jufqu'à ajoûter aux paffages qu'il cite , des paroles effentielles , qui ne furent jamais dans

le

le Texte , & à les faire même imprimer en gros caracteres , pour impofer plus fûrement aux Lecteurs.

☞ 4°. Que quand même l'Auteur auroit été auffi fidéle dans fes citations qu'il l'eft peu , ce n'eft point précifément par la conformité des paffages qu'on doit juger du véritable fens des Auteurs , puifqu'il n'y a jamais eu d'Heretique qui n'ait affez ramaffé de paffages pour faire croire aux ignorans que la Tradition lui étoit favorable. Julien autorifoit autrefois le Pelagianifme du fuffrage de S. Jean Chryfoftome. Luther difoit que S. Auguftin étoit tout pour lui , *Auguftinus totus meus eft.* Et Calvin alla jufqu'à fe vanter que s'il lui falloit faire fa Confeffion de Foi , elle feroit toute tiffuë des propres termes de S. Auguftin. *Auguftinus adeò totus nofter eft , ut fi mihi confeffio fcribenda fit , ex ejus fcriptis contextum proferre abundè mihi fufficiat.*

Lib. d- æterna Dei prædift. p. 693.

☞ 5°. Que quand même certaines Propofitions fe trouveroient en propres termes dans quelques Ouvrages des SS. Peres , il ne s'enfuivroit point de-là que l'Eglife ne fût pas en

Tome I. X

droit de les profcrire : Car outre que les mêmes termes, détachés de ce qui les amene, & de ce qui les fuit, peuvent avoir un fens fort different dans les Originaux d'où ils font empruntés, il y a encore des tems où certaines expreffions font fort innocentes; & qui dans d'autres tems deviennent dangereufes par l'abus qu'en font les Novateurs. Et alors l'Eglife ne peut rien faire de plus fage que de les interdire à fes enfans. C'eft-là préci-

Lib. 1. contra Julian. c. 22.

fément * ce que S. Auguftin difoit à Julien qui fe prévaloit de l'autorité des Peres Grecs, comme l'Auteur des Hexaples prétend fe prévaloir de celle des Peres Latins. *Vobis nondum litigantibus fecuriùs loquebantur.*

Le R. P. Paul de Lyon Capucin.

☞ 6°. L'Auteur * des Anti Hexaples nous apprend dans la Préface de fon Livre un Fait remarquable, qui eft une nouvelle preuve de la mauvaife foi du Parti. L'Auteur des Hexaples avoit ofé calomnier indignement le Cardinal Caffini, en publiant dans fa Préface que ce Cardinal *s'étoit allé jetter aux pieds du Pape, pour le conjurer de ne point faire paroitre la Conftitution Unigenitus.* Le Pere Paul reprouve évidemment la calomnie par deux témoignages autentiques du Cardinal Caſſini lui-même. Le premier eſt tiré d'une Lettre de ce Cardinal au R. Pere General des Capucins, où il lui dit expreſſément, *que bien loin de s'être jetté aux pieds de Sa Sainteté, pour l'empêcher de publier ſa Conſtitution, il s'y ſeroit jetté au contraire pour l'y engager.* Le ſecond témoignage eſt tiré d'une Lettre de ce Cardinal à M. l'Evêque de Graſſe. Il l'aſſure poſitivement dans cette Lettre, *qu'il s'eſt attaché ſincerement à la Conſtitution comme à un dogme de Foi, & qu'il eſt prêt à répandre ſon ſang, & donner ſa vie pour la défendre.*

HISTOIRE abrégée du Janſeniſme XXI. *avec des remarques ſur l'Ordonnance de M. l'Archevêque de Paris*, à Cologne, 1698.

NOTA. Que l'Auteur de cet Abrégé, qui n'eſt autre que le P. Gerberon, y déclame fort contre l'Ordonnance, par laquelle Mr. l'Archevêque de Paris condamna le Livre intitulé, *Expoſition de la Foi Catholique*, dont nous avons fait le caractere.

HISTOIRE de la Condamnation de XXII.

*M. de Senez, par les Prélats assemblés
à Embrun, in 12. 1718. sans nom
d'Auteur, ni d'Imprimeur, ni de Ville.*

NOTA. Que ce Libelle est semé
d'un bout à l'autre des calomnies les
plus atroces, & des reproches les plus
injurieux contre les Prélats qui ont
composé ce saint Concile, dont on
fait les portraits les plus affreux. L'objet de cette Satyre est de prouver que
le Concile d'Embrun, quoiqu'autorisé par le Saint Siége, par l'Eglise
Gallicane, & par le Roy, n'a été
qu'un tissu d'injustices & de violences,
& que l'innocence & la verité y ont
été opprimées. L'Auteur de ce Libelle
ose nous dire serieusement que l'injuste condamnation de M. de Senez a
été annoncée par ce Quatrain de Nos-
tradamus, digne de celui qui n'a pas
honte de nous le citer.

Tard arrivés, l'execution faite.

*Le vent contraire, Lettres en
chemin prises;*

*Les Conjurés, quatorze d'une
Secte,*

*Par le rousseau Senez les entre-
prises.*

XXIII.   *HISTOIRE du Cas de conscience,
signé par quarante Docteurs de Sorbon-*

*me, contenant les Brefs du Pape, les
Ordonnances Episcopales, Censures,
Lettres, & autres Piéces pour & contre
le cas, avec des Réfléxions sur plusieurs
Ordonnances,* à Nancy chez Joseph
Nicolas, 1705. 1712. 8. vol. in-12.

NOTA 1°. Que cette Histoire,
qui est bien écrite, est l'Ouvrage de
M. Foüilloux, Licentié de Sorbonne,
& fidelle Disciple du Pere Quesnel,
dont il paroît qu'il a rempli la place.

☞ 2°. Que le titre même du Livre est un mensonge. C'est en Hollande, & non pas à Nancy, qu'il a été imprimé.

☞ 3°. Que le grand objet de cet Ouvrage artificieux est d'anéantir, s'il se pouvoit, l'infaillibilité de l'Eglise, dans la décision des Faits doctrinaux, & de soutenir la décision des quarante Docteurs Jansenistes. Si la réponse des Docteurs avoit pû subsister, tout ce que l'Eglise a fait contre le Jansenisme s'en alloit dèslors en fumée, comme le sieur du Vaucel * l'écrivoit de Rome au Pere Quesnel.

☞ 4°. Que M. Foüilloux nous apprend dans son Histoire quelques

* Cause Quesnel. pag. 405.

X iij

Faits bien dignes de remarques. Il assure 1°. que M. le Tellier, Archevêque de Reims, repéta plusieurs fois dans un entretien qu'il eut avec M. l'Abbé d'Argentré, qu'il n'y avoit rien dans le cas qu'il ne fut prêt à signer. 2°. Que M. le Cardinal avoit vû le cas avant qu'on le rendît public, & qu'il avoit même permis à quelques Docteurs de le signer, pourvû qu'ils ne le commissent point. Et pour rendre probable cette duplicité du Cardinal, il rappelle malignement la conduite qu'il avoit, dit-il, tenuë en d'autres occasions. Mais on doit se souvenir ici de deux choses : la 1e. Est que les Ecrivains du Parti qui ont exalté ce Cardinal, tandis qu'il leur a été favorable, ont tout mis en usage pour le décrier, dès qu'il a paru se déclarer contre eux. La 2e. c'est qu'on ne juge point des hommes en place, ni par leurs intentions qu'on ne pénetre point, ni par les paroles qui leur échappent, mais par ce qui est authentique & solemnel. Le 3e. Fait singulier que nous apprend M. Foüilloux, c'est que M. l'Abbé Bossuet aujourd'hui Evêque d'Auxerre,

secondant les intentions de son illustre
oncle , qui étoient pures & droites ,
se déclara alors pour la bonne cause.
Cette démarche , dit le Sieur Foüilloux,
lui attira de la part de ces Docteurs
(du Parti) *des reproches assez vifs*
sur son ambition , & sur son désir d'être
Evêque , à quoi ils attribuerent tout le
mouvement qu'il se donnoit.

HISTOIRE de la Vie de Jesus- XXIV.
Christ , par M. le Tourneux, trentié-
me Edition , à Bruxelles chez Henry
Fliſt l'année 1716.

Nota 1°. Que cette Histoire de la
Vie de J. C. se ressent fort , des mau‑
vais principes que M. le Tourneux
avoit puisez à Port-Royal , où il avoit
fait un long séjour , comme aussi de
ceux que lui avoit inspiré M. le Maître
de Sacy son intime ami.

☞ 2°. Qu'on trouve cette hérésie formelle dans la 43ᵉ. page de la
Préface. *Les Juifs n'ont point suivi la*
lumiere , parce qu'ils ne l'ont point
connuë : & cependant ils sont inexcu‑
sables. Ces paroles renferment ce
Dogme impie de Janſenius & de
Queſnel : *Que Dieu exigeoit des Juifs*
l'accompliſſement de la Loi , & qu'il

X iiij

les laiſſoit néanmoins dans l'impuiſſance
de l'accomplir..... * ,, *Quelle difference,*
,, *ô mon Dieu, entre l'alliance Chré-*
,, *tienne & l'alliance Judaïque. Là vous*
,, *exigez du Pecheur l'accompliſſement*
,, *de la Loy, en le laiſſant dans ſon im-*
,, *puiſſance; ici vous lui donnez ce que*
,, *vous lui commandez.* ,,

☞ 3°. Il eſt faux que les Juifs, à parler abſolument, n'ayent point connu la lumiere. L'Egliſe nous apprend que les Juifs avoient un remede pour effacer le peché originel, & pour ſe conſerver dans la Juſtice. Ils avoient des graces interieures & exterieures : & par conſéquent ils connoiſſoient la lumiere. C'eſt une verité Catholique que la Loi ne juſtifioit point par elle-même : mais c'eſt une héréſie formelle que Dieu laiſſoit dans l'impuiſſance ceux qui étoient ſous la Loy. Dieu diſoit aux Juifs dans le Deuteronome : *Le Commandement que je vous fais n'eſt point au-deſſus de vos forces,* & Saint Thomas nous enſeigne, que quoique la Loy ancienne ne fût pas ſuffiſante par elle-même pour ſauver les hommes ; cependant Dieu leur avoit don-

* 6. Proposition de Queſnel.

Chapitre 30.

r né avec la Loy , un autre secours suffi-
sant , qui étoit la Foy & la Grace du
Médiateur , par laquelle les Patriarches ont été justifiez.

Prions J. C. de nous donner cette gra-
ce qui fait embrasser sa Doctrine , &
imiter ses exemples , dit-on , sur la fin
de la Préface ; cette expression , qui
pourroit être innocente sous la plume
d'un Catholique , est suspecte sous la
plume d'un Ecrivain du Parti. Ne
veut-on point insinuer par-là ce Dogme
Quesneliste : *Que l'homme n'est qu'un*
instrument inanimé , qui n'a point de
part au bien qu'il fait.

HISTOIRE des miracles & du culte   XXV.
de M. de Paris , avec les persecutions ,
suscitées à sa mémoire, & aux malades,
qui ont eu recours à lui : pour servir de
suite à la vie du Saint Diacre , 1e. Partie. *Un petit volume de* 155. *pages.*

NOTA. Que ce petit Livre est tout
pétri d'un bout à l'autre de mensonges & d'impostures : que l'Auteur
des Nouvelles Ecclésiastiques se contente d'appeller *des inexactitudes qui*
s'y sont glissées sans doute , dit-il ,
contre l'intention de l'Auteur , & dont
il seroit à souhaiter , ajoute-t-il , *qu'on*

donnât *un bon* Errata. Voilà un des petits artifices de ces grands Défenſeurs de la vérité. Après avoir répandu dans le Public des fauſſetez que tout le monde voit, ils s'en croient quittes en retraétant, ou modifiant ces mêmes menſonges dans un *Errata* que perſonne ne voit, & qui ne fait aucune ſenſation.

XXVI.   *HISTOIRE du Livre des Réfléxions Morales & de la Conſtitution* Unigenitus.

N O T A. Que cet Hiſtoire, qui eſt une Apologie peu meſurée de la Doétrine de Queſnel, ſe débite impunément depuis plus de dix années.

XXVII.   *HISTOIRE du Concile de Trente, traduite de l'Italien de Fra-Paolo.* A Genêve 1621.

N O T A 1°. Amelot de la Houſſaye eſt l'Auteur de cette Traduétion, & Orleans eſt la Ville où le Livre a été imprimé.

☞ 2°. L'Hiſtoire du Concile de Trente compoſée avec beaucoup d'artifice par Fra-Paolo, & la Traduétion Françoiſe qui en a été faite, avec l'Abregé de cette même Hiſtoire donnée par Jurieu, ſont trois Livres que les

Janseniftes autorifent fort , & qu'ils répandent par tout , pour rendre le Concile de Trente odieux , & pour anéantir fes décifions fur la grace , & c'étoit-là une des maximes fonda-mentales de l'Abbé de Saint Cyran : *Qu'il falloit tout mettre en œuvre pour décrediter le Concile de Trente , qui , felon lui , a été fait par le Pape & par les Scholaftiques , qui y ont beaucoup changé la doctrine de l'Eglife ,* dit-il , dans fa maxime vingt-quatriéme.

☞ 3°. Que les Lettres de Vargas fur le Concile de Trente, & la Verfion Françoife qui en a été faite , font'encore un artifice Janfenifte pour préve-nir les Peuples contre ce Saint Con-cile. C'eft l'Apoftat le Vaffor , aupa-ravant Prêtre de l'Oratoire , & de-puis refugié en Angleterre , qui en eft l'Editeur.

HISTOIRE du Formulaire & de la XXVIII.]
Paix de Clement IX. 1674.

NOTA. Que le grand objet de cette Hiftoire fchifmatique , écrite par le Pere Quefnel , eft d'impofer au Pu-blic en lui perfuadant que le Pape Clement IX. avoit confenti que les quatre Evêques d'Aleth , de Pamiers ,

d'Angers & de Beauvais , diftinguaf-
fent dans leurs Mandemens le fait
d'avec le droit , & s'en tinffent à l'é-
gard du fait , au filence refpectueux ,
ce qui eft abfolument faux , puifqu'il
eft évident par le Bref du Pape aux
Evêques Médiateurs , que Sa Sainteté
étoit entierement perfuadée *de la parfaite & entiere obéiffance des quatre
Evêques , & de leur fincerité dans la
fignature du Formulaire, fans exception
& fans reftriction.*

XXIX.   *HISTOIRE générale du Janfenifme,
contenant ce qui s'eft paffé en France, en
Efpagne , en Italie , dans les Païs-Bas,
&c. au fujet du Livre intitulé* , Auguftinus Cornelii Janfenii , à Amfterdam , chez J. Loüis de l'Orme 1700.
3. volumes in-12. & à Lyon , 1701.
5. vol. in-12. par M. l'Abbé ✶ ✶ ✶
Du Manoir.

NOTA 1°. Que le Pere Gabriel
Gerberon , Auteur de ce Livre , y a
recüeïlli prefque tout ce qu'il a écrit
ailleurs fur cette matiere. Mais l'Auteur , homme boüillant & impetueux ,
& incapable par fon caractere de
déguifer fes fentimens , y a fi peu
menagé fes expreffions , que par cette

raison le Livre n'a point eu l'approbation des Chefs du Parti.

☞ 2°. Que le P. Gerberon dans son Hiftoire generale du Janfenifme , enfeigne à découvert les opinions condamnées ; il y avance fans detour, en differens endroits, que le Sauveur du monde n'eft mort que pour les Élûs, que toute Grace medecinale eft efficace par elle-même , & qu'il n'y a aucune Grace fuffifante qui foit donnée à tous, & avec laquelle ils pourroient fe convertir , s'ils vouloient. Il nie la poffibilité des Commandemens, il anéantit la liberté , il refufe ouvertement de fe couvrir du manteau des Thomiftes, comme le faifoient les autres prétendus Difciples de S. Auguftin. Il déclame contre toutes les Puiffances Écclefiaftiques & Séculieres. Il traite avec mépris les plus grands Hommes de fon fiécle. Selon lui , Mrs Vincent , Eudes & Ollier , fi diftingués par leur éminente pieté , le Pere du Bofc , Cordelier , le Pere Jofeph , Feüillant, l'Archiduc Leopold , & S. François de Sales lui - même font des Moliniftes outrés , des Difciples de Pélage, ou

des Demi-Pelagiens ; le Pere Sir-
mond si estimé des Sçavans n'avoit
point de Theologie , & étoit plus
propre à amasser des Manuscrits qu'à
en pénétrer le vrai sens. Si le Cardinal Mazarin, & M. de Marca , Archevêque de Toulouse, se déclarent contre
les nouvelles opinions , c'est que le
premier n'aime pas le Cardinal de
Rets , & l'autre cherche à se racom-
moder avec Rome. Si M. l'Avocat
General Talon invective en plein Parlement contre les Jansenistes , c'est
uniquement parce qu'une Fille qu'il
aimoit , s'étoit faite Religieuse à Port-
Royal. Ce fut une conduite si peu me-
surée, qui empêcha le P. Gerberon de
devenir le Patriarche du Parti.

X X X. *HISTORIA Confessionis auricula-
ris , Autore Jacobo Boileau , Theologo
Parisiensi , Ecclesiæ Metropolitanæ Seno-
nensis Decano ,* in 12. Histoire de la
Confession auriculaire , par M. Jacques Boileau Theologien de la Faculté & Doyen de l'Eglise Metropolitaine
de Sens.

NOTA 1°. Que cette Histoire de
la Confession , approuvée par Mrs.
Chassebras , & Antoine Favre , con-

tient plufieurs erreurs capitales. On y
en trouve deux des plus pernicieufes
dans ces trois lignes de la page 55.
*Rarò jam, Ecclefià ætate provecta, &
ad fenium vergente, malas cogitationes
effe lethales :* c'eft-à-dire, maintenant
que l'Eglife eft fur fon déclin, &
qu'elle vieillit, il arrive rarement
que les mauvaifes penfées foient des
pechés mortels. Le Docteur auroit dù
fe fouvenir de cette *parole de l'E-
criture, *Abominatio Domini cogitationes malæ.* Il n'auroit pas inculqué
dans je ne fçai combien d'endroits de
fon Livre cette morale corrompue,
que les pechés de penfées & les delec-
tations qu'on apelle *morofes,* font
rarement des pechés mortels. *Facilè* * * Pag. 54.
*eft refpondere minùs crebrò peccata co-
gitationum effe lethalia.* Une telle Doctrine eft digne de l'Auteur du Livre,
de Tactibus impudicis, & de l'*Hiftoire
des Flagellans.*

☞ 2°. Que le même Docteur
Janſeniſte publia en 1678. fous ce
nom de *Fontejus,* un Livre fous ce
titre : *De antiquo jure Presbyterorum.*
Il y debite page 31. cette Propofition
fcandaleufe, & favorable au Presby-

* Prov.
15.

teranifme : *Il eft clair par les Actes des Apôtres que S. Paul commande à l'Eglife de garder les Ordonnances des Pretres, comme celles des Evêques & des Apôtres.* Voilà les fimples Prêtres mis au niveau des Evêques, égalés aux Apôtres mêmes.

XXXI. *HISTORIÆ Congregationum de Auxiliis divinæ Gratiæ Libri quatuor, Autore Auguftino le Blanc S. T. D. Lovanii,* 1700. Les quatre Livres de l'Hiftoire de la Congregation de *Auxiliis*, touchant la Grace, par le P. Auguftin le Blanc Docteur en Théologie, ce Pere étoit de l'Ordre de S. Dominique, à Louvain en 1700.

Nota 1°. Que ce faux Auguftin le Blanc eft le Pere *Hyacinthe Serry* de Toulon, & que fon Livre qui n'eft qu'un tiffu de fauffetés, de calomnies & de menfonges debités avec une audace incroyable, & qu'on peut apeller un *Roman Théologique*, a été condamné en 1701. par un Decret de l'Inquifition generale d'Efpagne, comme contenant des Propofitions fcandaleufes, feditieufes, injurieufes aux Souverains Pontifes, au Saint Office, à un grand Inquifiteur.... & à plufieurs Hommes illuftres. 2°,

☞ 2°. Que ce fut le Pere Quef-nel qui revit le manufcrit, & qui fe chargea d'en diriger l'Edition.

☞ 3°. L'Auteur de ce Livre y autorife ouvertement le Janfenifme & le Calvinifme, en reconnoiffant pour Orthodoxes des Propofitions manifef-tement héretiques, comme quand il dit, par exemple, Livre 3. chap. 46. que *l'opinion de la Grace toûjours irre-fiftible, toûjours victorieufe dans les Elûs & qui détermine neceffairement la* volonté, *& tel enfin que Mr. Ju-rieu l'enfeigne*, eft une opinion Catholique.

HISTORIA Pelagiana & Dif- XXXII.
fertatio de Synodo quinta œcumenica, &c. Auctore P. M. Henrico de Noris Veronenfi Auguftino, Patavii 1673. Hiftoire du Pelagianifme, avec une Differtation fur le V. Concile Œcume-nique.

NOTA. Que cette Hiftoire de l'Hérefie Pelagienne compofée par le Cardinal de Noris, a été par trois fois deferée au Saint Siége, mais qu'elle n'a jamais été condamnée.

HOMELIES de S. Jean Chry- XXXIII.
foftome fur faint Paul, traduites en

Tome I.   Y

*François par Mr. Fontaine, mort
en 1709. à Melun, en 5. vol.* à Paris
1682.

NOTA. 1°. Que cette Traduction,
qui a eu grand cours, est semée d'erreurs capitales sur la Trinité, l'Incarnation, le peché originel, la liberté,
la grace, la possibilité des preceptes,
& la mort de JESUS-CHRIST pour
tous les hommes; & que l'Auteur,
qui avoit servi de Secretaire à M. Arnaud, & à son neveu Mr. de Sacy, a
ajoûté ou retranché au Texte de S.
Chrysostome des termes essentiels, qui
font paroître ce Pere Grec tantôt Janseniste, tantôt Nestorien, même avant
la naissance du Nestorianisme.

2°. Que le sieur Fontaine,
dans son infidéle Traduction, favorise ouvertement le Socinianisme &
qu'il parle en franc Nestorien, en
faisant dire à saint Chrysostome, dans
l'Epître de S. Paul aux Hebreux, *pag.*
170. S. Paul confond ici les Juifs, en
montrant qu'il y a DEUX PERSONNES
EN JESUS-CHRIST. Et six lignes après
il s'explique tout comme Nestorius
lui-même, en disant, *Saint Paul confond ici Marcel & les autres*, en mon-

" trant que L E S D E U X P E R S O N N E S
" qui font en J E S U S - C H R I S T font
" fubfiſtantes par elles-mêmes & feparées
" entre elles.

☞ 3°. Que ces erreurs capitales
" ayant été dévoilées aux yeux du Pu-
" blic par une Lettre du Pere Daniel ,
" *touchant une nouvelle Héreſie renouvel-*
" *lée depuis peu* , & enfuite par une Diſ-
" fertation Latine de ce même Pere , un
" Théologien * Catholique dénonça en
" forme cette Héreſie dans un Ouvrage
" qui porte pour tître , *Le Neſtorianiſ-*
" *me renaiſſant.*

* Le Pere Riviere Jeſuite.

☞ 4°. Que fur cette dénonciation , la Traduction de S. Chryſoſtome fut examinée & condamnée par
Mr. l'Archevêque de Paris , malgré
tous les efforts que fit le Parti pour
foutenir cet Ouvrage & pour encourager le Traducteur à ne point fe retracter. On attribuë au Pere Queſnel
lui-même l'Ouvrage publié en faveur
du Sieur Fontaine , fous ce tître : *Ro-*
man feditieux du Neſtorianiſme renaiſ-
ſant , convaincu de calomnie & d'ex-
travagance. Cet Ouvrage , à n'en regarder que le ſtile & le goût , ne fit
pas honneur à fon Auteur.

Y ij

☞ 5°. Que le fieur Fontaine fit
en 1693. & 1694. avec beaucoup de
foumiffion & de bonne foi, une retractation folemnelle des erreurs qui
lui étoient échappées. Il reconnut
qu'il étoit tombé dans ces erreurs
par pure ignorance, n'étant qu'un
fimple Laïque, & n'étant, dit-il ,
nullement Theologien ; il avoüa, par
un Acte public, qu'il s'étoit écarté ,
fans le vouloir, du vrai fens de S.
Chryfoftome, & de la Foi Catholique, & qu'il avoit donné atteinte à
tout ce qu'il y a de plus grand & de
plus faint dans nôtre Religion ; qu'il
avoit fait, par inadvertance, des alte-
rations vifibles dans le Texte de faint
Chryfoftome ; qu'il avoit prêté à ce
Pere des fentimens erronnez ; qu'il
l'avoit fait parler comme s'il n'avoit
pas reconnu en Dieu un fincere defir
de fauver tous les hommes, & 'en
Jefus-Chrift Homme-Dieu, une fincere volonté de mourir pour tous. Il
déclare fincerement qu'il a eu grand
tort d'avoir donné une idée de la liberté, dans l'état préfent, toute compatible avec la neceffité, ne l'oppofant qu'à la contrainte ; de n'avoir

point reconnu de refiftance à la Grace, d'avoir nié la poffibilité des Preceptes ; de n'avoir point mis dans les
reprouvez de pouvoir furnaturel &
vrayment fuffifant pour fe fauver :
Tous Dogmes enfeignez nettement &
précifément, & fouvent repetez par
faint Chryfoftome.

Cet humble & fincere aveu du
fieur Fontaine, dont les Catholiques
furent fatisfaits, montre combien eft
dangereux le venin répandu dans fa
traduction. Mais le Public auroit encore été plus content, & l'antidote
plus efficace, fi le Traducteur avoit
réalifé fa promeffe, en faifant mettre
fa retractation à la tête de fon 5e. &
dernier volume, fur lequel elle tombe particuliérement.

☞ 6°. Que la Traduction des
Homelies, ou Sermons de S. Jean
Chryfoftome, a auffi été condamnée
par un Decret de Rome du 7. May
1687.

☞ 7°. Que le même Mr. Fontaine a donné quelques Ouvrages bons
& utiles, & qu'on peut lire fans
crainte. Tels font celui qui porte pour
titres, *Les Figures de la Bible*, fous

le nom emprunté de Royaumont,
Prieur de Sombreval ; les Vies des
Prophetes , avec des Reflexions , les
Vies des Patriarches , avec des Reflexions des SS. Peres ; les Vies des Saints
pour tous les jours de l'Année , 4.
vol. in 8. On lui attribuë auſſi les
Conferences , & les Inſtructions de
Caſſien , traduites en François , ſous
le nom du Sieur de Saligni : Car Mr.
Fontaine , à l'exemple du Pere Gerberon , ſe metamorphoſoit autant
qu'il pouvoit , en changeant ſans ceſſe
de nom.

XXXIV.   *HUMILIS & ſimplex querimo-*
nia Jacobi Zegers adversùs Libellum
R. P. S. T. Regiæ Capellæ Bruxell. Con-
cionat. & Theſes PP. Societatis , apud
Jacobum Zegers , 1. 2. 3. ſeu alterius
editionis. Humble plainte de Jacques
Zegers contre le R. P.✶✶✶. Predica-
teur de la Chapelle Royale de Bruxelles & contre les Theſes des
PP. Jeſuites.

I

IDE'E du Sacerdoce & du Sacrifice XXXV.
de Jesus-Christ, avec quelques éclair-
cissemens, & une explication des Priè-
res de la Messe. A Paris 1688.

Nota. Que c'est ici un Ouvrage
de Quesnel, dans lequel on reconnoît
son esprit & ses erreurs.

IDE'E generale du Libelle publié en XXXVI.
Latin sous ce titre : Causa Quesnel-
liana, sive motivum Juris pro Procu-
ratore Curiæ Ecclesiasticæ Mechliniensis, actore contra Patrem Pascha-
sium Quesnel, Oratorii Beruliani in
Gallia Presbyterum, citatum fugi-
tivum 1696. Procez du P. Quesnel,
ou motif de droit pour le Promoteur
du For Ecclesiastique de Malines,
agissant contre le Pere Pasquier Quesnel Prêtre de l'Oratoire de France, cité
fugitif, 1696.

Nota. Que cet insolent Libelle
composé par Quesnel lui-même, est
une suite de celui qui porte pour titre, Anatomie de la Sentence de Mr.
l'Archevêque de Malines contre le Pere

Quefnel , & on voit paroître également dans l'un & dans l'autre cet efprit d'emportement & de hauteur qui
fait le caractere particulier du Presbyteranifme.

XXXVII. *JESUS-CHRIST pénitent , ou Exer-*
cice de pieté pour le tems du Carême &
pour une Retraite de dix jours ; avec
des Reflexions fur les fept Pfeaumes d
la Penitence , fur la Journée Chrétien-
ne , &c. A Paris 1697.

    N o t a. Que c'eft encore un Ou-
vrage , mais un Ouvrage pofthume
de Quefnel , & c'eft un de ceux que le
parti prône le plus , fur tout aux
Religieufes.

XXXVIII *I M A G I N A I R E S. Voyez ,*
Lettres fur l'Hérélie imaginaire.

    I M I T A T I O N de N. S. J. C.
traduite nouvellement , avec une Priê-
re affective . ou Effufions de cœur , à la
fin de chaque Chapitre , par un Reli-
gieux Benedictin de la Congregation de
S. Maur. 3e. *Edition ;* à Paris , chez
Jacques Vincent 1724.

    N o t a 1°. Que dans la page 387.
on trouve ces paroles qui attaquent
le Dogme de la réalité. *Je poffede veri-*
tablement , & j'adore celui-là même
                      que

*que les Anges adorent dans le Ciel;
mais je ne le poſſede que par la Foi.* Voilà qui favoriſe ouvertement ce Dogme
impie de Calvin, que nous ne recevons dans l'Euchariſtie le Corps de
JESUS-CHRIST, que par la Foi. Encore Calvin, ne s'entendant pas lui-
même, & diſant le pour & le contre,
reconnoît du moins que nous le recevons réellement, mais par la Foi : au
lieu que notre Auteur allant encore
plus loin, prétend que nous ne le recevons ici que par la Foi, ſans parler
de réalité. Il y a néanmoins toutes les
apparences du monde que c'eſt plûtôt
faute d'attention qu'autrement, que
l'Auteur s'eſt exprimé d'une maniere
ſi peu meſurée.

☞ 2°. Que dans la page 43.
on trouve cette erreur bien marquée ,
& qui eſt un des Dogmes favoris des
Novateurs. *Je travaille beaucoup & je
ne fais rien : Car j'apelle rien tout ce
que je fais qui n'a pas votre amour,
(ô mon Dieu) pour principe.* C'eſt là
préciſément la 55ᵉ. Propoſition de
Queſnel. *Dieu ne couronne que la charité; qui court par un autre mouvement
& un autre motif, court en vain.* Il

Tome I. Z

n'eſt point vrai que la charité ſeule honore Dieu & qu'il ne recompenſe que la charité ſeule, comme le dit le même P. Queſnel dans la Propoſition 56e. On honore encore Dieu par la foi, par l'eſperance, & par les autres vertus Chrêtiennes, & non pas par la ſeule charité dominante.

☞ 3°. Page 265. On trouve ces paroles, dans une effuſion de cœur devant Dieu. *Faiſant gloire de vous devoir tout, de n'avoir point d'autres mérites que ceux que vous crééds dans moi.* Si cela eſt ainſi, la fidélité & la perfidie, la vertu & le vice, ne ſont plus ni eſtimables ni haïſſables, puiſqu'ils viennent, non pas d'un principe libre & volontaire, mais d'un principe auquel je ne puis réſiſter, & qui opere tout cela dans moi.

☞ 4°. Que cette Doctrine heurte de front le Canon du Concile de Trente. * *Si quis dixerit liberum hominis arbitrium à Deo motum & excitatum....Velut inanime quoddam nihil omnino agere mereque paſſive ſe habere, anathema ſit.*

* Seſſion VI. de juſtific. Can. IV.

☞ 5°. Dom Morel nous dit dans ſa Preface, que le Livre de l'Imita-

tion étant l'Ouvrage d'un Religieux
Benedictin , il étoit naturel qu'il le
donnât au Public sous le nom , non
pas de *Gerson* , mais de Gersen , Abbé de son Ordre , & qu'il rapellât
les anciens manuscrits qui le lui attribuent. Ces prétendus manuscrits
ne font pas honneur à Dom Morel.
Tout le monde Litteraire sçait aujour-
d'hui que de GERSON , comme por-
toit le manuscrit, on fit GERSEN &
que de *Cancellarius* on fit *Consolarius* ,
par le changement d'une ou deux lettres. L'Auteur ne devoit pas s'écarter,
comme il a fait , de l'Edition commune & autentique. L'Edition Latine
dont il nous parle dans sa Preface
n'est point connuë dans l'Eglise , &
on auroit pû y ajoûter tout ce qu'on
auroit voulu.

☞ 6°. La magnifique Approbation que M. d'Arnaudin a mise à la
tête de cette Traduction , & les éloges extraordinaires , dont il comble
Dom Morel, pourroient suffire pour
nous rendre cette Traduction suspecte.

☞ 7°. Que de tous les Ouvrages qu'a fait Dom Morel , les deux
plus repréhensibles sont son Imita-

Z ij

tion de JESUS-CHRIST, & ses EN-
TRETIENS avec JESUS-CHRIST dans
le Très-Saint Sacrement de l'Autel.

XXXIX. *INSTRUCTION pour calmer les
scrupules que l'on s'efforce de jetter dans
les consciences , au sujet de la Constitution Unigenitus & de l'Appel qui en
a été interjetté.*

NOTA. Cet Ouvrage de tenebres
a été supprimé par un Arrêt du Parlement de Paris du 14. Janvier 1719.
On pourra se former une juste idée
de cette Instruction sur les scrupules ,
par le caractére qu'en a fait Monsieur
l'Avocat General de la Moignon dans
son éloquent Plaidoyer , où il requiert la condamnation de cet Ecrit.
L'Auteur , *dit ce Magistrat* , propose
les Maximes les plus pernicieuses à la
Religion , & au bien de l'Etat. Il
conduit par les mêmes vûës qui dicte-
* Le Pere rent le Livre du *Témoignage de la* *
la Borde *Verité* , condamné si solemnellement
de l'Ora- par l'Arrêt du 21. Fevrier 1715. Il
toire. ne craint point de rendre les peuples
dépositaires de la Foi , conjointement
avec les Evêques. La seule prérogative qu'il accorde aux Prélats , est de
les faire marcher d'un pas égal avec

lés Curés de leurs Diocefes. Aìnfi ce n'eſt point, felon lui, le troupeau qui doit obéïr au Paſteur ; mais c'eſt le Paſteur qui doit fe conformer à la volonté du troupeau.

INSTRUCTION Paſtorale de M. X L. *l'Evêque de Montpellier,* 1. *Fevrier* 1733.

N o ᴛ ᴀ. M. l'Evêque de Montpellier foutient hardiment dans cette Inſtruction, que quatre miracles du Diacre Paris ont été conſtatés juridiquement, fous M. le Cardinal de Noailles. Il cite la Requête des Curés, comme une piéce victorieufe ; il en triomphe, & après avoir dit, qu'elle eſt demeurée fens replique, il demande d'un ton infultant : *En faveur de qui ce filence parle-t'il ?*

INSTRUCTION Paſtorale de M. X L I. *de Montpellier fur les Miracles.*

N o ᴛ ᴀ. Que cette Inſtruction fut condamnée par le Pape le 1. d'Octobre 1733. avec dix des plus dures qualifications, *le digne Prélat y eſt très-maltraité,* dit l'Auteur du Calendrier Eccléſiaſtique ou Necrologue du Port-Royal.... Ce même Mandement avoit déja été fuprimé par un Arrêt du Conſeil d'Etat du 25. Avril de cette même année.

XLII. *INSTRUCTION Paſtorale de M. le Cardinal de Noailles ſur le renouvelle-ment de ſon Appel,* 1 717.

NOTA. Que le Pape Clement XI. ayant abſolument refuſé les explica-tions que le Parti lui demandoit , avec tant d'artifices, & de ſi fortes inſtances ; le Cardinal piqué de ce re-fus, recouvella ſon Appel , auquel le Chapitre Métropolitain & 48.Curés adhererent. Cette inſtruction Paſto-rale fut ſupprimée par le Parlement comme étant contraire à la Dé-claration du Roy, qui ordonnoit le ſilence. Une autre Inſtruction pu-bliée par ce même Cardinal, nous apprend que c'eſt une illuſion de croire que l'Egliſe ait reçu la Conſti-tution *Unigenitus.*

XLIII. *INSTRUCTION Paſtorale de M. l'Evêque d'Auxerre , au ſujet de quel-ques Libelles , ou Ecrits répandus dans le Public contre ſon Mandement du* 26. *Decembre* 1733. *à l'occaſion du Miracle operé dans la Ville de Seg-nelai.*

NOTA. Que M. l'Evêque d'Auxerre parle de N. S. Pere le Pape avec beaucoup d'indécence : Il dit, *Que l'esprit de la Cour de Rome est un esprit de domination & de hauteur ; qu'elle a peu d'égard dans ses censures pour la vérité & la justice.* Il ajoûte, *que les condamnations* in Globo, *sont peu dignes de la charité de l'Eglise, & de la Majesté de la Religion.* Et il ne se souvient pas que le Concile de Constance, si autorisé en France, a ainsi condamné *in Globo* les erreurs de Jean Hus.

N o t a. 2°. Que dans un autre endroit de cette même Instruction, M. d'Auxerre parle du S. Siége, du Pape & de la Cour de Rome avec plus de mépris & d'horreur qu'on n'en parle à Genêve & à Londres. *Ses Decrets,* dit-il, *ne respirent ni l'esprit, ni la charité, ni la doctrine Apostolique ; que les Auteurs de ces Decrets sont des temeraires, qui se portent à des excès intolerables . . . . . Que la Constitution* Unigenitus, *est un Decret scandaleux, qui par la plus lâche flatterie, autorise des erreurs très-évidentes & très-pernicieuses ; que la Cour Romaine n'est plus touchée, ni de*

Z iiij

fon propre bonneur , ni de celui de l'E-
glife , ni de l'édification des Fidéles ,
ni de leur falut.

XLIV.   *INSTRUCTION Paftorale de M.*
l'Evéque de Troyes du 1. Juillet 1733.

XLV.   *INSTRUCTION du même Prélat*
du 1. Fevrier 1743.

NOTA 1°. Que M. d'Auxerre enfeigne dans ces Mandemens ces er-
Page 99. reurs condamnées : *Que la Foy n'ope-*
re que par la charité ; que qui renonce à
la charité renonce à la Foy ; abjure le
Chriftianifme , fort de l'Ecole de Jefus-
Chrift , c'eft-à-dire , de fon Eglife ;
qu'il eft bien certain qu'il n'y a point de
Page 182. *milieu entre vouloir contenter Dieu , &*
vouloir fe fatisfaire foi-même , c'eft-à-
dire , entre l'amour de Dieu , qui eft la
charité & l'amour propre , qui eft la
cupidité que notre dépravation eft telle
qu'abandonnés à nous-mêmes nous n'é-
Page 82. *viterions aucun mal , ou nous ne l'évite-*
rions qu'en nous jettant volontairement
dans un autre.

* Hiftoire   ☞ 2°. * Que M. l'Evêque de
de la Conf- Laon pour aprendre une bonne fois
titution   à fes Diocéfains ce qu'ils devoient
Unigenitus, penfer de la doctrine de ces Prelats
par M. l'E- refractaires & de leurs adherans,
vêque de

crut qu'il devoit les déclarer tous féparés de fa Communion. C'eſt ce qu'il executa le premier d'Avril 1736. dans un Mandement, où, après avoir défendu, fous peine d'excommunication, encouruë par le ſeul fait, de lire les derniers Ouvrages de Mrs. les Evêques d'Auxerre, de Montpellier & de Senez, il déclare qu'il ne regarde point comme de vrais Enfans de l'Egliſe, ceux qui font Apellans de la Bulle *Unigenitus*, ou qui lui font notoirement opoſés; qu'il les tenoit tous pour des Schiſmatiques & des Hérétiques, qui ſe font féparés d'eux-mêmes, & qu'en conféquence il rejettoit leur conduite jufqu'à ce qu'ils viennent à refipiſcence.

Sifteron; Tome 2, pag. 266.

INSTRUCTION Familiere fur la XLVI. *néceſſité de lire l'Ecriture ſainte, dreſſée en faveur des Enfans de la Paroiſſe de Boiſſi, ſous S. Yon, Village près de Paris.*

NOTA. Que cet Ouvrage porte fa condamnation dans fon titre même, qui renferme en précis les huit Propoſitions de Quefnel, condamnées par le S. Siége, par l'Egliſe Gallicane, & par l'Egliſe Univerſelle. *Il*

*est utile & necessaire en tout tems,
en tout lieu & à toutes personnes d'étudier l'Ecriture, & d'en connoître l'esprit, la pieté & les mysteres.*

XLVII. *INSTRUCTION Théologique &
Morale sur le Symbole des Apôtres,
par M. Nicole.*

NOTA. 1°. L'Instruction Théologique & Morale sur le Symbole, nous
annonce sans détour, que depuis le
peché d'Adam l'homme a perdu son
Libre-Arbitre ; qu'il ne peut résister à
la Grace, parce qu'elle est invincible, &c. *La difference de la grace
d'Adam & de celle de J. C. reconnuë
par les Peres Grecs & Latins, consiste,*
nous dit M. Nicole, *en ce que la
Grace d'Adam laissoit à la créature toute sa mutabilité ; au lieu que la Grace
de l'homme tombé enchaîne & lie en
quelque sorte cette mutabilité.* Il ajoû-
*Page 48. te : * Dieu avoit voulu éprouver d'a-
bord ce que peut l'homme par la force
du Libre-Arbitre. Mais après le mauvais usage qu'Adam avoit fait de sa
grace, il n'a plus voulu qu'il pût arriver
que ses conseils sur les hommes & les secours qu'il leur fournissoit fussent rendus
inutiles : il a mieux aimé executer son*

œuvre par sa Toute-Puissance, à laquelle rien ne peut résister.

NOTA. 2°. Que M. Nicole developpe encore plus clairement son système Janseniste dans la page 275. *Depuis que l'homme s'est perdu, avec* *cette grace soumise à son Libre-Arbitre, Dieu a jugé qu'il valoit mieux ne* *plus exposer les Graces qu'il donne aux* *hommes pour operer leur salut, à un éve-* *nement incertain, & s'en fier plûtôt à sa* *Toute-Puissance & à son immutabilité.* Tome 2. Chap. 3.

Voilà le plus pur Jansenisme qui consiste à croire que depuis la chûte d'Adam, Dieu ne donne aux hommes que des Graces efficaces, ausquelles ils ne peuvent résister. Que dans la nature tombée il n'y a point de Grace suffisante : que les Prédestinés sont sauvés nécessairement par le seul choix que Dieu a fait d'eux ; & que les Réprouvés sont nécessairement damnés, par le refus que Dieu leur fait de sa Grace efficace, parce que JESUS-CHRIST n'est point mort pour eux.

JOURNAL Historique des Convul- *sions : par Madame Mol, Niéce de* *Monsieur l'Abbé Duguet.* XLVIII.

NOTA. On avance dans ce Journal cet étrange Paradoxe : *qu'un simple fidéle Laïque non seulement sacrifie avec le Prêtre, mais qu'il est Prêtre lui-même. On ne peut se lasser*, dit cette Dame Fanatique, * *d'admirer la majesté & la dignité avec laquelle Mademoiselle d'Aconi celebre les saints Mysteres. Des Prêtres des plus autorisés assistoient à sa Messe, & lui répondoient comme ses Ministres*, & au *Memento*, ils lui recommandoient ceux qu'ils jugeoient à propos. Une personne fut un jour témoin qu'à cet endroit de la Liturgie, un Prêtre lui dit, ORA PRO JACOBO TUO : *Priez pour votre Jacques* : c'étoit un jeune homme qui étoit present & qu'on avoit addressé à cette Fille, pour prendre soin de sa conscience.

* Page 21. & 23.

XLIX. *INJUSTE accusation du Jansenisme, ou Plainte à Monsieur Habert, Docteur en Théologie, de la Maison & Societé de Sorbonne.*

NOTA. Que l'Auteur de cette plainte est un Janseniste moderé & du nombre des mitigés, qui y soutient les cinq Propositions avec quelques adoucissemens.

INNOCENCE opprimée par la ca- L.
lomnie , ou l'Hiſtoire de la Congregation
des Filles de l'Enfance de notre Seigneur
Jeſus-Chriſt ; & de quelque maniere on
a ſurpris la Religion du Roy Très-
Chrétien , pour porter Sa Majeſté à la
détruire par un Arrêt du Conſeil : Vio-
lences & inhumanités exercées contre
ces Filles , &c. 1687. ſans nom d'Auteur , de Ville , & d'Imprimeur.

NOTA. Que c'eſt ici un de ces Libelles furieux & ſemés de calomnies,
où les Janſeniſtes donnent à leurs Adverſaires & aux Puiſſances les plus
reſpectables , tous les noms qu'ils mé-
ritent ſi bien eux-mêmes.

IN NOMINE Domini , Propoſi- L I.
tiones de Gratia , in Sorbonæ Facultate
propediem examinandæ. Au nom du
Seigneur : Propoſitions ſur la Grace
qu'on doit examiner au premier jour
dans la Sorbonne.

NOTA. Que cet Ecrit Latin eſt de
Mr. l'Abbé de Bourzeys , & que parmi
beaucoup d'autres erreurs dont cet
Ecrit eſt ſemé , on y fait l'Apologie
des cinq Propoſitions.

INSTITUTIONES Theologicæ ad L I I.
uſum Seminariorum , Auctore Gaſpare

Juenin , Oratorii Gallicani Presbytero ,
& in Seminario Emin. Card. de Noail-
les , Arch. Par. Sacra Theol. Prof. Edi-
tio tertia , 1704. Lugd. ſumptibus
Aniſſon & Poſuel. 7. vol. in 12. Inſtitutions Theologiques à l'uſage des
Seminaires , par le P. Gaſpard Juenin Prêtre de l'Oratoire de France , &
Profeſſeur de Théologie dans le Seminaire de Mr. le Cardinal de Noailles :
troiſiéme Edition.

Nota. 1°. Que la Théologie du
Pere Juenin a été condamnée par le
Pape Clement XI. par pluſieurs Evêques de France , & en particulier par
Mr. le Cardinal de Biſſy , Evêque de
Meaux , qui fit en 1711. contre ces
Inſtitutions un Mandement & une Inſ-
trnction Paſtorale en 624. pages ,
qu'on regarde comme un chef-d'œuvre. Feu Mr. l'Evêque de Chartres
publia auſſi une excellente Inſtruction
Paſtorale en quatre ou cinq cens pages , pour précautionner les Fidéles
de ſon Diocéſe contre cette dangereuſe Théologie ; Mrs. les Evêques de
Laon , d'Amiens , de Soiſſons , d'Apt ,
& quantité d'autres Prélats l'ont auſſi
proſcrite.

☞ 2°. Ces Inſtitutions du Pere Juenin ſont ſemées de Propoſitions entortillées, captieuſes, & tendantes à renouveller le Janſeniſme, qui ſe montre ſouvent au travers des voiles, dont on s'efforce de le couvrir. L'Auteur en parlant des cinq Propoſitions, ſe contente de les nommer, *Quinque Famoſas Propoſitiones*, & au lieu de dire qu'elles ſont de Janſenius, & condamnées dans le ſens de Janſenius, il dit avec tous les Novateurs de ce tems qu'elles ſont condamnées *dans le ſens de Calvin* : IN SENSU CALVINI.

☞ 3°. En parlant du cinquiéme Concile General, le Pere Juenin a dit qu'*il faut reſpecter par un ſilence religieux les Déciſions des Conciles Generaux qui regardent les faits dogmatiques* ; & c'eſt là préciſément l'Heréſie du ſilence reſpectueux, qu'il inſinuë artificieuſement par ces paroles du premier tome *page 304. in iis etiam quæ meri ſunt humani facti, exhibenda eſt humilis, ſubmiſſa & Religioſa reverentia.* Enfin cet Auteur enſeigne aux Eccleſiaſtiques l'art le plus pernicieux, qui eſt celui de *tenir un double langage en matiére de Foi*, comme Mr. le

Cardinal de Biſſy l'a remarqué dans
ſon Inſtruction.

☞ 4ᵉ. Que le P. Juenin s'eſt ſur
tout apliqué à meſurer ſi bien toutes ſes expreſſions, que le Parti fut
content de lui : Et il avoüa un jour
à M. * * *. qu'il aimeroit mieux
avoir choqué tous les Moliniſtes, que
d'avoir déplû à un ſeul Janſeniſte.
Ce Pere né en 1650. à Varembon en
Breſſe, Dioceſe de Lyon, mourut à
Paris le 16. Décembre 1713.

LIII. *INSTRUCTIONS Chrétiennes &
élevations à Dieu ſur la Paſſion, avec
les Octaves de Pâques, de la Pentecôte,
du ſaint Sacrement & de Noël, tirées
des Réflexions Morales ſur le Nouveau
Teſtament, par le Pere Queſnel, Prêtre
de l'Oratoire.* A Paris chez André Pralard, 1702.

Item. *INSTRUCTIONS Chrétiennes & Priéres à Dieu pour tous les
jours de l'année, tirées des Réflexions
Morales du même Pere Queſnel.* A Paris chez Pralard, 1701.

Item. *JOUR EVANGELIQUE,
ou trois cens ſoixante & ſix Verités, tirées de la Morale du Nouveau Teſtament, &c. pour ſervir de ſujet de Méditation*

tation chaque jour de l'année : recüeil-
lies par un Abbé Regulier de l'Ordre
de S. Augustin, pour l'usage de ses
Religieux. A Liége 1699.

NOTA 1°. Que ces trois Livres ne
font autre chofes que les Reflexions
Morales, tournées en cent maniéres
differentes & travefties en Inftructions,
en Elevations, en Priéres & en Meditations, & qu'on peut dire que ces
trois Livres font un précis & un portrait racourci de Quefnel qui contient
tous les traits originaux.

☞ 2°. Que ces trois prétendus
Livres de pieté ont été défendus par
M. l'Evêque de Marfeille en 1714.
fous peine d'excommunication encouruë par le feul fait.

☞ 3°. Que dès la 3e. page du
jour Evangelique, on trouve cette
Propofition condamnée dans Quefnel :
Il n'y a de bonnes œuvres que celles que
l'homme rapporte à Dieu par la charité.
Et dans la page 316. on y trouve
cette Propofition faulfe & injurieufe
à l'Eglife, que les Fidéles doivent lire
l'Ecriture Sainte *toute entiére & dans*
toutes fes parties.

INSTRUCTION familiére au fujet
Tome I. A a

de la Constitution Unigenitus, 1718.

NOTA. Que ce Livre n'a été composé que pour surprendre la Foi des simples ; qu'il est rempli d'Histoires fausses & de traits atroces contre Clement XI.

LV. *INSTRUCTIONS generales en forme de Catechisme , où l'on explique par l'Ecriture Sainte & par la Tradition , l'Histoire & les Dogmes de la Religion , la Morale Chrêtienne , les Sacremens , los Prieres, les Cérémonies & les Usages de l'Eglise : imprimé par ordre de Messire Charles-Joachim Colbert, Evêque de Montpellier : autrement.*

LVI. *CATECHISME de Montpellier* , à Paris 1702. & à Lyon chez Plaignard 1705. & 1713. in 4°. & in 12.

NOTA 1°. Que le Catechisme de Montpellier est l'Ouvrage de Mr. François-Aimé Pouget de la Congregation de l'Oratoire, né à Montpellier, mort en 1723. & que ce Livre a été adopté par Mr. l'Evêque de Montpellier , & approuvé par feu M. le Cardinal de Noailles.

☞ 2°. Que le Catechisme de Montpellier, après avoir été long-tems entre les mains des Fidéles, fut condamné par un Decret de Clement XI. du 1. Février 1712. Ce Fait est constaté dans la fameuse Lettre que sept Evêques Appellans écrivirent en commun au Pape Innocent XIII. datée du 9. Juin 1721. La condamnation de ce Catechisme est un des griefs dont ils se plaignent : *En etiam, Sanctissime Pater, damnatum audivimus Catechismum Montis-pessulensis Ecclesiæ, de quo id unum dicemus acerbissimum dolorem bonis omnibus afferre scandalosam ejusmodi damnationem.* Plusieurs Prélats ont depuis condamné ce même Livre à l'exemple du S. Siége.

☞ 3°. Quoique l'Auteur de ce Catechisme s'explique d'une maniére fort orthodoxe sur la mort de JESUS-CHRIST pour tous les hommes, sur l'autorité de l'Eglise, & sur la soumission qu'on doit à ses décisions, on y a remarqué neanmoins 12. ou 14. Propositions évidemment mauvaises, & six ou sept suspectes, qui favorisent les nouvelles erreurs. On en jugera par ces échantillons, Tom. 1. part. 1. section 1. Chap. 4. §. 1. *Si un grand nombre de Peuples se*

*font perdus avant la venuë du Meſſie,
c'eſt que Dieu l'a voulu pour faire ſentir
aux hommes la corruption de la raiſon
abandonnée à elle-même, & l'imperfection de la Loi, qui n'étoit écrite que ſur
la pierre.* Cette Propoſition eſt fauſſe,
erronnée, ſuſpecte d'Héreſie ; & elle
renouvelle la ſixiéme & la ſeptiéme
des cent & une Propoſitions * de
Queſnel. La Propoſition ſuivante
qu'on oſe avancer ſur la Priére, eſt
évidemment héretique, & renouvelle les erreurs de Baïus. *La priére des
pecheurs n'appaiſe point la colere de
Dieu. Elle ne fait que l'irriter davantage.* Le precepte de la priére n'oblige
pas moins les pécheurs que les autres
hommes, & on n'irrite pas la colére
de Dieu, en accompliſſant un precepte. On débite dans le 2e. * Tome
que la lecture de l'Ecriture Sainte,
tant de l'Ancien que du Nouveau
Teſtament, doit être l'occupation ordinaire des Fideles ; cette Propoſition
ainſi priſe d'une maniére indéfinie,
eſt fauſſe, injurieuſe à l'Egliſe & contraire à ſes uſages. C'eſt la 80. Propoſition de Queſnel. On s'explique
ailleurs d'une maniére fort ſuſpecte,

*Tom. 4. Part 3. chap. 1. §. 5.

* Part. 2. ſect. 2. chap. 2. §. 3.

en difant, c'eft J. C. qui furmonte
tous les jours dans nous le démon
dans nos tentations. M. Pouget auroit
parlé d'une maniére moins fufpecte,
s'il avoit dit, que c'eft par la grace de
J. C. que nous furmontons le démon
dans nos tentations.

☞ 4°. Que dans le petit Catechifme, imprimé pour les enfans, on
demande dans la premiére Leçon fur
la Grace : *Quelle Grace eft neceffaire
pour vivre faintement ?* & on répond
que pour pouvoir vivre faintement,
il faut une Grace qui éclaire l'efprit,
qui touche le cœur, *& qui faffe agir.*
Cette Propofition eft fufpecte d'Hérefie, ou même héretique, puifqu'elle exclut la Grace fuffifante qui fuffit
pour faire agir, mais qui ne fait pas
agir effectivement. Obfervez auffi
que dans la 1e. * partie, après avoir   * Sect. 3,
fait une Lifte exacte des fectes Héré-   chap. 3.
tiques, ou Schifmatiques, qui ont
combatu l'Eglife jufqu'à prefent, on
ne dit pas un feul mot de l'Héréfie de
Janfenius, en difant *qu'on n'en parle
point, parce que la memoire en eft
trop recente.*

NOTA 5°. M. de Montpellier dans

ſon Inſtruction Paſtorale du 17. Septembre *1726.* nous apprend un Fait
remarquable ſur le Catechiſme publié
ſous ſon nom. Il declare 1°. qu'il ne
reconnoit pour légitime que la premiére édition dudit Catechiſme faite
en 1702. & toutes celles qui y ſont
conformes : *attendu* , dit-il , *que dans
les éditions poſterieures de nôtre Catechiſme François, il s'eſt fait divers changemens & additions dont nous nous ſommes plaints :* c'eſt-à-dire , qu'on en a
retranché bien des erreurs. 2°. Le même Prélat condamne l'édition Latine
du Catechiſme de Montpellier publiée
ſous ce tître : *Inſtitutiones Catholicæ in
modum Catecheſeos , in quibus quid-
quid ad Religionis Hiſtoriam , Eccleſiæ
dogmata , mores , Sacramenta , preces,
uſus , ceremonias pertinet , brevi com-
pendio explanatur , ex Gallico idiomate
in Latinum tranſlata.* Et les deux motifs de cette condamnation , *C'eſt* , dit
M. de Montpellier , *qu'on y a retranché nôtre nom , & qu'on y a mélé beaucoup d'erreurs :* C'eſt-à-dire , à bien
apprecier ces dernieres paroles , que
l'Edition Latine a été retouchée par
une main Catholique.

INSTRUCTION Paſtorale de Mr. XLV
*l'Evêque de Senez, dans laquelle, à
l'occaſion des bruits qui ſe répandent de
ſa mort, il rend ſon Clergé & ſon Peuple depoſitaires de ſes derniers ſentimens
ſur les conteſtations qui agitent l'Egliſe,*
en date du 28. Août 1726.

N o t a. Que cette Inſtruction Paſtorale a été condamnée le 27. Septembre 1727. par le Concile Provincial
d'Embrun, comme temeraire, ſcandaleuſe, ſéditieuſe, injurieuſe, à l'E-
gliſe, aux Evêques & à l'autorité
Royale, Schiſmatique, pleine d'un
eſprit héretique, remplie d'erreurs ;
& fomentant des Héreſies, principalement en ce qui y eſt contre la ſignature pure & ſimple du Formulaire du
Souverain Pontife Alexandre VII.
laquelle ſignature eſt qualifiée de *vexation.* 2°. En ce qui y eſt fauſſement
& injurieuſement avancé contre la
Conſtitution *Unigenitus* : qu'elle ren-
verſe la Morale, la Diſcipline & la
Hierarchie de l'Egliſe. 3°. En ce que
ladite Inſtruction permet & recommande la Lecture du Livre condamné
des Reflexions Morales de Queſnel,
comme tout propre à nourrir la pieté

des Fidéles. Le Concile défend la lecture de cette Inſtruction Paſtorale ſous peine d'excommunication encouruë par le ſeul Fait, & reſervée à l'Ordinaire. Ordonne ledit Concile que le Reverendiſſime Seigneur Jean de Soanen, Evêque de Senez, qui a avoüé, adopté & ſigné ladite Inſtruction Paſtorale, & qui nonobſtant les Monitions Canoniques à lui faite, y a opiniâtrément perſiſté, ſoit & demeure ſuſpens de tout pouvoir & Juriſdiction Epiſcopale, & de tout exercice de l'Ordre, tant l'Epiſcopal que le Sacerdotal : juſqu'à ce qu'il ait ſatisfait par düe retractation. *Fait au Concile Provincial d'Embrun, le 27. Sep. 1725.*

LVIII.

INSTRUCTION Paſtorale du même Evêque de Senez, dans laquelle il revoque & rejette ſa ſignature du Formulaire, ordonnée par l'Egliſe & par le Roy. Il y rejette la Conſtitution Unigenitus, comme un Ouvrage de tenebres; il donne comme autant de veritez les douze capieux Articles, dont la plûpart favoriſent le Janſeniſme, il s'annonce lui même à l'Univers comme le genereux Défenſeur de la Religion attaquée

quée par *les Evêques & les Puiſſances
ſéculieres, comme le ſeul Evêque dans
qui, conjointement avec un Confrere,
qui ne lui eſt que trop uni* (M. l'Evêque de Montpellier) *réſide toute l'E-
gliſe.*

NOTA. Que cette Inſtruction a été
condamnée avec les mêmes qualifications que la précédente, par le
Concile d'Embrun, qui déclara l'E-
vêque de Senez ſuſpens de tout pouvoir & juriſdiction Epiſcopale, &c.
juſqu'à ce qu'il ait ſatisfait, &c. Cette
Sentence fut portée le 19. Sept. 1727.
publiée le 21. dans une des Seſſions
du Concile, & ſignifiée à M. de Senez
le 22.

INSTRUCTION *Paſtorale d'un pré- LIX.
tendu Vicaire General de M de Senez,
dans laquelle il établit l'injuſtice & la
nullité de la Sentence prononcée contre
lui par Mgrs. les Evêques aſſemblés
à Embrun, & preſcrit au Clergé &
au Peuple la conduite qu'ils doivent
tenir dans les conjectures preſentes.*

NOTA. Que dans cette Inſtruction LX.
datée du 1. Nov. 1727. le prétendu
Grand Vicaire y exalte fort M. de
Senez, il y loüe ſa pieté, ſa régula-

Tome I.   B b

rité, fa charité, l'aufterité de fa vie,
& il y prétend anéantir, de fon autorité privée, tout ce qui a été fait
dans un Concile Provincial approuvé
par le S. Siége & par le Roy.

LXI. *INSTRUCTIONS fur divers fujets
de Morale pour l'Education Chrétienne
des Filles*, à Lyon, chez Boudet 1710.
fans nom d'Auteur.

NOTA. Que le Sieur Salaz, Auteur
de ce Livre anonyme, y débite dans
l'Inftruction 5e. Que les Filles doivent
lire toute l'Ecriture Sainte, qu'elles ne
doivent pas même craindre de lier &
d'apprendre par cœur le Cantique des
Cantiques. Cette Propofition eft fauffe, témeraire, injurieufe & outrageante pour l'Eglife, dont elle attaque la
conduite : Le même Sieur Salaz prononce que tous les hommes, fans exception, font nés avec le peché originel, & condamne ainfi la conduite
de l'Eglife qui celebre avec tant de
pieté la Fête de l'Immaculée Conception de la Mere de Dieu.

LXII. *INSTRUCTIONS fur les difpofitions qu'on doit aporter aux Sacremens
de Penitence & d'Euchariftie, tirées de
l'Ecriture Sainte, des Saints Peres &*

de quelques autres faints Auteurs. A Paris , chez Guillaume Defprez , 1687.

NOTA. Que cette Inftruction dont il s'eft fait un fort grand nombre d'éditions , eft un Ouvrage du Parti dans lequel on a femé les maximes Janfeniftes , & qui éloigne artificieufement les Fidéles des Sacremens de Penitence & d'Euchariftie , comme l'ont déclaré plufieurs grands Prélats de France , & en particulier Mr. l'Archevêque de Vienne & Mr. l'Evêque de Saint-Pons , qui ont employé leur autorité pour en faire fupprimer les exemplaires.

☞ 2°. On pourra reconnoître ce Livre nuifible à ces deux marques. 1°. L'Avertiffement commence par ces paroles : *Quelques perfonnes peut-être s'étonneront.* Et le corps même de l'Ouvrage commence ainfi , *C'eft une verité dont tous les Fidéles....* 2°. La plûpart des éditions de ce Livre & fur-tout les anciennes , font dediées à Madame la Ducheffe de Longueville.

INSTRUCTION fur la Grace , fc- LXIII. *lon l'Ecriture & les Peres , par Feu M. Arnaud , Docteur en Sorbonne , avec*

B b ij

l'Expofition de la Foy de l'Eglife , &c.

Nota. Que c'eft le P. Gerberon qui fit imprimer ce Livre posthume , à Amfterdam , comme il en convint lui-même dans l'Interrogatoire qu'il subit

LXIV. *INSTRUCTIONS Théologiques & Morales , par Feu M. Nicole , à* Paris , chez Charles Ofmont , 1716. in 12. plufieurs volumes.

Nota. Que quoique M. Nicole . qui étoit le plus folide Théologien du Parti , fe foit ouvertement déclaré contre le fiftême de fon cher Maître , M. Arnaud , fur la Grace , & quoiqu'il fe foit fort raproché de la Doctrine de l'Eglife , il ne s'eft pas néanmoins expliqué d'une maniere affez Catholique , comme l'a démontré Feu le R. Pere General des Chartreux , dans fes deux Lettres fur le fiftême de M. Nicole.

LXV. *INSTRUMENTUM Appellationis.*

Nota. Que cet Acte publié par les Evêques Appellans , de concert avec la Sorbonne , pour foutenir leurs communes erreurs , a été condamné en 1717. par un Decret du Saint Siége ,

qui l'a notté d'hérésie & de plusieurs
autres qualifications flétrissantes. Ce
font les sept Evêques Appellans qui
nous ont instruit de ce fait dans leur
Lettre commune au Pape Innocent
XIII. *Tacere non possumus*, disent-ils,
*præter alias horrendas qualificationes,
injustam Hæreseos notam ejusmodi ins-
trumento, quod nihil nisi constantissima
Fidei & morum Dogmata continet :
quod quidem nos ad utrorumque defen-
sionem conjunctim cum Theologica Facultate Parisiensi confecimus.*

*JOANNIS Obstraët Theses Theo-
logicæ.* 1706. mort en 1720. **LXVI.**

NOTA. On pourra juger du Caractere singulier de ce Janseniste Flamand par ces deux traits bien marquez
qu'on trouve dans ses Theses. 1°. Il y
dit par une basse & impie plaisanterie
que les Messes qu'on fait dire pour les
Morts *servent bien plus au Refectoire
qu'au Purgatoire* : MISSÆ NON REFRI-
GERANT ANIMAS IN PURGATORIO,
SED IN REFECTORIO. Ce qui est une
Proposition Calviniste. 2°. Il enseigne
dans ces mêmes Theses *qu'on ne doit
pas regulierement absoudre un Pénitent
qu'on ne connoit point ; lors même qu'il*

B b iij

ne se confesse que de quelques pechez veniels : comme par exemple d'avoir menti légerement, ou d'avoir été distrait. IGNOTI PŒNITENTES, ETIAM SI LEVIA TANTÙM CONFITEANTUR, V. G. LEVITER MENTITOS VEL DISTRACTOS, PASSIM NON SUNT ABSOLVENDI.

LXVII.   *JOURNAL de Saint-Amour en* 1662. in folio.

NOTA 1°. Que ce Journal qui eſt devenu fort rare, eſt regardé par les Janſeniſtes, comme le Livre le plus original & le plus eſſentiel qu'ils ayent publié après l'Auguſtin de Janſenius & les Réfléxions Morales de Queſnel.

☞ 2°. Ce Journal fut compoſé par Mr. Arnaud & par ſon neveu Mr. de Sacy, ſur les Mémoires qui leur furent fournis par Mrs. de Lalane & de Saint-Amour leurs députez à Rome, & ces Mémoires contiennent une Relation fort détaillée & fort curieuſe de tout ce que les Janſeniſtes avoient fait en France & à Rome, pour la défenſe de leur Doctrine : c'eſt-à-dire, depuis la naiſſance de cette béréſie juſques en l'année 1662. Le

P. Gerberon dit dans son Histoire du Janfenisme, sous l'an 1662. qu'on ne peut assez estimer le Journal de Saint-Amour, tant pour la foi des Auteurs, que pour l'exactitude, la netteté de l'élocution & le bel ordre.

☞ 3°. Le Roi Louis le Grand ayant fait examiner par plusieurs Prélats & Docteurs ce Livre déja condamné à Rome, leur rapport unanime fut, *que l'héréfie de Janfenius étoit ouvertement foutenuë & renouvellée dans ce Journal. Que les Auteurs & les Défenfeurs de cette Secte y étoient extraordinairement loüez, & les Docteurs Catholiques chargez d'injures: que les Papes, les Cardinaux, les Evêques, les Docteurs, les Religieux y étoient traitez avec un mépris & une impudence infupportable; en sorte que ces Livres étoient dignes de peines que les Loix décernent contre les Livres hérétiques.* Sur cet avis le Roy rendit dans son Conseil un Arrêt qui condamna ce Livre à être brûlé par la main du Bourreau, avec un autre Livre du même caractere, à la tête duquel on voit ce titre aussi faux qu'il est impofant: *Manuel des Catholiques.* Le Journal

B b iiij

de S. Amour fut condamné à Rome le 28. Mars 1664.

LXVIII. *JUS ECCLESIASTICUM univer-sum, par Mr. Van-Efpen, Docteur de Louvain.* 3. volumes in folio 1700.

NOTA 1°. Que le Sr. Zeger Bernard Van-Efpen, Docteur de Louvain, mort en 1728. eſt aujourd'hui regardé comme le grand Caſuiſte & comme un des Héros du Parti. C'eſt celui qui fit unanimement avec le Pere Queſnel cette horrible déciſion dont nous avons parlé : *Que le Clergé de Hollan-de pouvoit en bonne conſcience s'adreſſer aux Superieurs Proteſtans pour avoir un Vicaire Apoſtolique à ſon gré, & pour faire interdire & rejetter ceux que le Pape leur avoit donnez.*

☞ 2°. Nous avons du même Mr. Bernard Van-Efpen quelques au-tres Ouvrages ſuſpects, qu'on ne doît lire qu'avec bien des précautions. Tels ſont *le Traité ſur le Droit Eccleſiaſti-que entier. A Bruxelles 1700. Diſſerta-tion Canonique de la proprieté des Reli-gieux, & de la Simonie pour l'entrée en Religion. A Louvain 1684. Bar-riere Canonique contre les exemptions.,* 1688.

☞ 3°. Que M. Van-Espen s'est rendu tout au moins fort suspect par son attachement à l'Eglise Schismatique d'Utrecht, & par ce qu'il a écrit sur le Sacre des Evêques, & sur leur Jurisdiction contentieuse. Ce qui obligea le Recteur de l'Université de Louvain de rendre une Sentence contre lui. Ce fut-là ce qui détermina M. Van-Espen de se refugier dans la Province d'Utrecht, où il est mort à Stmesfort dans la quatre-vingt-troisiéme année de son âge.

LXIX. *JOANNIS Martinez de Ripalda è Societate Nominis Jesu Vulpes captæ, per Thelogos S. Facultatis Academiæ Lovaniensis. Lovanii, Anno* 1649.

NOTA. Que ce Livre fut condamné par un Décret du S. Siége, avec le *Lucerna* & l'*Emunctorium*, le Jeudi 2 3. Avril 1654.

LXX. *JUSTE discernement entre la créance Catholique & les opinions des Protestans & autres, touchant la prédestination & la grace.*

NOTA. Que ce discernement prétendu juste, est une maniere de nouvelle Edition du fameux Ecrit à trois colomnes, que Dom Gerberon a fait

paroître fous une forme un peu differente : mais où l'erreur levant le mafque , fe contrefait & fe déguife encore
moins.

LXXI.　*JUSTIFICATION du filence
refpectueux.*

NOTA. Que cette juftification , que
le Parti regarde comme un de fes
chefs-d'œuvres , a été combattuë &
condamnée par Feu Mr. l'Archevêque
de Cambray en 1702. & par quelques
autres Evêques. L'objet de cet ouvrage
s'annonce affez de lui-même : c'eft de
fournir des armes aux Novateurs pour
foûtenir l'héréfie du filence refpectueux.

L

LXXII.　*L ETTRÈS de M. de Montpellier
à M. l'Evêque de Babylone , & à
M. le Gros avec la Réponfe.*

LXXIII.　*L ETTRE Circulaire du Cardinal
de Noailles à fes Curez ,* du 1ᵈ. Mars
1720.

NOTA. Que dans cette Lettre le
Cardinal conjure fes Curez de ne
s'allarmer ni fur les explications qu'il

venoit d'adopter, ni fur l'acceptation qu'il avoit promife. *Par mes explications, leur dit-il, j'ai mis la verité à couvert, & fi j'accepte la Conftitution, c'eft avec une bonne Relation*; c'eft-à-dire, qu'il reftraignoit fon acceptation au fens hérétique, qu'il vouloit donner à fes explications.

LETTRE à N. S. Pere le Pape LXXIV. *Clement XII.* 1735.

NOTA. Dans cette Lettre M. de Montpellier fe plaint au Pape fort amerement & avec peu de refpect d'un Décret du 23. May 1635. par lequel le S. Siége condamna au feu un Mandement de ce Prélat du 24. Mars de la même année.

LETTRE adreffée à l'Auteur de LXXV. *la nouvelle Relation de ce qui s'eft paffé dans les Affemblées de Sorbonne.*

NOTA. Le but de ce petit Livre eft de juftifier le refus Schifmatique qu'ont fait plufieurs Doctéurs de fe foûmettre à la Conftitution *Unigenitus.*

LETTRE à Mr. Abelly, Evêque LXXVI. *de Rhodez, touchant fon Livre de l'excellence de la Sainte Vierge.*

NOTA. Que le Pere Gerberon s'érigeant en Juge de la Doctrine des Evêques, fait le procès dans cette Lettre à Mr. l'Evêque de Rhodez & le traite d'une maniere fort injurieuse, uniquement pour avoir rapporté & autorifé dans fon Livre *de l'Excellence de la Sainte Vierge*, tout ce que les Saints Peres ont jamais dit de plus magnifique à l'honneur de la Mere de Dieu.

LXXVII. *LETTRE à Mr. Bidet, Docteur de Sorbonne & Prêtre du Seminaire de Saint Sulpice, fur ce qui s'eft paffé dans l'Affemblée de la Faculté du 5. Mars 1717. fur l'Appel des quatre Evêques.*

NOTA. Le reproche qu'on fait ici à M. Bidet lui eft bien glorieux : On lui fait un crime de ce qu'il a eu le zele & le courage de s'oppofer au torrent dans cette Affemblée tumultueufe, & de ce qu'il s'eft hautement déclaré qu'il rejettoit cet Appel Schifmatique, qu'on faifoit au futur Concile d'une Conftitution déja acceptée par le Corps des Pafteurs, unis à leur Chef.

LXXVIII. *LETTRE à M. de Cambrai, au fujet de fa Réponfe à la feconde Let-*

tre de Mr. l'Evêque de Saint-Pons, in 12.

NOTA. On y soutient cette erreur anathématisée cent fois, que le Silence respectueux suffit sur le fait de Jansenius.

LETTRE à Mr. l'Evêque de ✱✱✱. *où l'on montre qu'on ne peut recevoir la Bulle, même avec des explications.* LXXIX.

LETTRE Apologetique des Miracles de M. Paris. LXXX.

LETTRE aux Religieuses de sainte Marie touchant la Vie de la Mere Eugenie. LXXXI.

NOTA. Que les Religieuses de Port-Royal s'étant ouvertement revoltées contre toutes les Puissances Ecclesiastiques & Séculieres, Mr. l'Archevêque de Paris leur donna pour Superieure la Mere Eugenie de Fontaine, Religieuse de la Visitation, laquelle assistée de cinq autres Religieuses de son Ordre travailla à chasser l'Héréfie & le Schisme de cette Maison ; mais de quatre vingt Filles qui restoient dans le Monastére de Port-Royal, il ne s'en trouva que douze qui eurent de la docilité.

LETTRE de M. l'Abbé du Guet à LXXXII.

M. de Montpellier sur le Formulaire, en 1724.

NOTA. Que dans cette Lettre , M. l'Abbé du Guet prétend faire toucher au doigt l'injustice & l'irrégularité du Formulaire. Cette Lettre étant devenuë publique , fut supprimée par un Arrêt , & M. du Guet fut obligé de se cacher.

LXXXIII. *LETTRE de M. l'Evêque d'Auxerre , au sujet de la Vie de la Sœur Marie Alacoque , écrite par M. l'Archevêque de Sens , in 4°. 1733.*

NOTA. Les qualifications injurieuses que M. de Montpellier donne à cet Ouvrage plein d'onction & de pieté , & aussi sensé qu'il est poli , tombent directement sur les Ecrits publiés au sujet de M. Paris , & sur les éloges scandaleux que lui donne M. de Montpellier. Ce sont ces Fanatiques & méprisables Ouvrages qu'il faut appeller le *Roman Favori de M. de Montpellier* , qui n'a pas craint d'appeller la Vie de la Sœur Alacoque , *le Roman Favori de M. l'Archevêque de Sens.*

LXXXIV. *LETTRE de M. Tessier Président du Presidial de Blois , au sujet de la miraculeuse guerison de son Fils, par l'intercession du saint Diacre Paris.*

Nota. 1°. Cette Lettre, avec toutes ces déclamations qui l'accompagnent, n'est qu'un tissu d'invectives grossiéres, & d'impostures manifestes, qui n'ont abouti qu'à couvrir de confusion ceux qui en sont les Auteurs : Voici un petit échantillon de ces faussetés.

1°. Il est faux que M. l'Evêque de Blois ait beni Dieu, & ait été transporté à la vûë de ce prétendu miracle. Tout Blois sçait au contraire que ce sage Prélat répondit à la troisiéme députation, qu'on lui fit, pour autoriser ce miracle : *Ne me parlez plus de cette affaire ; il ne sera pas dit dans le monde que l'Evêque de Blois soit le premier qui ait donné dans le panneau des miracles de Paris.*

2°. Il est faux que Mr. Chartier Grand Vicaire ait autorisé sérieusement le miracle. Il dit par-tout, *qu'il se mocquoit de M. Tessier, & qu'il n'eût jamais crû que cet homme fût assez simple pour ne pas distinguer l'ironie du ton sérieux.*

3°. Il est faux que les Certificats du Chirurgien & de l'Apoticaire soient authentiques. Ils sont au contraire si foibles, & ils prouvent si peu, que M. Tessier n'a pas osé les faire paroître; ce qu'il n'auroit pas manqué de faire, s'ils avoient prouvé quelque chose.

4°. Mais ce qui acheve de confondre l'imposture; c'est que le Chirurgien * & l'Apoticaire * ne voulant pas qu'on crût qu'ils s'étoient prêtés à l'imposture, sont allés de porte en porte déclarer qu'ils n'avoient ni crû, ni certifié le miracle; & que leur Attestation qu'ils avoient accordée à l'importunité de M. Tessier, n'attestoit rien qui tînt du miracle.

* Manois.
* Salomé.

5°. Il est faux que M. Roussel Prêtre Irlandois, Précepteur du Fils, soit un Fanatique; on l'avoit jusques-là regardé comme un homme respectable par sa pieté, sa moderation, & ses mœurs irréprochables. Mais il est devenu un Fanatique, & un homme indigne de son caractere, parce que, pressé de certifier le miracle, il a constamment refusé de sacrifier sa conscience & sa Religion à l'imposture

l'impoſture & à l'héreſie : *Je n'ai pas
quitté*, dit-il, *l'Irlande Catholique,
pour devenir Fanatique en France.*

☞ 2°. Q̃ue cette Lettre qui court
ſous le nom de Mr. Teſſier, eſt de
Mr. Pommaſt, ancien Curé de S. Medard, interdit & relegué à Blois pour
ſa déſobéïſſance à l'Egliſe, à ſon Archevêque, au Roy & au Pape : C'eſt lui
ſur tout qui ſouffloit le feu dans ſa
Paroiſſe.

LETTRE Paſtorale de M. l'Evêque LXXXV.
d'Auxerre du 28. *Fevrier* 1732.

NOTA 1°. Dans cette Lettre M.ˢ
d'Auxerre accable ſon illuſtre Metropolitain des plus amers & des plus
indignes reproches ; il fait une affreuſe peinture de ſa doctrine & de ſa
perſonne. Sans aucun égard aux loix
de la bienſéance, il met en œuvre
contre lui les figures les plus vehe-
mentes, & les expreſſions les plus
pathetiques ; *il le regarde*, dit-il, *comme le deſtructeur de l'Evangile, comme un monſtre qui ravage le Sanctuaire : comme un fleau de Dieu qu'il faut
conjurer par les cris des Prêtres, des
gens de tout état, de tout ſexe, &
des enfans mêmes.*

Tome I.   C c

☞ 2°. Il ose avancer que la Bulle contre Baïus, n'a jamais été canoniquement publiée.

LXXXVI. *LETTRE de Mr. l'Evêque de Senez aux Religieuses de la Visitation de Castelane*, 24. Juin 1732.

NOTA. Que dans cette Lettre le Prélat excite de la maniére la plus forte & la plus séduisante, ces Religieuses à perseverer dans le schisme & dans l'hérésie.

LXXXVII. *LETTRE 1e. & 2e. d'un Ami à un Curé du Diocese de Sens, au sujet d'un Ecrit intitulé :* APOSTILLES CURIEUSES, *pour être ajoûtées aux remarques importantes sur le Catechisme de Mr. l'Archevêque de Sens.* 1732.

NOTA. Que l'Hérésie y est soûtenuë, & la doctrine orthodoxe de Mr. l'Archevêque de Sens y est attaquée avec toute l'impudence & la mauvaise foi qui caractérise les nouveaux Sectaires.

LXXXVIII. *LETTRE de l'Abbé de l'Isle sur les Miracles de Mr. Paris.*

NOTA. Que cet Abbé traite de persécution, d'injustice, de vexation & de violence les procedures contre les Appellans.

LETTRE 2e. & 3e. *sur les mi-* LXXXIX.
racles de Mr. Paris par le même Mr.
l'Abbé de l'Isle.

NOTA. Ces deux Lettres héretiques & séditieuses, furent flétries &
supprimées par un Arrest du Roy,
dans son Conseil d'Etat du 24. Avril
1732. un Exemplaire de cet Ouvrage,
fut laceré & brûlé, dans la Place
du Parvis de l'Eglise de Nôtre-Da-
me, par l'Executeur de la Haute - Justice : *On y trouve*, dit le Roy dans
son Arrest, *tous les caractéres des Li-*
belles diffamatoires, & séditieux :
tant par la licence & la malignité,
avec laquelle l'Archevêque de la Capi-
tale de ce Royaume y est attaqué téme-
rairement, sans aucun respect ni pour
sa personne, ni pour sa dignité ; soit
par les traits artificieux que l'Auteur
de ce Libelle y a semez pour revolter
les Inferieurs contre leurs Supérieurs.

LETTRES sur divers Sujets X C.
de Morale & de pieté, par Mr. l'Ab-
bé Duguet, 1735. *Avril* 22.

NOTA. Que ces Lettres doivent
paroître fort suspectes, puisqu'elles
viennent de la même main qui nous
a donné *le Traité de la Priére Pu-*

Voyez les
Notes sur
le Traité
de la Priè-
re Publi-
que , &c. *blique*, où l'on trouve que le Janfénifme n'eft qu'un phantôme ; que la
Grace eft irrefiftible ; que toute action
qui ne vient pas de la Charité parfaite, eft reprouvée de Dieu ; que l'E-
glife eft tombée en décadence , &
qu'elle a vieilli.

X C L   *LETTRES & Memoires de
François de Vargas , de Pierre Mal-
venda , & de quelques autres Evêques
d'Eſpagne , traduits de l'Eſpagnol en
François , par Mr. Michel le Vaſſor ,
in 8°. à Amſterdam 1700. avec des
Remarques du Traducteur , & reim-
primés à Lyon.*

N O T A 1°. Michel le Vaſſor Prêtre
de l'Oratoire , & né à Orleans , eſt
mort Apoſtat en Angleterre en 1718.
Ce Pere après avoir publié pluſieurs
bons Ouvrages pour défendre la Religion Catholique , quitta la France
en 1695. & ſe retira en Hollande ,
dans le deſſein d'y faire Profeſſion de
la Religion Proteſtante ; mais y ayant
été mal reçû , il paſſa en Angleterre
dans la Communion Anglicane , où
il publia ſon Traité Schiſmatique ſur
la maniére d'examiner les differens
de Religion : mais le plus pernicieux

de fes Ouvrages en matiére de Religion , c'eft fa Traduction Françoife des
Lettres de Vargas & de Maivenda ,
Livre condamné par Mrs. les Archevêques de Cologne & de Malines ,
mais fort autorifé par le Parti.

LETTRE fixiéme de M. de Mont- XCII.
pellier , à M. de Sens , pour refuter fon
fyftéme , & le fyftéme de tous les Catho-
liques fur l'Eglife. 1732. Octobre.

LETTRE de Communion écrite en XCIII.
François & en Latin , à l'Archevêque
d'Utrecht , le 31. Juillet 1727.

NOTA 1°. Que cette Lettre eft
foufcrite par 33. Janfeniftes de Nantes, Prêtres, Clercs, Moines de S. Maur,
& par quelqu'autres.

☞ 2°. Que cette Lettre Schifmatique eft adreffée à Mr. Corneille-
Jean Barchman , prétendu Archevêque d'Utrecht , Intrus & Schifmatique , comme l'étoit fon Prédeceffeur ,
M. Stanoven. Par cette Lettre les Janfeniftes lui déclarent qu'ils s'uniffent
à lui de communion. Et en voici les
motifs qu'ils apportent : C'eft qu'il rejette la Conftitution *Unigenitus* , qui
combat , difent-ils , la Foi , la Morale
de J. C. & la Difcipline , & parce

qu'il a refufé de figner le Formulaire qui caufe tant de maux à l'Eglife. Dom Louvart, Benedictin de S. Maur, eft l'Auteur de la Lettre Latine, fignée par plufieurs de fes Confreres.

☞ 3°. Que cette prétenduë Eglife d'Utrecht eft depuis plufieurs années unie de communion, & d'un intime commerce avec M. l'Evêque de Senez, lequel à la priére du Pere Quefnel s'engagea à ordonner, & ordonna ef-fectivement en 1718. & 1719. les Sujets envoyez d'Utrecht, où il n'y avoit point d'Evêque, ni Intrus, ni légitime. Cette Ordination eft conftatée par les Regiftres des Ordinations du Diocéfe de Senez. Mr. Corneille Jean Barchman, aujourd'hui Archevêque Schifmatique d'Utrecht, eft un de ceux qui reçûrent en 1719. de Mr. de Senez, la Tonfure & tous les Ordres jufqu'à la Prêtrife inclufivement, en 37. jours.

☞ 4°. Que Mr. Van-Huffen, le premier des deux gran's Vicaires, qui donnerent ces Dimiffoires, eft nommément excommunié par le Pape, & que dans les Dimiffoires des Sieurs Barckafius & Verheul, le prétendu Chapitre d'Utrecht donna l'*Extra Tempora* : ce qui n'appartient qu'au Pape, comme perſonne ne l'ignore. Mr. de Senez ne laiſſa pas d'admettre ces Dimiſſoires. Dans trois de ces Ordinations, Mr. de Senez ne celebra point la Meſſe lui-même, mais il la fit celebrer par de ſimples Prêtres. Cela s'appelle ſe mettre ſans remords au-deſſus de toutes les regles de l'Egliſe.

☞ 5°. Que Mr. de Senez ne pouvoit pas ignorer que le Chapitre Schiſmatique d'Utrecht a été nommément excommunié par trois Papes differens.

☞ 6°. Que comme c'étoit une choſe incommode pour les Janſeniſtes d'Utrecht de faire traverſer toute la France à leurs éleves, pour venir chercher dans le fonds de la Provence M. de Senez, le ſeul Evêque qui voulût leur prêter ſon miniſtere (car Feu Mr. de Langle, Evêque de Bologne, qui avoit d'abord donné quelque eſperance, n'oſa pas franchir le pas.) M. Valler, Evêque de Babylone, pour lors retiré à Utrecht les délivra de cet embarras. Tout interdit qu'il eſt

par le Pape & fufpens de toutes fe[s]
fonctions , il n'a pas héfité d'or-[don]
donner tous les Sujets prefentez par[?]
le Clergé Schifmatique & excom-[mu]
munié , & il n'a plus laiffé à Mr. de[?]
Senez que le merite de la bonne[?]
volonté.

XCIV. *LETTRE de Dom Louvard à un* [?]
Prélat , dattée du 19. *Octob.* 1727.[?]

CV. *LETTRE du même Dom Louvar[d]*
à un Prélat , du 22. *Fev.* 1728.

NOTA 1°. Que Dom Louvard ,
Benedictin de S. Maur , ennuié de fon
état de retraite & d'obfcurité , a[?]
voulu prendre l'effor , à l'exemple de[?]
plufieurs de fes Confreres. Il s'eft enro-
lé dans une Secte qui fait du bruit
& qui brille en France , & il n'a pas
craint d'écrire à quelques Prélats les
Lettres les plus féditieufes : ce qui
a obligé le Roy à le faire enfermer
dans la Baftille , où je crois qu'il eft
encore.

☞ 2°. Que dans la premiére
Lettre dont on a la minute de fa main ,
le Moine Benedictin exhorte , par les
paroles les plus féditieufes , un Prélat
diftingué par fon nom & par fon Siége , à fe déclarer enfin hautement
pour

pour le Janſeniſme. *Aujourd'hui* , lui dit-il , *il faut aller contre le fer , le feu le tems & les Princes.* Ces Propoſitions reſſemblent aſſez à celles de ſon Confrere D. Thierry : *qu'il falloit* , diſoit-il , *tâcher de mettre nos Rois hors d'état de pouvoir executer des injuſtic es pareilles à celles qu'il avoit éprouvées.*

☞ 3°. Dans la 2ᵉ. Lettre Dom Louvard demande qu'on exige comme une choſe eſſentielle ; 1°. Que la Bulle ne faſſe jamais Loi dans l'Egliſe ; 2°. Que l'Appel demeure dans ſon entier ; 3°. Que la Signature du Formulaire ſoit abolie & ne ferme plus la porte du Sanctuaire aux plus Saints Miniſtres. Il avoit dit quelques lignes auparavant , *qu'une bonne & vigoureuſe guerre valoit mieux qu'un mauvais accommodement.*

LETTRE de douze Evêques au Roy, XCVI. *au ſujet du Concile d'Embrun,* 1728.

Nota. Que cette Lettre écrite en faveur de M. de Senez , fut renvoyée par ordre du Roy au Cardinal de Noailles. Le Roi m'ordonne de vous mander , lui écrivit M. le Comte de Maurepas , qu'à l'exemple du Roi ſon Biſayeul , il ne peut qu'im-

Tome I. D d

prouver une affociation d'Evêqués faites fans fa permiffion, & à fon infçû; Et qu'il a été d'autant plus furpris du parti que vous avez pris, que dans l'affaire dont il s'agit, vous avez préferé les plaintes d'un feul Evêque accufé, au jugement de quatorze à quinze Prélats, qui l'ont unanimement condamné. Et fans avoir vû les Actes du Concile, fans avoir confulté les Juges, fans avoir examiné le Procès, vous ne craignez point de vous déclarer contre une Affemblée Canonique, dont vous fçavez que les Decrets ont été approuvés par les deux Puiffances.

XCVII. *LETTRE de M. Arnaud à un Duc & Pair de France.* A Paris, 1655.

NOTA. Que ce fut M. le Duc de Liancourt qui donna occafion à cette fameufe Lettre : Ce Seigneur s'étant prefenté pour la Confeffion à S. Sulpice fa Paroiffe, le Prêtre, nommé M. Picoté, lui déclara qu'il ne pouvoit lui donner l'abfolution que fous ces deux conditions : La premiere étoit qu'il retirât fa petite-Fille de Port-Royal. La feconde étoit qu'il congediât Mr. l'Abbé de Bourzeys qui

étoit encore alors dans le Parti, &
qu'il rompît tout commerce avec ces
Messieurs. Ce fut à ce sujet que M.
Arnaud , déja regardé comme le Chef
de sa Secte , publia une Lettre qu'il
adressa *à une Personne de condition* ,
& dans laquelle il blâme fort la conduite du Prêtre Sulpicien. On répondit solidement par differens Écrits , &
M. Arnaud repliqua par une Lettre
datée de Port-Royal Des-Champs ,
du 10. Juillet 1655. sous ce titre : *Seconde Lettre de M. Arnaud , Docteur
de Sorbonne , à un Duc & Pair de France.* C'est dans la page 226. de cette
seconde Lettre qu'on lit la Proposition
hérétique qui fit tant d'éclat , & qui
fit chasser M. Arnaud de la Sorbonne :
*On a vû un Juste dans la personne de
saint Pierre , à qui la Grace , sans laquelle on ne peut rien , a manqué dans
une occasion , où l'on ne peut pas dire
qu'il n'ait point peché.*

LETTRE *de M. d'Auxerre à M.* XCVIII.
de Soissons du 13. *Nov.* 1721.

NOTA. Que l'objet de cette Lettre
Schismatique est de se défendre de
l'accusation de Schisme , & d'en rejetter le crime sur M. de Soissons lui-

même, & fur les autres Evêques Catholiques. On y voit, pag. 2 5. l'Héréfie favorite de Quefnel, fur la décadence & l'affoibliffement prétendu
de l'Eglife ; *C'eft*, dit-on, *un malheur
attaché à l'affoibliffement prodigieux
des derniers tems, qui font la lie des
fiécles, & qui approchent des momens
où l'iniquité doit être confommée.* On
* Pag. 5. infinuë * ailleurs l'Héréfie de la Grace
neceffitante par ces paroles : *Ils aiment
la loi fainte, & tout le bien qu'elle
leur prefente, & que la Grace leur
fait faire.*

XCIX. *LETTRE de Mr. de Ligny à Mr.
l'Evêque de Tournai.*

Nota 1°. Que l'Auteur de cette
Lettre eft ce même Mr. de Ligny qui
fut le fidéle Difciple du fameux **Mr.**
Gilbert, & qui fut envoyé en exil par
le Roi, pour avoir enfeigné le pur
Janfenifme à Doüay.

☞ 2°. On peut juger de toute
la Lettre de Mr. de Ligny par ce petit
échantillon. *On rendroit*, dit notre
Auteur, *un grand fervice à l'Eglife,
fi l'on en exterminoit le Rofaire & le
Scapulaire.* Cette Propofition eft du
nombre de celles qu'on appelle té-

meraires , & qui bleſſent les oreilles pieuſes.

LETTRE de M. de Montpellier au Roy , du 29. *Juin* 1728.

Nota 1°. Que de mémoire d'homme on n'a guére vû d'Ouvrage où l'emportement & la fureur regnent davantage , & où les expreſſions ſoient moins meſurées que dans celui-ci ; l'objet de cette Lettre eſt de décrediter le Concile d'Embrun , & d'anéantir , s'il ſe peut , la Bulle *Unigenitus.* On y dit , *p.* 38. que c'eſt la force victorieuſe de la verité qui a produit le témoignage des 50. Avocats en faveur de M. de Senez , & que c'eſt cette même force invincible qui a déterminé tant de Perſonnes diſtinguées à ſe déclarer contre la Conſtitution , dont on fait la peinture la plus affreuſe. * *Quelle difference ,* * Pag. 39. dit-on, *entre le jour qui vit naître la Bulle, & celui qui la vit déferer au Concile General ? Ces deux jours ſi differens l'un* * *de l'autre , dépoſent éga-* * Pag. 40. *lement contre ce Decret : le premier , par la conſternation qu'il répandit dans tous les eſprits , & qui en fit un jour de deüil ; le ſecond , par la joye qu'il cauſa*

à tous ceux qui aiment la verité, &
qui en fit un jour d'allegreſſe. Il nous
apprend ce que nous avions ignoré
juſqu'ici : que les Corps les plus éclai-
rés du Royaume ſe ſont élevés contre
la Bulle , & ces Corps ſont les Peres
de la Doctrine Chrêtienne , les Peres
de ſainte Geneviéve , de S. Maur &
de l'Oratoire. Si le grand Arnaud
revenoit ſur la terre, s'écrie le Prélat
dans une maniere d'entouſiaſme poë-
tique , *quel empreſſement* * *n'auroit-*
on pas de le voir de ſes yeux ! mais qui
voudroit faire un pas pour voir un
Pere Annat , un Pere Ferrier , s'ils
revenoient ?

☞ 2°. Que M. l'Evêque de
Montpellier repete cent & cent fois
dans ſes déclamations que la Religion eſt ébranlée juſques dans ſes fondemens par la B. U. que les premieres verités de l'Egliſe y ſont condamnées , & que le blaſphême y eſt porté
juſqu'à nier que Dieu ſoit Tout-
puiſſant : il fait revivre dans ſes Écrits
ſans nombre le Richeriſme, le Pres-
byteraniſme, le Janſeniſme & le Quel-
neliſme. Nos plus grands, nos plus
ſçavans & plus ſaints Evêques ſont

** Pages
35. & 36.*

chargés des injures & des calomnies
les plus atroces dans les Écrits qui
paroiſſent ſous ſon nom , & Mr. de
Montpellier oſe adopter toutes ces
invectives.

LETTRE de quelques Curés de Pa-
ris , préſentée à Mgr. * *l'Archevêque*
le 24. Sept. 1739.

CINQUIE-
ME CEN-
TURIE.
I.
* Du L.
de Vinti-
miglie.

NOTA. Que cette Lettre des Cu-
rés eſt hérétique & ſéditieuſe. Ils y diſent que la Bulle a été déferée à l'Egliſe , & ils menacent d'un incendie uni-
verſel qui va bien-tôt s'allumer , ſi on
s'aviſe de retirer les pouvoirs des Appellans.

LETTRE de ſept Evêques à N. S.
P. le Pape Innocent XIII. au ſujet de la
Bulle Unigenitus *, datée du 9. Juin*
1721.

II.

NOTA. 1°. Que cette longue Lettre écrite en Latin & en François, fut
flétrie à Rome le 8. Janv. 1722. par
un Decret de l'Inquiſition , en pre-
ſence du Pape lui-même. On y condamne cette Lettre avec les qualifications les plus fortes. *Damnamus ut .....*
injurioſam quàm plurimis Epiſcopis Ca-
tholicis , & Præſulibus Galliæ , & Sedi
Apoſtolicæ , & uti ſecundùm ſe totam

D d iiij

schifmaticam , & spiritu hæretico ple-
nam.

☞ 2°. Que cette Lettre des sept
Evêques fut condamnée par un Arrêt
du Conseil d'Etat du 29. Avril 1722.
Sa Majesté s'étant fait représenter en
son Conseil cet écrit signé en ces termes : François , ancien Evêque de
Tournay, *De la Salle* : Jean B. Evêque de Pamiers , *De Vertamon*, Jean ,
Evêque de Senez , *Soanem de Torcy* ,
Evêque de Montpellier ; *de Langle* ,
Evêque de Bologne ; *de Quelus* , Evêque d'Auxerre ; Michel *de Titladet* ,
Evêque de Mâcon ; Sa Majesté a reconnu après l'examen , que cette Lettre étoit également injurieuse au Sacerdoce & à l'Empire ; que la memoire d'un Pape aussi recommandable
par la Sainteté de sa vie & par ses qualités personnelles , que par sa dignité ,
y est calomnieusement outragée ;
qu'on y traite indignement un Decret
émané du S. Siége , generalement reçu dans l'Eglise , & que S. M. a ordonné être inviolablement observé
dans tout le Royaume ; que ce même Decret y est traité comme une Loi
pleine d'erreurs & d'iniquités , & telle

que Rome la Payenne n'auroit pû la fouffrir.... qu'on y juftifie le Livre des Réflexions Morales , folemnellement profcrit par les deux Puiffances, & condamné en particulier par prefque tous ceux dont la foufcription fe lit au bas de la Lettre..... Sa M. informée que cette même Lettre a été renduë à Sa Sainteté par le moyen d'une intrigue pratiquée dans une Cour étrangere,... Oüi le rapport , S. M. étant en fon Confeil , de l'avis de Monfieur le Duc Regent , déclare cette Lettre téméraire , calomnieufe , injurieufe à la memoire du feu Pape , au S. Siége, aux Evêques & à l'Eglife Gallicane , attentatoire à l'Autorité Royale , féditieufe & tendante à la revolte. Ordonne en outre S. M. qu'il fera procedé extraordinairement , fuivant la rigueur des Conftitutions Canoniques , & des Loix du Royaume , contre ceux qui ont compofé , foufcrit , figné , imprimé ou débité cette Lettre. Fait le 19. Avril 1722.

LETTRE d'un Abbé à un Abbé. III.

NOTA. Que dans la troifiéme page de cette Lettre qui eft de M. l'Abbé de Bourzeys , on lit en termes formels

la premiere des cinq fameuſes Propoſitions , & qu'on l'y a inſerée ſans nul
déguiſement ; *Le ſens de ces paroles,*
Dieu ne commande pas des choſes
impoſſibles, *eſt* , dit notre Abbé , *que*
Dieu ne commande pas des choſes im-
poſſibles à la nature ſainte , quoiqu'elles
ſoient par accident impoſſibles à la
nature infirme , comme elle l'eſt main-
tenant.

I V.   *LETTRE d'un Abbé à un Prélat*
de la Cour de Rome , 1649.

N O T A. Que dans la page 21. cet
Abbé (de Bourzeys) l'Auteur de cette
Lettre , y traite la Cour de Rome de
Latibulum Latronum , la retraite des
Larrons ; & il a l'audace d'avancer
que les Cardinaux & les Théologiens qui
ont qualifié les Propoſitions déferées ,
n'y entendent rien pour la plûpart.

V.   *LETTRE d'un Abbé à un Préſident.*

N O T A. Que Mr. l'Abbé de Bourzeys , Auteur de cette Lettre , y débite
page 79. cette Propoſition manifeſte-
ment hérétique : *Un Juſte peut être*
tenté d'un peché mortel , & n'avoir pas
la grace de reſiſter à la tentation , ni
la grace même de demander celle de
reſiſter.

1. *LETTRE d'un Ecclefiaftique Ap-* V I.
pellant, à Mgr. l'Evêque de Soiffons,
fur fon Avertiffement en 1718.

Item. *OBSERVATIONS fur l'A-*
vertiffement de M. l'Evêque de Soiffons.

NOTA. 1°. Que les Apellans, que
les excellens Ouvrages de Mr. l'Evêque de Soiffons incommodoient fort,
lâcherent contre lui ces deux Brochures, qui devoient être fuivies de quantité d'autres, dont le Parti fe promettoit un heureux fuccès : efperant
par-là de mettre leur grand Adverfaire
fur la défenfive. Dans la premiere de
ces Brochures l'Auteur fe tourmente
fort pour découvrir les Paradoxes ;
les Sophifmes, & les Erreurs renfermées, *dit-il,* dans le premier Avertiffement ; mais il ne le fait que par
des erreurs, des fophifmes, & des
paradoxes continuels.

☞ 2°. L'objet unique de la feconde Brochure eft d'examiner la cenfure de la Propofition 91. des Reflexions Morales, qui eft fur la crainte
d'une excommunication injufte ; mais
toutes les preuves que l'Auteur met
en œuvre, reffentent l'Apellant & le
Schifmatique.

☞ 3°. Que le Parti a été si
peu content lui-même de ces deux
premieres tentatives contre Mr. de
Soiſſons, qu'on n'a pas jugé à propos de continuer, & le projet s'eſt
évanoüi.

VII. *LETTRE d'un Evêque à un Evêque*, ou Consultation *ſur le fameux
Cas de Conſcience.*

Nota. Que cette Lettre du Pere
Queſnel parut après que le Cardinal
de Noailles eut condamné en 1703.
la déciſion du fameux Cas de Conſcience, & après que les Docteurs
qui l'avoient ſignée, ſe furent preſque
tous retractés. Le P. Queſnel dit dans
cette Lettre que ce ſont *des fourbes,
des lâches, des hypocrites, des parjures
ſcandaleux, qui ſacrifient leur conſcience à des vûës humaines* ; & que puiſ-
qu'ils l'avoient reconnu pour leur
Chef, en ſignant le Cas, il étoit en
droit de les traiter comme on traite
les Deſerteurs. Il y ſoûtient que c'eſt
dégrader la raiſon humaine, que de
vouloir impoſer à un homme éclairé
le joug d'une créance aveugle à l'é-
gard d'un autre homme, dont la raiſon eſt auſſi capable, & peut-être plus

325

capable de fe tromper , que la fienne.
Après quoi tournant le difcours fur
le Cardinal de Noailles , *ne nous flat-
tons point* , dit - il ; *En matiere de
raifonnement la Mitre & la Croffe n'y
font rien : une raifon croffée & mitrée
eſt toujours une raifon humaine fujette
à fe tromper , & d'autant plus que la
Mitre & la Croffe nous engagent à taat
d'occupations differentes , que fouvent
nous n'avons pas le tems d'étudier.*
Mais le P. Quefnel ou prend ici le
change , ou cherche à le faire prendre
aux Catholiques. Car il n'eſt point
ici queſtion de fçavoir fi un Evêque,
fi dix ou vingt peuvent fe tromper ;
tout le monde convient qu'ils le peuvent ; mais il eſt queſtion fi tout le
Corps Epifcopal uni à fon Chef,qui eſt
le Pape peut fe tromper en prononçant
fur un Fait dogmatique. C'eſt là ce que
nient tous les Catholiques , & c'eſt ce
qu'on ne peut avancer , fans renverfer
tous les fondemens de la Religion.

LETTRE d'un Théologien à Mr. VIII.
*l'Evêque de Meaux , touchant fes fen-
timens & fa conduite à l'égard de Mr.
de Cambray.* A Touloufe 1698.

NOTA 1°. Le Livre des Maximes

des Saints fur la vie intérieure, ayant été condamné par le Pape Innocent XII. Les Janſeniſtes crûrent avoir trouvé l'occaſion favorable d'engager dans leur Héréſie le ſçavant Archevêque de Cambray, qui en étoit l'Auteur. Le Pere Gerberon lui conſeilla de diſtinguer à leur exemple le Fait & le Droit; il ſe fit fort de démontrer que l'Egliſe n'avoit condamné qu'un fantôme, en condamnant le Livre des maximes des Saints; & pour commencer à engager ce Prélat, il publia d'abord une Lettre contre ſon adverſaire Mr. de Meaux, dont le Parti étoit mécontent; mais Mr. de Cambray ne répondit à ſes offres que par une entiere ſoumiſſion aux Déciſions de l'Egliſe.

☞ 2°. Le Pere Gerberon a avoüé dans ſes interrogatoires, qu'il jugea la ſoumiſſion de Mr. l'Archevêque de Cambray trop grande & indigne du rang que ce Prélat tenoit dans l'Egliſe.

IX. *LETTRE d'un Théologien touchant les Anti-Hexaples du Pere Paul de Lyon, Capucin, en 1717.*

NOTA. Qu'on ne ſçauroit mieux

faire connoître ce miſerable Libelle ,
qu'en diſant ſimplement que c'eſt un
Dictionnaire des injures les plus atroces qu'on puiſſe imaginer ; & voilà
comme le Parti répond à un Ouvrage
generalement eſtimé par le zéle, l'é-
rudition , & la ſolidité que l'Auteur y
a fait paroître.

LETTRE du Pere Queſnel à   X.
Mr. l'Evêque de Poitiers , in-douze ,
1716.

Nota. Que cette fiere Lettre que
Queſnel écrit à ce ſaint Prélat pour ſe
juſtifier , a bien plus l'air d'une recri-
mination que d'une juſtification.

LETTRE du Pere Queſnel au Pere XI.
de la Chaiſe , Confeſſeur du Roy.

Nota. Que dans cette Lettre le P.
Queſnel fait les plus ſanglans reproches & les plaintes les plus vives & les
plus améres au Confeſſeur du Roi , lui
imputant tous les prétendus mauvais
traitemens qu'ont ſouffert les amis du
Pere Queſnel. On ne manque pas d'y
faire à l'ordinaire un magnifique éloge de ce que les Novateurs appellent
dans leur langage , les Martyrs de la
vérité.

LETTRE Paſtorale de Mr. de XII.

Montpellier, à l'occasion du Miracle operé à Paris en faveur de la Dame de ***.

NOTA. Que dans cette Lettre M. de Montpellier fait un portrait affreux du Pape & des Evêques Catholiques : il les traite *d'ennemis de Dieu*, enivrés de leur puissance ; de faux Freres qui vexent & qui oppriment les ser-

* Pag. 19. viteurs de Dieu * & qui sont conduits par l'ignorance, l'aveuglement & le faux zéle.

XIII. *LETTRE Pastorale de M. l'Archevêque de Sens, à l'occasion de la Bulle d'Innocent X. 1653.*

NOTA 1°. Que ce Prélat, nommé Henri Loüis de Gondrin, soutient dans son Mandement que les cinq fameuses Propositions avoient été malicieusement fabriquées par les ennemis de la Grace du Sauveur, dans le dessein de décrier la Doctrine de S. Augustin, & qu'elles ont été uniquement condamnées par le S. Siége dans le sens hérerique qu'elles renferment, & nullement dans celui de l'Evêque d'Ypres.

☞ 2°. Que jamais peut-être personne

perſonne ne varia plus dans ſa Doctrine, que ce Prélat, invariable dans ſes
paſſions. Il changea cent & cent fois
de ſentimens, au gré de ſes craintes ou
de ſes déſirs : aujourd'hui Janſeniſte,
demain Catholique, retractant le len-
demain ce qu'il avoit fait la veille,
odieux aux Catholiques, ſans avoir pû
mériter l'approbation du Parti.

LETTRE Paſtorale & Mandement   X I V.
de M. le Cardinal de Noailles, au
ſujet de la Conſtitution Unigenitus Dei
Filius, *du* 15 *Fev.* 1614.

N o t a 1°. Que ce fameux Mandement fut comme le tocſin de la
révolte contre une Conſtitution dogmatique, acceptée par le Corps Epiſcopal, revêtuë de l'Autorité Royale,
enregiſtrée dans les Parlemens : Et que
M. de Paris eſt peut-être le premier
Evêque du monde qui ait oſé dans ſes
Mandemens, défendre, ſous peine de
ſuſpenſe, de recevoir une Conſtitution
ſi authentique.

☞ 2°. Que par un contraſte
incomprehenſible, ce Cardinal renouvelle, dans le même Mandement,
la condamnation qu'il avoit déja faite

Tome I.   E e

du Nouveau Teſtament du Pere Queſnel , le 28. Sept. de l'année précedente.

☞ 3°. Que ce fut ce même Mandement fameux que le Cardinal de
Noailles fit diſtribuer le premier jour
de Mars aux Docteurs de Sorbonne ,
à la porte de leur grande Salle , à meſure qu'ils entroient , pour faire inſe-
rer la Conſtitution dans leurs Regiſtres,
ſuivant les Ordres du Roy qui leur
avoient été intimez la veille par M. le
Cardinal de Rohan.

X V. *LETTRE de M. de la Porte à la*
*Sœur * * * Religieuſe à Caſtelane , du*
16. May 1729.

N O T A 1°. Que dans cette Lettre
ſéditieuſe le prétendu Grand Vicaire
excite cette Religieuſe & ſes Com-
pagnies à la révolte contre le Roy,
contre les Evêques & contre toutes
les Puiſſances. *Il faut , leur dit-il ,*
reſiſter juſqu'à l'effuſion du ſang aux
Lettres de Cachet , qui doivent les exi-
ler , & ſouffrir de ſe faire traîner.
Il leur dit , *que le Roy n'avoit point*
d'autorité pour les faire ſortir de la
clôture , ſans la permiſſion de M. de
Senez, ou la ſienne. On reconnoît dans

ces expreffions, dit Mgr. l'Archevêque d'Embrun dans fa * fixiéme Lettre à M. de Senez, celles qui furent employées par les premiers Emiffaires du Calvinifme, dans les difcours féditieux qui fouffloient le feu de la divifion & de la révolte. Le Sieur de la Porte pouffe l'emportement & le Fanatifme jufqu'à dire dans fa Lettre du 19. Avril 1729. *qu'il eft important de bien comprendre, & de fçavoir que nous devons aujourd'hui confeffer la Foi devant les Evêques, fur les mêmes principes que les Martyrs ont confeffé la vérité devant les Tyrans.*

* Pag. 3.

Les traits fuivans ne font pas moins remarquables. Le Sieur de la Porte dans fa Lettre du 1. Avril 1729. dit à ces mêmes Religieufes de Caftelane, *qu'elles doivent regarder comme des tentations du Démon le defir qu'elles ont d'approcher des Sacremens... * qu'elles peuvent faire dire la Meffe chez elles, quoique leur Eglife foit interdite; que fi elles manquent de Prêtres elles pourront fortir de leur Monaftere pour aller l'entendre ailleurs; qu'elles peuvent tranfporter le S. Sacrement elles-mêmes, qu'elles peuvent*

* 12. Juill.

E e ij

s'adminiſtrer la Communion. Sa charité
lui fait enſuite ſouhaiter & s'offrir de
s'enfermer avec elles , & ſa ſageſſe demande un ſouterrain pour ſe bien cacher en cas de viſite. *J'ai penſé* , leur
dit-il , dans ſa Lettre du 27. Decembre adreſſée à la Communauté , *ſi vous
ne pourriez pas me faire une petite Cel-
lule de vôtre Chapelle de S. François ,
au haut du Jardin pour pouvoir m'enfermer , & vous rendre tous les ſervices
qui dépendroient de moi..... Cette ſolitu-
de ne m'effrayeroit pas.* Ce que le Sieur
de la Porte dit à ces pauvres Religieuſes dans ſa Lettre du 12. Juillet
1729. n'eſt pas moins ſingulier. Il
leur fait entendre *que le Pape n'a
pas plus d'autorité que les autres Evêques.* Il leur conſeille de s'encourager par la lecture des bons Livres ;
& les Livres qu'il leur deſigne , ſont
*les Réfléxions Morales de Queſnel ,
la Morale du Pater , le Necrologue
de Port-Royal , les Relations & les
Gemiſſemens, la Verité renduë ſenſible ;
le Mémoire des 4. Evêques , l'Inſtruction de M. le Cardinal de Noailles de
1719. les Lettres de M. de Montpellier
à M. de Soiſſons , les Remontrances au
Roy ſur le Formulaire.*

Dans la Lettre du 6. Juin le ſieur de la Porte prend tout-à-coup le ton de l'enthouſiaſme ; il aſſure ces filles que le petit troupeau, dont elles font la gloire, eſt aſſuré de la victoire ; qu'il verra tous ſes ennemis à ſes pieds ; qu'il fait lui ſeul toute la force & les richeſſes de l'Egliſe. Il les aſſure que le nouveau Pape prendra leur Parti, que l'Aſſemblée du Clergé ſe déclarera en leur faveur ; qu'on attend de jour à autre un grand changement, dont le mouvement certain qu'il apperçoit dans les Evêques eſt un garant aſſuré. Il leur apprend comme un Fait certain que l'approbation prétenduë que le Pape Benoît XIII. a donnée au Concile d'Embrun, *a été fabriquée en France. . . . que le S.* **12. Juillet** *Pere a été obſedé, qu'il avoit de bons* 1729. *ſentimens pour elles & pour le bon Parti : mais qu'en tout cas Rome, qui eſt le Siége de l'unité, n'eſt pas le ſiége de la verité, & que depuis pluſieurs ſiécles elle enſeigne de mauvaiſes maximes.*

☞ 2°. Que les Inſtructions Paſtorales qui ont paru ſous le nom de M. de la Porte, Grand Vicaire prétendu de M. de Senez, ont été

condamnées avec celles de son Evêque
par un Bref de Benoît XIII. du 16.
Avril 1728. *Eadem Scripta, auditis
Venerab. FF. noſtrorum S. R. E. Card.
Suffragiis, nec non plurimorum Theo-
logorum ſententiis, tamquàm temera-
ria, Ebredun. Concilio, atque huic Sedi
injurioſa, ſpiritu ſchiſmatico & hæretico plena rejicimus & damnamus, diſ-
trictè interdicimus ac prohibemus.*

XVI.   *LETTRE ſur la conſtance & le
courage qu'on doit avoir pour la verité,
avec les ſentimens de Saint Bernard
ſur l'obéiſſance qu'on eſt obligé de rendre aux Superieurs, & ſur le diſcerne-
ment qu'on doit faire de ce qu'ils com-
mandent, 1661. ſans nom d'Auteur ni
de Libraire.*

NOTA 1°. Qu'on n'a peut-être jamais rien vû en France de plus inſo-
lent ni de plus impie que ce Libelle
de 34. pages ſeulement. Il fut fait par
le Parti pour exciter les Religieuſes de
Port-Royal & tous les Fidéles à reſiſter
en face au Pape, aux Evêques, au
Roi, & à les regarder tous comme
des Perſécuteurs, des Tyrans & des
Antechriſts. Les Janſeniſtes ont fait
ce qu'ils ont pû pour faire diſparoî-

tre cet horrible Libelle ; ils eurent l'audace de publier qu'il ne subsistoit que dans l'imagination de Mr. l'Archevêque d'Embrun, alors M. de la Feüillade.

☞ 2°. Que cette fameuse Lettre a pour Auteur, Mr. Guillaume le Roi, celebre Janseniste & Abbé de Haute-Fontaine. C'est ce même Mr. le Roi qui a traduit le Traité de Philereme touchant l'Oraison Dominicale, & qui est aussi Auteur de la Lettre du Solitaire sur la prétenduë persécution des Religieuses de Port-Royal. Ce fut aussi lui qui par une infidéle traduction d'un discours de S. Athanase, s'efforça de prouver que pour trouver la verité, il ne falloit pas s'attacher ni au plus grand nombre, ni à la plus grande autorité visible.

· *LETTRES Chrétiennes & Spirituelles de Messire Jean du Verger de Havranne, Abbé de Saint Cyran.* XVII.

NOTA 1°. Que Mr. Arnauld d'Andilly qui est l'éditeur de ces Lettres, ne les publia qu'après la mort de l'Abbé de Saint Cyran, arrivée en 1643.

☞ 2°. On lit lettre 93. page 784. cette hérésie de Jean Hus, & de

Wiclef, anathematifée par le Concile de Trente : *Les mauvais Prêtres ne font plus Prêtres.*

XVIII. 2es. *L E T T R E S Spirituelles du même Abbé de Saint Cyran.*

Nota. Vous y trouverez *pag.* 157. cette Propofition contraire à l'Ecriture : *Les Juifs font les feuls à qui les Prophetes ont prêché le falut , & à qui* Jesus-Christ *a prêché l'Evangile.* Les deux faits de Jonas & de la Samaritaine nous montrent la fauffeté de cette Propofition.

XIX. *L E T T R E S du même Abbé de Saint Cyran , touchant les difpofitions à la Prêtrife.*

Nota 1°. Que pour difpofer les Ecclésiaftiques à la Prêtrife, on leur débite, *pag.* 658. ces paroles Ariennes, Jesus-Christ *qui eft maintenant égal à fon Pere.* C'eft-là un pur blafphême , puifque Jesus-Christ felon fa Divinité a toûjours été égal à fon Pere , & n'a jamais commencé de l'être felon fon Humanité. Item. *pag.* 152. on y attaque par ces paroles outrageantes la vertu reconnuë du Saint Prêtre le Pere Bernard , contre lequel le Port-Royal a toûjours lancé,

on

on ne fçait pourquoi , les traits les plus piquans : *Monfieur Bernard* , dit notre Abbé de faint Cyran , *eft deve-nu Prètre fans une legitime vocation* .... *Dieu dénia* , continuë-t'il , *à Monfieur Bernard les trois qualités d'une fcience, d'une prudence & d'une éloquence fain-te* , *qui font néceffaires pour les Confef-fions & pour les Prédications.*

2°. L'Abbé de faint Cyran a femé dans tous fes Ouvrages quel-ques-unes de fes trente-deux fameu-fes Maximes que le Parti a fi bien adoptées, & qui font encore aujour-d'hui comme le fond de tous leurs écrits , l'abregé de leur Doctrine , & comme le coin auquel leurs Livres font marqués. On fe contente d'in-ferer ici quelques-unes de ces Maxi-mes.

Maximes de l'Abbé de faint Cyran , extraites des informations qu'on fit contre lui , & répanduës dans tous les Livres Janfeniftes.

1. Que l'Abfolution n'eft qu'une déclaration & une marque du pardon accordé ; mais qu'elle ne confere ja-

Tome I. F f

mais la grace, & qu'elle doit toujours
être précédée par la satisfaction.

2. Que le Concile de Trente n'a
été qu'un Concile de Théologiens
Scholastiques qui a fait grand tort à
l'Eglise, & corrompu la saine Doctrine.

3. Que la fréquentation des Sacremens est nuisible.

4. Que la Théologie Scholastique
est une Théologie pernicieuse, qu'il
faudroit bannir des Ecoles : & qu'on
ne peut pas rendre un plus grand
service à Dieu que de travailler à décrediter les Jesuites.

5. Que S. Thomas, avec son beau
nom d'Ange de l'Ecole, a ruiné la
Théologie.

6. Que les Curés sont égaux aux
Evêques.

7. Que l'Eglise de ces derniers
tems est corrompuë dans les mœurs
& dans la Doctrine, qu'elle a commencé à dégenerer depuis le dixiéme
siécle, & qu'enfin il n'y a plus d'E-
glise.

8. Qu'un Chrétien peut renoncer
à la Communion, même à l'heure de
la mort, pour mieux imiter le deses-

poir & l'abandonnement de J. C. par ſon Pere.

9. Que les vœux de Religion ſont blâmables.

10. Que l'Oraiſon purement paſſive eſt la meilleure de toutes.

11. Que les Evêques d'aujourd'hui n'ont plus l'eſprit de Dieu , & qu'un peché d'impureté détruit l'Epiſcopat & le Sacerdoce.

12. Que l'Attrition conçuë par la crainte de l'Enfer eſt un peché.

13. Que les Juſtes doivent ſuivre en toutes choſes les mouvemens & l'inſtinct de la Loi intérieure , ſans ſe mettre en peine de la Loi exterieure , quand elle eſt contredite par les mou- vemens interieurs.

14. Et qu'enfin les ſentimens com- muns ne ſont que pour les ames com- munes.

LETTRES de Mr. Cornelius Jan- ſenius , Evéque d'Ypres , & de quelques autres Perſonnes,à Mr. Jean du Verger de Havranne , Abbé de ſaint Cyran , avec des remarques Hiſtoriques & Théologiques.

N O T A 1°. Que c'eſt Dom Gabriël Gerberon qui eſt l'éditeur de ces Let-

X X.

F f ij

tres, & qui eſt Auteur des remarques dont elles ſont accompagnées.

☞ 2°. Ces Lettres ſont préciſément les mêmes qu'on fit imprimer en 1654. ſur les Originaux, de la main même de Janſenius, qui furent ſaiſis quand Saint Cyran fut arrêté, & que l'on conſerve encore aujourd'hui à Paris dans le Collége de Loüis le Grand. Mais les notes de cette premiere édition n'ayant pas pû être du goût du Pere Gerberon, il en a mis d'autres à leur place, qui ſont proprement le Panegyrique de Baïus, de Janſenius & de ſaint Cyran, & l'Apologie de leur Doctrine.

X X I. *LETTRES écrites par Loüis de Montalte à un Provincial de ſes amis, ou les Provinciales.* A Cologne, 1649.

Item. *LES mêmes Lettres traduites en Latin ſous ce titre. LUDOVICI Montalti Litteræ Provinciales à Willermo Wendrockio Salisburgenſi Theologo,* Coloniæ 1709.

Nota. 1°. Que c'eſt Mr. Paſchal qui eſt l'Auteur de ces Lettres, & Mr. Nicole eſt l'Auteur de la Traduction & des Notes. Dans les trois ou quatre premieres Lettres Paſchal tourne en

ridicule de la Grace fuffifante. Il mal-
traite la Sorbonne, les Jefuites, les
Dominicains ; il peint indignement
ces derniers comme des prévarica-
teurs, qui pour conferver leur crédit,
déguifent leur doctrine en matiére de
Foi, & font femblant d'admettre une
Grace fuffifante, donnée à tous les
hommes, quoiqu'ils foient perfuadés
qu'il n'y en a point. Dans les treize
Lettres fuivantes, il donne le change
à fes Adverfaires, en fe rabattant uniquement fur les Jefuites ; mais dans
les deux derniéres Lettres il fe met
fur la défenfive, & il revient à la
matiére de la Grace qu'il avoit abandonnée.

☞ 2°. Le Provincial auquel ces
Lettres font adreffées, n'eft point un
homme en l'air, comme bien des
gens fe l'imaginent. C'étoit Mr. Perier,
Beaufrere de Mr. Pafcal, & dévoüé
au Parti comme lui.

☞ 3°. Les Lettres Provinciales
ont été condamnées 1. à Rome par
le Pape Alexandre VII. le 6. Sept.
1657. 2°. en Efpagne par l'Inquifition qui les déclara hérétiques, &
injurieufes aux deux Ecoles de S. Tho-

F f iij

mas & des Jeſuites. 3°. Elles ont été par Arrêt du Parlement d'Aix, brûlées par la main du Bourreau, comme un Libelle diffamatoire, plein de calomnies, & pernicieux à l'Etat. 4°. Elles ont été condamnées au feu par Arrêt du Conſeil d'Etat, après que 4. Evêques & 9. Docteurs eurent décidé que l'Héreſie y étoit évidemment ſoutenuë, & que s'étoit un Libelle calomnieux.

☞ 4°. L'Auteur des Provinciales ſe déclare hautement dans ſa troiſiéme Lettre pour l'Héreſie qui fit chaſſer M. Arnaud de la Sorbonne. Voici ſes propres paroles : *On ne voit rien dans cette Propoſition de Mr. Arnaud :* Les Peres nous montrent dans la perſonne de ſaint Pierre un juſte à qui la Grace, ſans laquelle on ne peut rien, a manqué, *qui ne ſoit ſi clairement exprimé dans les paſſages des Peres, que Mr. Arnaud a rapportés, que je n'ay vû perſonne qui en pût comprendre la difference.*

☞ 5°. Que L'Auteur des Provinciales, bel eſprit, grand Mathematicien, bon Phyſicien, étoit comme il arrive quelquefois, un pauvre Lo-

gicien, & qu'il raifonne pitoyable-
ment en matiére de Théologie où il
n'entendoit rien. Dans tout ce que
Pafcal dit fur la matiére de la Grace,
il paroît clairement ou qu'il en étoit
fort peu inftruit, ou qu'il manquoit
de fincerité, & qu'il parloit fouvent
contre fes fentimens. Dans fes premiéres Lettres il regarde les Thomiftes comme fes Grands Adverfaires; il fe raille de la Grace qu'ils ad-
mettent; il dit *que leur Grace fuffifante eft une Grace infuffifante*; il les exhorte à faire publier, à fon de Trompe, *que leur Grace fuffifante ne fuffit
pas*. Il dit *que les Thomiftes fe broüil-
lent avec la raifon, les Moliniftes avec
la Foi, & que les feuls Janfeniftes fçavent accorder la Foi avec la raifon.*
Cependant dans fa derniére Lettre il
foutient que les Janfeniftes font du
fentiment des Thomiftes, fur la Grace, ce qui felon lui-même renferme
une contradiction manifefte.

☞ 6°. Que la Marquife de Sablé
ayant un jour demandé à Pafcal s'il
fçavoit furement ce qu'il avançoit
dans fes Lettres, Pafcal répondit qu'il
fe contentoit de mettre en œuvre les

Memoires qu'on lui fourniſſoit, mais que ce n'étoit pas à lui d'examiner s'ils étoient fidéles.

☞ 7°. Paſcal eut dans la ſuite de grands démélez avec les Janſeniſtes même ; il prétendit qu'ils avoient varié dans leurs ſentimens, ou du moins dans l'expoſition de leurs ſentimens. Eux de leur côté firent un portrait fort déſavantageux de Mr. Paſcal ; ils dirent *qu'on ne pouvoit guére compter ſur ſon témoignage ; qu'il ne voyoit que par les yeux d'autrui, qu'il étoit peu inſtruit des faits qu'il rapporte... Qu'en écrivant les Provinciales il ſe fioit abſolument à la bonne foi de ceux qui lui fourniſſoient les paſſages qu'il citoit, ſans les verifier dans les Originaux ; que ſouvent ſur des fondemens faux ou incertains, il ſe faiſoit des ſyſtémes d'imagination, qui ne ſubſiſtoient que dans ſon eſprit.*

☞ 8°. Ces Anecdotes ſont confirmées par les Janſeniſtes eux - mêmes, dans un Ecrit publié qui porte pour titre, *Lettre d'un Eccleſiaſtique à un de ſes amis*, page 81. 82.... On a encore ſçû la verité de tous ces faits par quelques Papiers Originaux qui se trouverent entre les mains d'une Religieuse de Port-Royal.

☞ 9°. Que Pascal dans ses Lettres au Provincial, a visiblement pillé le Livre de du Moulin, qui porte pour titre *Catalogue ou dénombrement des Traditions Romaines*, & que Vendrok, ou Nicole a pris ce qu'il a dit de meilleur contre la probabilité du Livre du P. Comitolus, Jesuite, sans le citer néanmoins.

LETTRES Pastorales des Evêques de Châlons sur Marne, de Bayonne & de Boulogne, au sujet de la derniére Constitution. **XXII.**

N o t a. Que ces trois Mandemens furent condamnez à Rome par un Decret du 6. May 1714. Parce que ces Mandemens favorisoient ouvertement l'erreur de ceux qui demandoient des explications à la Constitution *Unigenitus.*

De *LIBERTATE Dei & creatura*, par le pere Gibieuf de l'Oratoire de France. A Paris 1630. De la liberté de Dieu & de la créature. **XXIII.**

N o t a 1°. Que le Pere Guillaume Gibieuf a été comme e précurseur de Jansenius, qui l'a copié en bien des

chofes. Ce Pere a foûtenu avec lui
que la liberté de l'homme ne confif-
toit nullement dans l'indifference.

☞ 2°. Que le fçavant Mr. Ifaac
Habert, Evêque de Vabres, ayant
dans fa jeuneffe approuvé le livre du
pere Gibieuf, a retracté cette approbation dans fa Théologie des Peres
Grecs ; il y avoüe avec cette candeur
qu'on aime fi fort dans les Sçavans,
qu'étant encore jeune Théologien, il
ne croyoit pas que ce fût une Héréfie
de nier dans l'homme la liberté d'indifference pour faire le bien ou le
mal, pour faire ou pour ne pas faire ; mais il fe détrompa en lifant une
Cenfure de la Sorbonne faite en 1560.
27. Juin, par laquelle elle condamnoit
d'Héréfie cette Propofition : *Liberum*
hominis arbitrium non habet poteftatem
ad oppofita. Illius (Gibiefi) *ego proba-*
bilem aliquando fententiam junior Theo-
logus judicabam ; judicium iftud verò
emendare ac retractare poft Facultatis
matris meæ agnitum Decretum ac fuc-
crefcentia ab ea opinione errorum priùs
latentium germina, minimè pudere aut
moleftum effe debet ; dit ce Prélat dans
la page 148. de fa Théologie Grecque.

☞ 3°. Que le Pere Gibieuf, qui aimoit la Religion & la verité n'eut pas plûtôt vû le Janfenifme condamné par le Saint Siége, qu'il changea de conduite & de fentimens, & rompit avec éclat avec le Port-Royal. Il écrivit en 1649. aux Religieufes Carmelites une Lettre Circulaire, par laquelle il leur défend, en qualité de leur Superieur, de lire aucun des Livres du Parti fur la Grace, la Pénitence, la frequente Communion, leur Apologie, leur Vie de S. Bernard, &c. Cette Lettre du P. Gibieuf eft enregiftrée dans toutes les Communautez des Carmelites, & Mr. l'Abbé Rochete, un de leur Vifiteurs, avoit un exemplaire de cette Lettre écrite de la main de ce Pere. Voyez là-deffus les Remarques de Mr. Le Clerc, dans la Bibliothéque de Richelet, à l'article *Colonia*.

LIBERTI Fromondi Anatomia Hominis, 1641. Anatomie de l'homme.   XXIV.

Nota 1°. Que cette Anatomie de l'homme, du Docteur Fromond, ou plûtôt Froidmond, fut condamnée par le Pape Urbain VIII. & par la même Bulle, *in Eminenti*, par laquelle il condamna le Livre de fon ami Janfenius en 1641.

☞ 2°. Par la même Bulle, *in Eminenti*, le Pape condamne auffi un autre Ecrit qui porte pour titre, *Conventus Africanus, five Difceptatio judicialis apud Tribunal Præfulis Auguftini, &c. enarratore Artemidoro Oneirocritico*. Cet Artemidore qui raconte & qui interprete les fonges en queftion, c'eft le Docteur Fromond lui-même, mort à Louvain en 1653.

☞ 3°. Les Ouvrages fuivans qui font encore de ce même ami de Janfenius, ont été condamnés par plufieurs Evêques; voyez les Bizarres titres de quelques-uns de ces Livres, p. 351.

XXV. *LIBERTI Hennebel Thefes Theologicæ* en 1680. c'eft-à-dire, Thefes Théologiques de M. Libert Hennebel.

NOTA. Qu'on peut propofer ici les fameufes Thefes de ce Janfenifte Flamand, comme un vrai modéle d'extravagance & d'impieté; il n'a pas eu honte d'y calomnier Saint François de Sales, & de l'accufer d'avoir donné dans le Semipelagianifme. *Franfcifcus Salefius*, dit-il, *fuit infectus errore*

Semipelagiano. Le trait qu'il lance contre Saint Jean Capiſtran n'eſt pas moins impie, & ne pouvoit partir que de la main d'un Hérétique comme lui. *Jean Capiſtran*, dit notre Docteur, *a été canonizé par le Pape Alexandre VIII. mais ſa Doctrine n'en eſt pas pour cela moins pernicieuſe, & ſi nous doutons de ſa ſainteté, nous n'en ſerons pas pour cela moins bons Catholiques:* JOANNES CAPISTRANUS FUIT AB ALEXANDRO VIII. CANONIZATUS, SED NON IDEÒ DOCTRINA MINÙS PERNICIOSA EST, ET SI DE EJUS SANCTITATE DUBITAMUS, NON IDEÒ SUMUS MINÙS BONI CATHOLICI.

NOTA. Que les Théſes d'Hennebel ont été condamnées par un Decret du S. Siége, du 14. Octobre 1682.

LA LIGUE, ou *Henri le Grand*, XXVI. *Poëme Epique, par M. de Voltaire,* chez Jean Mok-Pape 1713.

NOTA. Que l'Auteur de ce brillant Poëme, qui eſt auſſi mauvais Théologien qu'il eſt bon Poëte, y parle, ſans le ſçavoir, & peut-être même ſans le vouloir, comme les

Janseniftes & les Calviniftes les plus
outrés. Il y dit crûmen. & sans détour, que la liberté de l'homme eft
efclave, & qu'elle n'eft exempte que
de la contrainte, mais non pas de la
néceffité. Témoin ces six Vers qui
renferment tout le fiftéme du Janse-
nifme.

On voit la liberté, cette efclave fi
    fiere,
Par d'invifibles nœuds en ces lieux
    prifonniere,
Sous un joug inconnu, que rien
    ne peut brifer,
Chant 6. Dieu * fçait l'affujettir, fans la ti-
    rannifer ;
A fes suprêmes Loix d'autant plus
    attathée,
Que fa chaîne à fes yeux pour ja-
    mais eft cachée.

Dans le 1. Chant le Poëte va encore plus loin. Il débite avec Calvin &
avec du Moulin, la réprobation pofitive, & il fait de Dieu un Tyran,
qui n'a pas voulu que l'homme le
fervît, & fît fon falut en le fervant.

Hélas ! ce Dieu fi bon, qui de
l'homme eft le Maître,

En eût été ſervi , s'il avoit voulu
l'être.

Dans un autre endroit M. de Voltaire rejette ſur Dieu lui-même , la cauſe
de l'endurciſſement de Dupleſſis-Mor-
nai. Voici comme il parle :

Mornai parut ſurpris , & ne fut
 point * touché ;   * Pag. 15.
Dieu Maître de ſes dons , de lui
 s'étoit caché.

Dieu ne ſe cache à perſonne, * * Joan. 1.
illuminat omnem hominem venientem
in hunc mundum , dit S. Jean.
 LUCERNA Auguſtiniana , *ou la* XXVII.
Lampe de Saint Auguſtin.
 EMUNCTORIUM Lucernæ , *c'eſt-* XXVIII.
à-dire , *les Mouchettes de la Lampe.*
 COLLOQUE en rimes entre Saint XXIX.
Auguſtin & S. Ambroiſe.

Fin du premier Volume.